震災被災者と足湯ボランティア

「つぶやき」から自立へと向かうケアの試み

似田貝香門・村井雅清［編著］

はじめに

本書の特徴は何よりも、被災者の「つぶやき」を〈被災者の呼びかけ〉と捉える視点にあり、足湯ボランティアの活動を、被災者とボランティアの相互の〈近傍に寄る〉関係形成と、そこからの発話が外部のケア職能者を近傍に寄せるという一連の〈結びつけ（つなぎ）〉過程を重視しているところにある。

本書の構成に沿って、本書の特徴と趣旨を述べると、以下の四点となる。

1　災害時の足湯ボランティア活動の誕生と記録

一九九五年の阪神・淡路大震災時に、東洋医学の視点に基づいてはじまった足湯活動は、能登半島地震、兵庫県佐用町水害への支援へとつながった。そして中越地震の際には、本格的に大学生のボランティアを巻き込んだものとなった。

二〇一一年の東日本大震災では、これら大学の活動に加え、日本財団ＲＯＡＤプロジェクトと震災がつなぐ全国ネットワークによる、全国ネットワーク足湯隊の活動が取り組まれた（本書資料編参照）。

本書第Ⅰ部「足湯ボランティア活動とその足跡」では、足湯の歴史的起源、東洋医学的効果、阪神・淡路大震災以降の足湯活動の経緯、その後の災害時の活動復活と展開、活動対象地域の広がり、活動団体の組織化と課題を論じ、全国的に広がった足湯ボランティア活動が、災害被災者のケアにおいて果たしている実践的役割と意義を明らかにしている。

2　足湯ボランティアとケア職能者、研究者との連携・協働

本書は、足湯ボランティア（コーディネーターを含む）と、かれらを支援する災害支援団体、後にこの活動に加わってくる災害看護師、臨床心理士、宗教家等のケア職能者、及びこうした実践を後方支援する社会学研究者との、対話、実践報告交流会、分析報告会から生まれた協働の記録である。

本書の中心的執筆者は、この書の刊行と同時進行で、足湯活動現場でのボランティアやコーディネーターのためのガイドブック作りという協働も行った（『足湯の気になるつぶやき――ボランティアと専門職の連携のためのガイドブック』、『寄り添いからつながりを――足湯ボランティアのためのてびき』いずれも「震災がつなぐ全国ネットワーク」と「東京大学被災地支援ネットワーク」によるプロジェクトチームが作成、二〇一五年五月刊）。

また、本書では、「つぶやき」を〈被災者の声〉、〈被災者の呼びかけ〉と捉えている。第Ⅱ部「被災者の『つぶやき』分析」でのケア職能者のコラムでは、それぞれの立ち位置からの様々な方法での〈被災者の声〉の聴き方を紹介し、問題提起をしている。

3　ケアとしての足湯ボランティア活動――「身体の声を聴く」という方法

二〇〇〇人のボランティアが聴き取った一万六〇〇〇ケースの「つぶやき」の分析に際しては、量的にも、質的にも、持続的にも大きかった〈こころの問題〉に焦点を据えた。そして分析結果を足湯活動の現場へ戻すことを、「つぶやき」を被災者の「声」として受けとめる学問的かつ実践的な方法と位置付けた。

第Ⅱ部「被災者の『つぶやき』分析」では、足湯ボランティアが書き取った被災者の「つぶやき」の分析から、足湯ボランティア活動の意義と、その実践理論としての中間的総括を行っている。そのなかで、被災者の「つぶやき」（語り）には、傍らに「聴き手」の存在があり、それを鮮明にしたのが足湯ボラン

ティア活動空間における、被災者とボランティアの特異な関係性だったことを明らかにしている。ボランティアは思いがけなく、被災者の「つぶやき」を聞いてしまった。しかし「聴き手」として要請されたものと自覚したとき、ボランティアは「つぶやき（語り）」を立ち上げる媒介者となりえる。そして、そのことが、被災者の苦しみ、毀損した心の問題の回復、すなわち〈こころの自律〉の回復と、社会の中での自立、主体の尊厳を回復する過程への引き金となるとき、足湯ボランティア活動は文字通りケア行為となる。これが本書で強調したい点の一つである。

「つぶやき」は、足湯ボランティア活動空間の中で特異に成立する、相互の身体を介した〈「語る」―「聴く」〉というコミュニケーションこそがケア役割を果たしていることを示している。本書は、足湯活動という身体を介したサービスが、支援論・ケア論の中でどのように位置づけられるのかを、改めて提示している。

4　ケア活動の社会的実践性

足湯ボランティア活動は、「つぶやき」を聴き、それを被災者の「声」として受けとめ、そこから支援の実践を模索する。この視座と方法は、阪神・淡路大震災支援において確立された、〈近傍からの接近〉、〈近傍に寄る〉という立ち位置からの、〈「語る」―「聴く」〉という方法を、一般ボランティア活動に実践的に適用したものである（似田貝香門編『自立支援の実践知――阪神・淡路大震災と共同・市民社会』東信堂、二〇〇八年）。本書はこの足湯ボランティア論に立って、より実践的な支援論としての次なる展開の途を拓こうと試みている。

現在、全国的に広がった足湯ボランティア活動は、被災者の発話（「つぶやき」）を引き出し、〈こころの自律〉につなげるという形で、被災者へのケア役割を果たしている。そればかりでなく、「つぶやき」を被災者の「声」として受けとめるボランティアは、その時点で、思いがけなく新しい課題、テーマに邂逅し、それを迎え入れるという経験に身を置くことになった。それは未経験の課題群との〈出会い〉といえよう。それが故に、やむなくその人との応答関係を引き受けざるをえなくなる。この意味でボランティアは絶えず広い意味での支援の現場に立ちあわされることになる。この課題に応えるためには、足湯ボランティア活動からより広いボランティア活動への道筋を、実践理論として構想していく必要がある。

本書は、またそこまでの道筋を示し得てはいないが、支援者として現在考えることが可能な論点を整理し提示し得たと考えている。ここを基点に、ケア活動としての足湯ボランティア活動のこれからを展望し、今後起きるであろう災害に備えるとともに、超高齢化社会における地域活動としての足湯ボランティア活動へも、拡がっていくことを期待したい（コラム「地域社会活動」および第Ⅲ部「足湯活動の到達点」）。

最後に、これは私事になるが、問題を解決しようとしている現場の実践者と協働して本を編むのはこれで三冊目となる。『地域開発と住民運動』（共編、フジテクノシステム出版部、一九七六年）、『ボランティアが社会を変える――支え合いの実践知』（編著、関西看護出版、二〇〇六年）、そして本書である。

現実の問題は隙間だらけで、多くの専門領域を超えた方々や、現実にその問題の前線で苦悩とともに活動している実践者との連携は不可欠である。このような接近方法に情熱を持って取り組み、苦しむ方々を支援し、足湯活動がはじまったときから、私たちの「つぶやき」分析とその実践に多くの関心を持っておられた黒田裕子さんが、昨年（二〇一四年）九月、突然逝去された。本書の彼女のコラムは絶筆となった。彼女の精神を私たちも引き継ぎたいと思う。

似田貝 香門

震災被災者と足湯ボランティア　目次

コラム　大学の足湯ボランティア活動

2　つぶやきの足跡

3 足湯ボランティアの足跡

第Ⅲ部　足湯活動の到達点

コラム 足湯ボランティアへの期待

第Ⅰ部　足湯ボランティア活動とその足跡

1　足湯ボランティア

吉椿雅道

1　足湯ボランティアとは

足湯ボランティアとは、後述する足湯という民間療法に、ボランティアが被災者の手を揉み、擦る（ボランティアの多くは、マッサージを専門的に学んでいる訳ではないので、マッサージという言葉は敢えて使わない）という身体的コミュニケーションの手法を取り入れたボランティアである。一九九五年の阪神・淡路大震災の直後に被災地ＫＯＢＥ（神戸市だけでない被災地全体を象徴してこう呼ばれている）で行われたボランティアのひとつである。

「ああ、よく眠れるようになった……」という言葉は、被災地で足湯を体験した被災者の語った言葉である。暖かいお湯に足を浸し、ボランティアに手を取られ、優しく揉み、擦られる。お湯と手の温もりがいつのまにか被災者に口を開かせる。ボランティアはそっとそばにいて被災者の「つぶやき」に耳を傾ける。それを聴いたボランティアはつぶやきから被災者の抱えている現実を知る。この「つぶやき」に内在される問題は、当然ボランティアで解決できることばかりではない。むしろ解決できない事の方が多いが、ボランティアはそれでもそばにいて、その人の声に耳を傾け、寄り添おうとする。これが足湯ボランティアの風景である。

2　足湯とは

足湯とは、東洋で古くから庶民の間で綿々と実践されてきた経験的医療であり、民間療法である。本来、足湯は一人で行うものであり、タライに約四二〜四三度くらいのお湯をくるぶしが隠れる程度にはり、足を浸ける。六〜八分ほどすると額や背中がじわりと汗ばんでくる。お湯に浸けた両足のうち、赤く発色していない方を再度二、三分程度お湯に浸ける。これによって身体の左右のバランスが取れ、体の調整となる（野口 1962）。

3　足湯ボランティアの作法（図1参照）

一九九五年の阪神・淡路大震災から現在まで各地で行われている足湯ボランティアのやり方を以下に紹介する。

(1) 準備するもの

・水（飲用水）、コップ
・足湯のお湯を沸かすもの：お湯、水、入浴剤（生姜、粗塩など）、ガス（ボンベ、コンロ）
・足湯道具：タライ、バケツ、ひしゃく、タオル、ブルーシート、椅子

(2) 実技

①コップ一杯の水を飲んでもらう（発汗を促すため）。この時、ボランティアは名前を名乗って、ご挨拶

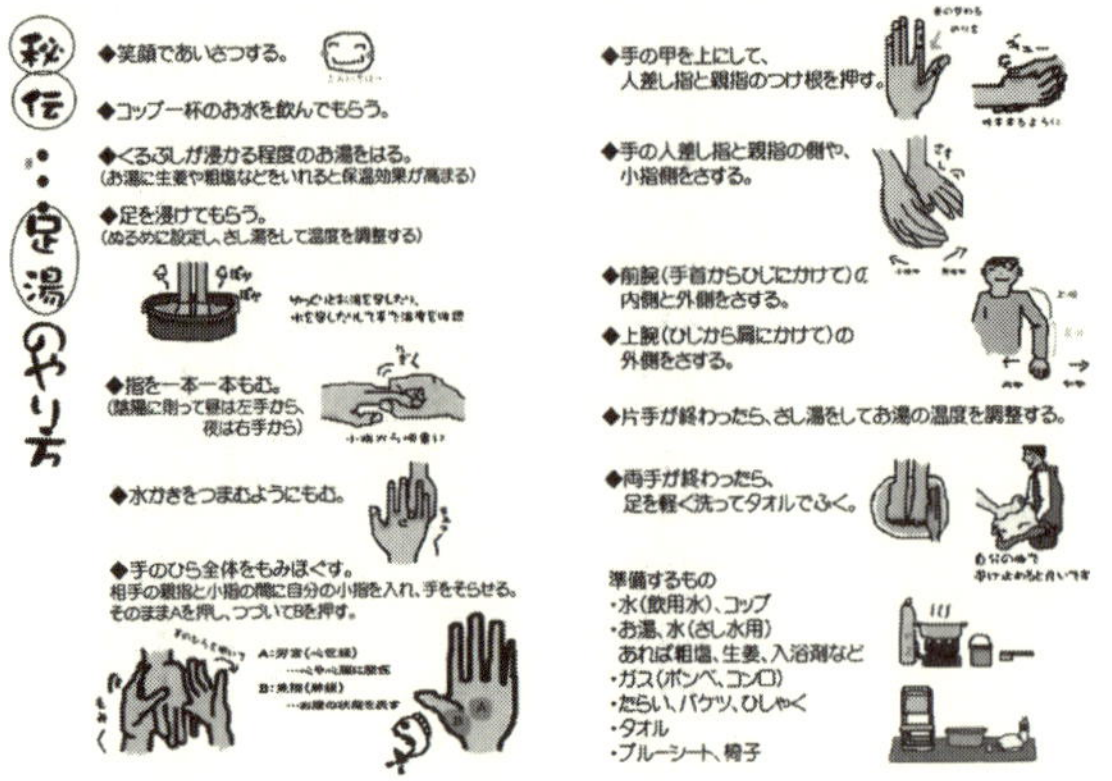

図１　足湯のやり方
© 被災地 NGO 協働センター

をする。
②くるぶしが浸かる程度のお湯をタライにはる。
③相手に聞くなどして適温（四二度くらい）を確かめてから足を入れてもらう（最初はぬるめに設定し、その後さし湯をして温度を調整するとよい）。
④相手の手を以下のようにもんでいく（陰陽に則って昼は左から、夜は右から）。
⑤小指側から指の側面を指先からつけ根に向けてつまむようにもみ、最後に爪のはえ際ではじく。
⑥水かきの部分をつまむようにもむ。
⑦手のひら全体をもみほぐす。
A：労宮　心や心臓に関係するツボ（経穴）
B：魚際　肺やお腹の状態を表すツボ（経穴）
⑧人差し指と親指のつけ根の合谷（頭や目の疲れに関するツボ）を押す。
⑨上肢（肩から二の腕まで）の外側、内側をさする。
以上④から⑨まで一通り終わると同様に反対側の手を行う。
⑩両手が終わったらお湯の中で足を軽く洗い、タオルで丁寧にふき取る。
⑪足を冷やさないように靴下を履いてもらう。

(3) 注意点

・首や肩は絶対にもまない(もみ返しによって脳に変調をきたす場合がある)。
・足湯をあまり長くやりすぎない(長くやり過ぎると却って体がたるみ、冷える)。
・足湯の後は体が緩むのであまり動き回らない方がよい。
・冬の足湯の後は、体を冷やさないようにする。
・夏の足湯は、発汗を伴うので、背中や首筋の汗を拭きとるようにする(汗を引っ込めると夏風邪のもとになる)。
・手もみの技術にとらわれる事なく、コミュニケーションを大切に行う(順番は多少間違えても問題はない)。
・高齢者や体調不良の方、障がいを持った方には軽くさするように、強くもまない。

4 足湯の効能と東洋医学的解説

(1) 足湯の効能

足を温めることによって体全体の血流の循環を改善し、免疫力を向上させる。風邪の予防・経過の促進、冷え症、足のむくみ、ひざなどの関節痛、頭の疲れ、不眠症などに効果的である。被災地の過酷な状況で足湯によって、以下の「つぶやき」のように多くの人が睡眠が促進されたと語っている。「足湯すごいわね。これやると本当にポカポカ。よく眠れるのよ」(二〇一三年二月　山元町　七〇代女性)

また、足湯は発汗を伴うために汗によって毒素を排出し(デトックス)、肝機能の解毒作用を助けることにもなる。通常の入浴(全身浴)よりも足湯や腰湯(半身浴)の方が、体全体が温まり、かえって湯冷めをしない。また、足湯は全身浴よりも心臓への負担が軽く、高齢者などの体力のない方には最適である。

足湯の本場、中国にはこのような言葉がある。

「天天泡脚、勝吃補薬」（日々足湯を行えば、薬を飲むのにも勝る）

中国では全身浴の習慣があまりなく、足湯（足浴、洗脚）が非常に人気で、多くの人は風呂には入らなくても、就寝前には足を温かいお湯で洗う習慣がある。中国では、現在も生活の中に足湯が取り入れられ、日々の養生法のひとつになっている。

(2) 東洋医学的解説

このように足湯には様々な効能があるが、その根拠は、東洋医学（中国医学や漢方医学）の陰陽論（図2）や八綱弁証の「虚実」の概念にある。東洋思想では自然界の動きをつぶさに観察し、あらゆる現象が「陰と陽」のバランスで成り立っているという陰陽論の概念（図2）を体系化した。東洋ではその概念を医学にも応用している。この陰陽論では、気・血・水という人体のエネルギーのバランスを「虚」と「実」という二つの「証」（西洋医学でいう診断）で表す。「虚」は虚ろな状態のことをいい、エネルギーが不足している、または緩んでいる事を意味し、「実」は満ち足りている状態で、エネルギーが過剰になっている、または充実している事を意味する。東洋医学では、この虚実のバランスの偏りが心身の様々な不調を引き起こすと考え、身体の上部が緩み、下部にエネルギーが満ち溢れている状態（上虚下実）を理想と考える。いわゆる肚の座った、落ち着いた状態である。

現代社会の便利でストレスの多い生活で多くの人は、デスクワークなどで頭、眼、口、手指、耳を酷使し、そのストレスを心（東洋医学では、胸を指す）で受け止めているように、疲労の多くは上半身に偏っている。現代生活では昔のように歩くことや農作業で足腰（下半身）を使う労働や所作も少なく、エネルギーが身体の上部に過剰に集中し、下部にエネルギーが不足している「上実下虚」というアンバランスな体の状態になっている。足の冷え（下虚）によってのぼせ（上実）が引き起こされる例が典型的である。上下、左右、前後と全身をバランスよく使う事によってエネルギーが循環する。

この足湯の最大の特徴は、足を温めることによって「上実下虚」というアンバランスを「上虚下実」という理想の状態にすることである。「頭寒足熱」という言葉がまさにこの「上虚下実」を意味している。気仙沼の津波の被災者の三〇代女性は、「足を温めてもらうと頭の方まで温かくなる。」と足湯によって頭部が緩んだ「上虚下実」を体感している。

現代医学的にも足湯の効能は実証されている。山口大学医学部の実験では、全身浴よりも足湯（足浴）の方が、副交感神経の働きが活発化し、リラックス効果が高いという事が分かった。副交感神経が働くことで、心拍数や血圧を下げ、「緩んだ」状態になる。また、国立循環器病研究センターの研究でも、足湯によって拡張型心筋症の患者の血管機能が改善された事も分かってきている。

図２　陰陽太極図

（3）心と体

東洋には「心身一如」という言葉があるように、心と身体をひとつのものと見なし、心のストレスが身体に影響を及ぼし、いずれ病へと発展する。逆に身体の不調が心や気持ちにも影響してくると考える。東洋医学の五行論では、自然界を構成する五つの要素（木・火・土・金・水）である五行が相生（生かし、助け合う関係）と相剋（抑え合う関係）で成りたち、身体的にも五つの臓腑機能が時に生かし合い、時に抑え合う形で身体がバランスを取っている（図3）と考え、臓腑、感情、季節、身体部位、気象などと対応している。図4の五行論の五志（怒・喜・思・憂・恐）の感情は五臓五腑の機能と密接につながっており、「怒りは肝を、喜びは心を、思いは脾を、憂いは肺を、恐れは腎を傷つける」と中国医学の古典（黄帝内径素問・陰陽応象大論篇）に記されている。また、五臓と五支の関係で見ると、腎と髪が対応しており、腎機能の状態は髪の毛に出ると言われている。東日本大震災の際、米沢市の避難所でお会いした福島県の五〇代女性の被災者は「震災後、髪の毛が真っ白になっちゃった」と語っていた事例もあったように災害や原発事故などによる強い恐怖は腎機能に影響を及ぼし、一瞬にして白髪に変えてしまうことがある。

このように心のストレスと言っても東洋医学では五志のように様々な感情がその対応する内臓機能に影響を及ぼすと考える。

基本的に身体の症状と心の問題を分けて考える西洋医学でも近年、心の働きと病との間に密接な関係が注目されている。東洋の臨床では、四診（望診、聞診、問診、切診）などを用いて丁寧に姿勢、脊椎、経穴（ツボ）を観察する事で体の微妙な変化を読み取り、先述の陰陽五行論を用いて体のバランスを調整する事で心の問題にアプローチしていく。東洋医学の四診などの視座を用いれば、約一〇分という足湯の時間で得られる経穴（ツボ）の圧痛、肌つやなどの触診、声のトーン、体臭、つぶやきなどから見える問診などの情報は非常に多く、それに基づき治療、養生で体を整える事が心の調整にもつながる。東洋の心身一如の臨床手法は経験知として数千年前から現代まで脈々と受け継がれている。

5　足湯の起源

足湯の起源は定かではないが、約三〇〇〇年前の中国、商周時代の古書にすでに足湯の記載があり、寒

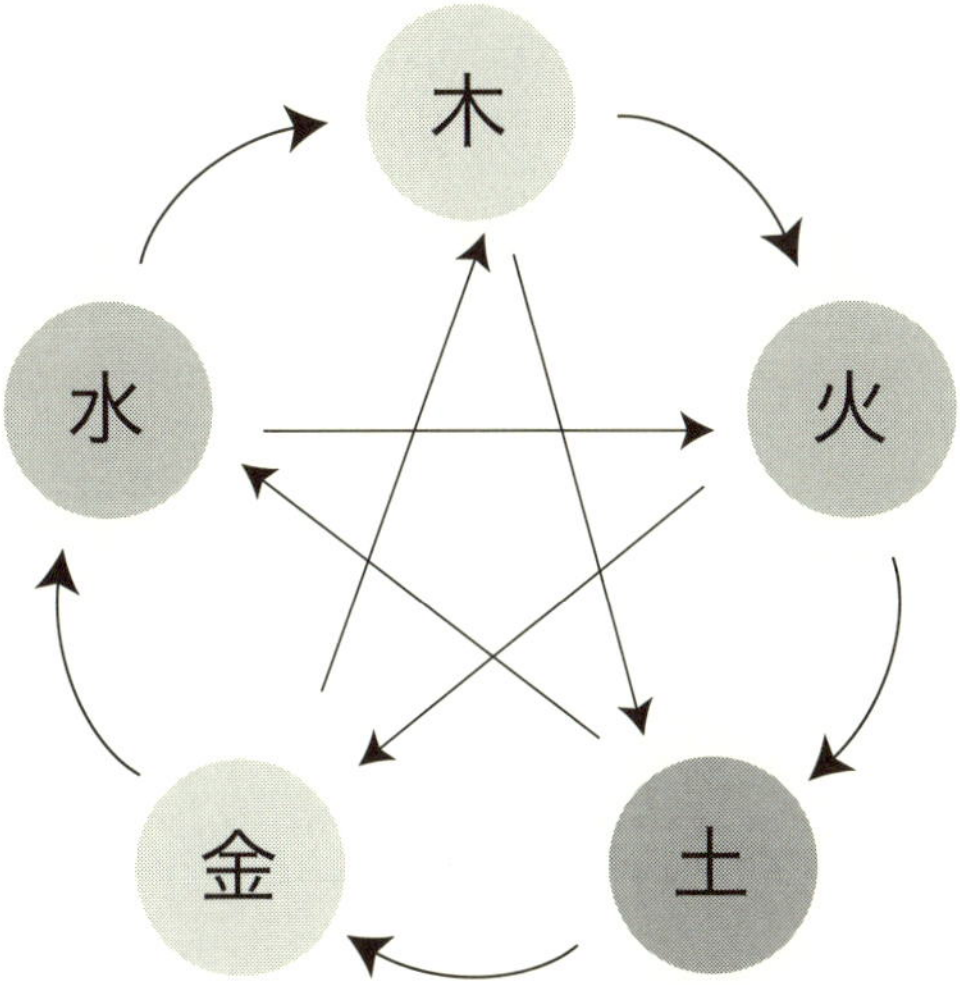

図３　陰陽太極図

図４　五行論

五行	木	火	土	金	水
五臓	肝	心	脾	肺	腎
五腑	胆	小腸	胃	大腸	膀胱
五根	目	舌	口	鼻	耳
五志	怒	喜	思	憂	恐
五味	酸	苦	甘	辛	鹹
五気	風	熱	湿	燥	寒
五季	春	夏	土用	秋	冬
五支	爪	面色	唇	息	髪
五主	筋	血脈	肌肉	皮膚	骨

（著者が作成）

い季節に民間ではお湯で両足を温めて疲労回復をはかり、宮廷では香湯沐浴（アロマバス）の習慣もあったという。漢方の生薬を湯に入れ、病を取り除き、予防医学としての効果があった（中国足健会）。

これまで見てきたようにこの足湯は、二〇〇〇年前の中国最古の医学書である『皇帝内経』の中の陰陽理論や経絡理論を根拠としており、中国だけでなく日本などアジアの国々で古くから行われている民間療法のひとつである。日本では、江戸時代からすでに温泉地で足湯は行われていたそうである（温泉学会）。また、看護の世界でも明治の頃から足湯が足浴という名で取り入れられている。日本初の看護の教科書である『実地看護法』（大関和著一九〇八年）には入浴できない患者へ足浴のやり方が記されている。

6　足湯ボランティアの本質

(1)　足湯以外の六つのちから

先述したように足湯には様々な身体的効能がある。被災者の語る「つぶやき」には、「足が軽くなった」、「腰の痛さがやわらいだ」、「よく眠れるようになった」、「気持ちが楽になった」などの心身に関するものも少なくない。被災地で行われる足湯ボランティアには、足湯そのものの持つ力以外にも以下のような様々な要因があるように思う。

①湯のちから

「ゆ」という言葉は、「ゆるむ」、「ゆるす」、「ゆらす」、「ゆらぐ」、「ゆとり」、「ゆっくり」、「ゆったり」などと同じ語源の大和言葉で、神聖な空間を意味する。「ゆ」というやわらかな響きからも分かるように湯そのものが人を癒す古来より日本では、湯や入浴は、神事や布施行などの神道、仏教などの宗教にも取り入れられてきた。神道では、禊のひとつとして沐浴が行われ、湯立神事（遠野郷霜月祭り）などの祀りごとにも湯を取り入れている。日本には、六世紀、仏教と共に入浴文化が伝来したといわれる。「入浴は、七病を除き、七福が得られる」と寺院中に浴堂（湯屋）が作られ、仏像の清めや治療、施湯（貧しい人に浴堂を開放し、入浴を施す）などにも用いられた。インダス、メソポタミア、ギリシャ、ローマなどの古代文明の栄えた地でも公衆浴場が建設され、清めの沐浴や保養など宗教儀式や治療にも活用された。

②**触れる**

人と人のコミュニケーションは、言葉だけではなく、握手やスキンシップなど触れる事によってより円滑になることは多くの人が感じているだろう。治療行為の事を「手当て」と表現していることからも手を当てる事自体が治癒的効果を引き起こす。近年、触られるという皮膚感覚が脳に影響することも解明されており、皮膚を温めると対人距離が近くなり、人を信頼しやすくなる事もアメリカの行動経済学者によっても明らかされている（山口 2012）。また、オハイオ州立大学のウサギを使ったコレステロールの実験でも研究者がウサギに声をかけ、撫でていた事で動脈硬化の発生率が低い事が分かった事例もある（癒しのネットワーク 1992）。触れるという行為そのものが人や動物などの生き物を癒し、身体に変化をもたらしている。また、フロリダ大学のハリケーンで被災した子どもを対象にした研究によると、ゆっくりと背中や手をなでるだけで不安や抑うつが軽減し、呼吸や心拍数、血圧も安定し、ＰＴＳＤの症状が改善されたという報告もある（山口 2012: 101）。

触れる－触れられるという皮膚を通じた身体的コミュニケーションは、命そのものの響き合いであり、人としての当たり前の感覚を呼び覚ましてくれるのではないだろうか。

③聴く—語る

「聴」という漢字は、耳をつきだし、心を働かせてしっかりと聴くという意味である。「聞」という漢字とは違い、能動的に意識的に聴くという事である。自分の話しにじっと耳を傾けてくれるという姿勢が、被災者に語る機会を与えているように、「ただ聴く」という事の重要性が見えてくる。そして自ら語る事で自分という存在を取り戻していくのではないだろうか。

語る側からみれば、本来、人に語りたくないはずのつらい事、苦しい事を始めて出会うボランティアに語る。そこに自分の話に耳を傾けてくれる人がいることで自分が受容され、語り出すのだろう。利害関係のない初めて会う人だからこそ語りやすいという事もあるに違いない。「話をするのはあなたたちが来た時だけなんだ。後はなんにも話はしねえ。本当に話しする時なんかねえ。本当に寂しいんだ」（二〇一二年五月　陸前高田）と涙ながらにつぶやいた八〇代の被災女性もいる。

④人（存在）

初めて会った人が足湯をしながら自分の体に触れ、じっと話を聴いてくれる。たった一〇分程度の時間で二人の世界ができ、目に見えない絆が生まれる。多くのボランティアが「〇〇さんどうしているかな？　また会いたい」と語り再び被災地へ足を運ぶ。また、足湯を施された陸前高田の六〇代の女性はこう語っている。「もう来ないかなーなんて思っていたけど、来てくれて嬉しかった。毎日〇〇ちゃんのこと考えてたよ。忘れた事ないよ」（二〇一二年三月）と被災者とボランティアが足湯を通じて共にかけがえのない存在になっている。

⑤場

足湯というものは、「湯」を介在にしてそこに「場」が形成される。そもそも温泉や銭湯などは洋の東西を問わず「社交湯」として庶民にとって重要な情報交換、交流の場になっていた。足湯ボランティアという場は、ボランティアと被災者が無意識のうちに共同で場を作り出している。避難所や仮設住宅の中で行う足湯ボランティアは外からの新鮮な風を吹かせ、その場の空気に変化をもたらしている。

⑥呼吸

人は感情の如何によって呼吸が変化する。不快な事、悲しい事、つらい事があると呼吸が速くなり、吸気が強くなる。逆に心地よい事、うれしい事、楽しい事があると呼気の強い腹式呼吸になり、自然にゆったりと深く、長い呼吸になる。長い息は長生きのもとである。陸前高田の六〇代の女性はこう語る。「足も温かいけど、やってくれる人の心が温かくて胸にたまってるものが吐き出せるの」。足湯ボランティアとの交流によって胸の内を吐露する事で深い息を取り戻していると言える。

（2）足湯ボランティアのまなざし

①目の前のひとり

足湯ボランティアは、足湯を施しながら被災者の前にひざまずき、目の前にいるその人の語る声にそっと耳を傾ける。目の前のひとりの人が語った言葉は、その空気感、声のトーン、語り口調、表情などを伴ってボランティアの胸に迫ってくる。テレビや新聞などのメディアから聞こえ伝わってくる話とはまったく違った響きを持つ。足湯を通したその出会いはボランティアの心に深く残り、この人を支えたい、何とかしてあげたい、またあの人に会いたいという気持ちを自然に湧き起こさせる。ボランティアがたとえ若く未熟であっても、人が人を支えようとするごく自然な感情の発露される瞬間が垣間見える。

足湯ボランティアに来る被災者は、圧倒的に女性が多い。女性の方が社交的なのだろうか、男性はなかなか仮設の部屋から出てこない。東日本大震災のある被災地では、珍しくひとりの男性が足湯にやって来た。体格のいいその男性は、大きな手を差し出して、「さあ、もんでくれ！」と言わんばかりに無愛想に足湯を受ける。足湯の最中にボランティアが何度か話しを振ってもほとんど応えないという。会話のない沈黙が「気持ちよくないのかな、話したくないのかな」とボランティアの気持ちを焦らせる。足湯が終わるとそそくさと帰っていく。そして次の日も同じようにやってくる。そんな男性が三日目には自ら口を開き始めた。その男性には自らの心と体を開くまでに「三日」という時間が必要だったのである。そのボランティアは沈黙に耐えながらも目の前のひとりにそっと寄り添ったからこそその男性は口を開いたに他ならない。相手のタイミングを待つという事も時に必要である。

②寄り添う

足湯ボランティアは、被災者の語るつぶやきに「ただ、そっと」耳を傾ける。被災した方々に「何か困ったことはありませんか？」とたずねてもそう簡単には答えてくれないのが現実である。人と人の関係が築かれて初めて「実は……」と悩みを語り始める。だが、足湯は、ポカポカと温かく体をゆるめる事で緊張していた心も次第にほぐれてくる。そして自然と語り始める。それをボランティアはそばにいて、「ただ、そっと」そのつぶやきを聴く。被災者のニーズを探るためでもなく、無理に聞きだしているわけでもない。ましてや学生などの若いボランティアには被災者の心のケアをしようなどとはまったく思っていない。足湯ボランティアは、「ただ、そっと、そばにいる」（コ・プレゼンス）だけで特別な感想や助言は言わないピアサポートでもある。

二〇〇四年の新潟県中越地震後の仮設住宅では、遠く大阪から毎月足湯ボランティアにやってくる学生たちを心待ちにする高齢の女性被災者がいた。その女性は身寄りもほとんどなく、足湯ボランティアが来る時だけ仮設の部屋から出てきて集会所で楽しそうに足湯を受け、最後までその場を離れようとしない。時々、学生たちを仮設の部屋に招き入れ、お菓子などを振る舞う。その姿は祖母が孫に世話をやく姿のようであった。学生が帰る日はいつも涙を流し、その後ろ姿を見送る。その学生たちは、卒業後も年賀状や暑中お見舞いなどの葉書を送ったり、休日には時々、会いに行ったりしている。この学生ボランティアサークルはすでに存在しないが、たった一人の女性と学生たち一人ひとりのつながりは一〇年近く続いた。ひとりの人に寄り添い続ける。震災によってその女性の人生がどのように変わり、今、どのような現実を生きているのかを知る。たったひとりに寄り添う事で震災というものが見えてくる。

「この女性が亡くなった」と先述の大阪の元・足湯ボランティアから最近、聞いた。この女性がどのような状況で亡くなったかは定かではないが、足湯ボランティア達との出会いでこの女性は亡くなる直前まできっと一人きりではなかったのだろう（三八ページ宮本コラム参照）。

7　足湯ボランティア自身のケア

足湯ボランティアは、たった一〇分間ほどではあるが、足湯を通じて目の前の被災者と向き合う。その被災者の語る「つぶやき」は時に非常に深刻なもので、若いボランティアには受け止めがたい厳しい現実を突きつけられる。真面目にその声を受け止めようとすればするほど自分を追い込んでしまうことにもなる。足湯ボランティアは、被災者の「つぶやき」をいつの間にか自分の中にため込んでしまうケースもしばしば見受けられる。ボランティア自身のケアのためにも、自分の中にわだかまる思いや感情をその後のミーティングや仲間との雑談の中で吐き出すなどした方がよい。「目の前の人を自分一人ではどうする事もできない」と開き直るぐらいの方がよい。一人では救えないからこそ、多くの人とのネットワークを組み、集団でケアする事が重要になってくる。似田貝香門東京大学名誉教授の言う「ボランティアは多様かつ集団でなくてはならない」所以がここにある。

8　足湯ボランティアの未来

二〇一一年の東日本大震災を機に東北の被災地で沢山の足湯ボランティアが今も活動している。

後述するが、阪神・淡路大震災で僕たちたった数人から始まった足湯ボランティアは、中越地震（二〇〇四年）や能登半島地震（二〇〇七年）、新燃岳噴火（二〇一一年）などを経て、東北では、足湯ボランティアも広がりを見せ、多くの被災者が足湯を受けてきた。

この二〇年間で足湯ボランティアは、被災地以外の場所にも広がりつつある。二〇〇七年に財政破綻した北海道夕張市では、福祉サービスがカットされる事から高齢者の引きこもりや孤独死を防ぐために現地の大学生への足湯講習を行った。また、二〇〇七年の能登半島地震をきっかけに金沢市の元菊町では町内会の集まりで高齢者同士が足湯を取り入れ、足湯の中での何気ない会話から防犯にもつながった事例もある（六五ページ吉田コラム参照）。

二〇〇九年台風九号が襲った兵庫県佐用町では、地域の要でもある郵便局で、二〇一一年の宮崎県新燃岳噴火災害で被災した高原町では、心の拠り所である寺で、足湯ボランティア活動が展開された。先述の佐用町では、被災者の男性が足湯を受け事をきっかけに自宅の納屋を使って足湯の場を作り、近所の人との語り合いの場を生み出した事例もある。また、著者が中国でボランティアやＮＧＯに日本の足湯ボランティアについての講演をした際には、精神障がい者施設で足湯を取り入れようという声もあがった。つい最近も、中越・ＫＯＢＥ足湯隊のＯＧが職場の老人介護施設に神戸大学足湯隊を派遣する事も決まった。足湯は、災害時の被災地から平常時の様々な現場で実践されつつある。足湯ボランティアの可能性は今後も様々な広がりを見せるだろう。

『夜と霧』の著者であり、オーストリアの精神科医でもあるのヴィクトール・エミール・フランクルは、ナチスの強制収容所から命からがら生還した。彼は、このような言葉を起こしている。「自分を待っている何か、自分を待っている誰かとのつながりを意識した人は、決して自らの命を絶つことはない。」

東日本大震災の被災地に行ったボランティアの若者の多くは、「あの〇〇おばあちゃんにまた会いたい」と言って、被災地の〇〇さんという固有名詞の「つながり」がまた著者を被災地へと足を運ばせる。今も被災地の仮設住宅のどこかで身寄りを失くした高齢者が、足湯ボランティアの若者が来る事をじっと待っているかもしれない。

［参考文献］
野口晴哉（1962）『風邪の効用』全生社
山田光胤・代田文彦（1979）図説東洋医学　基礎編』学研マーケティング
新潟大学医学祭実行委員会（1992）『癒しのネットワーク――より豊かな医療をもとめて』考古堂書店
宝島社編（1995）『別冊宝島220　気で治る本』宝島社
恩田彰（1995）『東洋の知恵と心理学』大日本図書
黒木賢一（2006）『気の心理臨床入門』星和書店
山口創（2012）『手の治癒力』草思社
ＲＯＡＤ事務局　週刊つぶやき　第二八号、第四九号、第八六号

コラム　大学の足湯ボランティア活動

1　全国足湯ボランティア交流会

頼政良太

全国足湯ボランティア交流会は、「全国に散らばっている足湯ボランティアを集めた交流会がしたい！」と、私の同級生で同じ中越・ＫＯＢＥ足湯隊（現ＫＯＢＥ足湯隊）のメンバーであった西山奈央子さんが言い始めたことから始まった。当初、私や周りの大学生は「集まってなにすんの？？」的な反応で、あまり協力的ではなかった。しかし、西山さんはそんな周りの反応に負けずに頑張り、第一回全国足湯ボランティア交流会は無事開催される事となった。その後、交流会は第五回まで開催され現在も継続しており、足湯ボランティアの貴重な交流の場となっている。あの時、私は非協力的であったことを反省している。西山さんの頑張りがあったからこそ、この交流会が続きそして足湯ボランティアに携わる人々にとって大きな役割を果たすことになった。感謝とお詫びを申し上げたい。

　第一回全国足湯ボランティア交流会は二〇〇九年、神戸大学を会場にして開催された。中越・ＫＯＢＥ足湯隊は二〇〇七年の結成以来、様々な被災地の中で足湯ボランティア活動を行ってきた。そうした活動をする中で、被災地近郊で活動するボランティア団体や地元の大学生などに足湯を伝える活動も同時に行っており、第一回目の交流会には全国から六大学の学生が集まってきた。このように足湯ボランティア活動は徐々に広がりを見せてきていたが、一方で足湯ボランティアの「やり方」は各団体でばらつきがある状況であったため、もう一度足湯ボランティアのやり方をおさらいするというところから交流会がスタートした。

また、参加者同士のディスカッションも行い、「つぶやき」についても考えた。参加者はつぶやきを拾っていく意味を話し合うことで自らの活動への意欲にもつながり、悩みも共有する機会となった。余談だが、このつぶやきについてのディスカッションの中で「つぶやきさんがかわいそうだと思ったが最後に救われてよかった」という発言もあった。

それ以降、第二回は金沢大学で開催し、東日本大震災発生後の開催となった第三回は拡大版として東京大学被災地支援ネットワークの協力を得て東京大学で開催することとなった。さらに第四回は東北大学、第五回は岩手大学での開催と続いてきている。東日本大震災後には足湯ボランティア活動を行っている団体が大きな広がりを見せてきているため、よりいっそうこの交流会の持つ意味合いが深まってきていると言えるだろう。

足湯ボランティア交流会は、各地で活動している団体や個人が一同に介して交流する事で、お互いの気持ちを語り合うことが出来る貴重な場となっている。普段の活動の中での悩みを共有し足湯やつぶやきの意義などを再確認することで、自分たちの活動に自信を持つ事が出来たという感想が多く寄せられている。例えば、七ヶ浜町で足湯ボランティアのコーディネーターとして活動していた清水玲奈さんは、この足湯ボランティア交流会で同年代で活動している人たちと語り合うことやしっかりとした足湯の講習を受けることで、自分の活動フィールドにかえっても自信を持ってボランティアの方々と接することが出来るようになったと教えてくれた。

足湯ボランティア交流会の中で様々な議論をすることによって、現場での実践が言語化できる。こうした機会を得る事によって、現場での活動の視野が広がり、今までよりもより良い活動が出来るようになっていくのだろう。そして、足湯ボランティアは誰でも出来るボランティアであるので、こうした交流会を通して多様なボランティアの感性が混じり合っていく。それがまた被災地の次なる一手に役立つのであろうし、ボランティアの原点なのではないかと思う。

2　第二回全国足湯ボランティア交流会——つながる・つなげる（北陸学院大学）

田中純一

第二回全国足湯交流会は二〇一〇年一一月六日～七日にかけて、石川県金沢市で開催されました。初日はCODE海外災害援助市民センター吉椿雅道さんによる基調講演「足湯のまなざし～中国・四川、青海の被災地から～」でスタート。二〇〇八年に発生した四川大地震の被災地での支援活動を中心にお話いただきました。その後、神戸大学竹内麻里さん・後藤早百合さん、NPO法人ディー・コレクティブ菅原清香さん、長岡技術科学大学藤原遼児さん、金沢大学黒木志保さん・前川裕美さんにそれぞれのフィールドでの活動について報告して頂きました。夕方には場所を市内公民館に移し、足湯ボランティアの生みの親である吉椿さんによる理念・技術両面からなる足湯直伝講習会を開催しました。

二日目は被災地NGO恊働センター代表の村井雅清さんに「つぶやきから見える〝被災地の景色〟」と題してご講演いただいた後、元山岸仮設住宅区長藤本幸雄さん、特定非営利活動法人レスキューストックヤード松田曜子さん、まちづくり会社江尻屋池上康人さん、金沢市元菊町吉田正俊さんに登壇いただき、住民、企業、NPOの立場から足湯ボランティアとのかかわりについて話して頂く「能登—神戸—金沢リレートーク」で盛り上がりました。午後は村井さん進行の下、金沢大学、長岡技術科学大学、神戸大学の学生を中心に、それぞれの足湯を通して思ったことを議論し、活動の意義・課題について共有化しました。

交流会をコーディネートしたのが金沢大学能登見守り寄り添い隊「灯」メンバーです。「灯」による能登での足湯は、神戸大学足湯隊と輪島市内の仮設住宅集会場での交流がきっかけです。足湯のみならず、ＨＡＴ神戸でのお茶会に参加するなど、見守り方、寄り添い方を神戸大学に学びながら、自分たちの寄り添い方を模索してきました。それがその後の輪島や穴水等での活動に活かされています。能登半島地震発生から八年。後輩たちはいまも引き続き輪島市門前町で足湯を続けています。会場である諸岡公民館では、学生が足湯に訪れることが日常の光景になっています。

第二回交流会に参加し、筆者が考えたことについて二つ述べたいと思います。第一は時間の捉え方のズレです。元仮設区長の藤本さんも触れていましたが、われわれは災害を発生した時点から考えようとします。たとえば今回の交流会であれば「能登半島地震から三年半」というように。しかし、災害公営住宅に入居された住民の立場で考えれば仮設住宅を出て一年半しか経っていません。ここにはすでに二年という時間のズレが存在しています。被災された住民の復興を考えるとき、われわれは無意識に作り出してしまう時間のズレに常に慎重でいなくてはなりません。

第二は足湯活動に見出される災害ボランティアの意味です。被災地でのボランティア活動というと、学生の多くは「泥出し」「ガレキの撤去」など肉体的労働をイメージします。こうした学生の場合、肉体的疲労と精神的満足が比例していることが多いため、足湯ボランティアに魅力を感じてくれません。一見すると地味に見られがちな足湯ですが、その内部には災害ボランティアの原点ともいうべき理念が凝縮されています。それは「目の前のひとりに向き合うこと」「最後のひとりまで」という理念・姿勢です。足湯はその性格ゆえ、一度に一人の住民としか向き合えません。しかし、そのプロセスが、復興という大きな枠組みからとらえるのではなく、目の前にいるひとりの人間から復興を考えることの大切さを実践する側に気付かせてくれるのです。個人の復興なしに、地域の復興はありません。足湯は目の前のひとり、かけがえのないひとりの存在を大切にします。足湯交流会最大の意義はこの原点を再確認することです。その意味で、吉椿さんによる足湯の講習会はとても貴重な時間でした。足湯交流会は「足湯」を手掛かりに、復興に対する考え方のピントを補正する機会であると同時に、災害ボランティアとは何かを学ぶ機会なのです。

（注：本文に登場する人物の所属は、交流会当時のものです）

3　転換点としての足湯活動（神戸大学）

林　大造

神戸大学の足湯活動は、二〇〇七年の能登半島地震における学生主体の支援活動をきっかけとして始まり、東日本大震災後の「東北ボランティアバス」活動に至る。筆者が継続的に足湯活動に関わるのはこの東北ボランティアバスにおいてであり、能登半島地震、二〇〇九年台風九号兵庫県佐用町水害において幾度か学生の足湯活動に同行している。阪神・淡路大震災の避難所ではじめられた足湯活動は、二〇〇四年の中越地震の際に被災地ＮＧＯ恊働センターのスタッフによって再び取り上げられることとなるが、阪神・淡路大震災のときにはなかった「つぶやき」の記録という要素がこのときに加わる。この際に大阪大学と地元の長岡技術科学大学の学生の活動にも足湯は取り入れられる。神戸大学に足湯が入ったのは、この中越地震を経た後ということになり、能登半島地震において、先の大阪大学の学生たちの流れに、神戸学院大学の学生とともに神戸大学生が加わり、「中越・ＫＯＢＥ足湯隊」が結成された。

神戸大学の学生による災害ボランティア活動に足湯を取り入れる際の経緯については、当時神戸大学学生ボランティア支援室の中心的スタッフであった藤室玲治氏（現・東北大学東日本大震災学生ボランティア支援室）から、筆者は次のように聞いている。被災地ＮＧＯ恊働センターから足湯を能登半島地震支援活動に取り入れることを学生たちが勧められたが、「半信半疑」ではじめた。ところがそれまでの「労力提供」中心の活動から、被災者とのコミュニケーション中心のありかたへと劇的に学生ボランティアのかたちが変わった。のみならず、能登に学生たちが通い続けることにもなったと、藤室氏は同僚である筆者にいくぶん興奮と手応えをもって語ったものである。今ふり返ってみると、やがて藤室氏の先導のもとで神戸大学が東日本大震災後に取り組むことになる「東北ボランティアバス」の基本的な活動の枠組が、このときにかたちづくられたと言ってよい。

二〇一一年四月から二〇一四年九月にかけて、延べ二四五日間にわたって、神戸大学学生・卒業生・教職員・他大学生等延べ一二三八名が参加した東北ボランティアバスにおいて、足湯活動は中心的活動の一つとなる。回収されたつぶやきカードは一五七七枚。第一回の派遣から足湯はすでに取り組まれており、当初は宿泊拠点であった岩手県遠野市内から、足湯に使う水をポリタンクに入れて岩手県沿岸部の避難所に毎日持ち込み、遠野から「通勤」して実施されていた。当初は参加者全員が足湯に取り組むわけではなく、瓦礫撤去などの労力提供も初期には多くの者が従事した。学生たちは足湯の講習を大学で受け、練習をした上で被災地に赴く。この際に伝えられることは、①足湯が「誰にでもできる」ということ、②「支援する側／される側という関係でなく、『私』対『あなた』、個人と個人の関係」を築くツールであること、③「つぶやき」を拾うことから被災地の現状を住民の視線から感じることができること、④そこで聞いたことを地元団体や専門家につなげることができること、などである（学生作成の足湯講習会資料より）。

東北ボランティアバスでは、足湯は現在に至るまで、はじめて災害ボランティアに参加するビギナー学生にとってもベテラン学生にとっても、被災者と深くつながりを築くきっかけであり続けている。日々の活動を終えた後、宿舎でその日の活動をふり返るが、個々の被災者から聞いた話を「つぶやき共有タイム」と称して、おおむね三つのグループに分かれた活動メンバーをシャッフルして五人グループ程度に再構成して「つぶやき」を共有することで深い気づきの時間を活動期間中にもつことにしている。東北ボランティアバスの三年半のなかでの足湯に関する形式上の一つの変化は、つぶやきの収集方法が紙のカードからスマートフォンによるクラウドベースのオンライン入力に変化したことである。このことは集約の利便性を高めたが、収集されるつぶやきの内容にどのような変化があるのか／ないのかまだ検証はしていない。

東日本大震災という世間の注目を集める災害の影で言及されることの少なくなってきた二〇〇七年の能登半島地震、二〇〇九年の兵庫県佐用町水害の被災地にも学生たちは今なお足湯に赴いている。そうした被災地で、それまで笑顔で学生たちに対していた被災者が、数年の時を経て、はじめて涙を流しながら「今になってようやくあなたに涙を見せることができるようになった」と素顔を晒すことになったという様子を聞く。足湯をそのような時間のスパンのなかで捉える必要があると思うところである。

4　足湯でつながるということ（大阪大学）

宮本　匠

「Tさん亡くなったん、聞いた？」

数年前、そんな言葉を同級生から投げかけられた。彼女は、from HUSとして一緒に中越地震後の足湯ボランティアに参加していた仲間だった。from HUSは、中越地震の後に大阪大学人間科学部の学生を中心に組織されたグループで、被災地では主に都市部で被災し、ばらばらの地域から集まってこられた方々が居住する、長岡駅近くの操車場跡北仮設で足湯ボランティアの活動をしていた。Tさんは、その北仮設での足湯で知り合った方である。

Tさんが亡くなった話を聞いたのは、北仮設もなくなり、居住されていた方も復興住宅などで生活再建を果たされてから随分とたった頃だった。from HUSは、二〇〇五年一二月から、北仮設がなくなる二〇〇七年六月まで、毎月誰かしらが大阪から新潟まで通いながら北仮設での足湯を続けた。毎月通い続ける中で、from HUS の彼女たちの言葉で言えば（メンバーは女性が中心だった）「ボランティアと被災者」ではない「〇〇さんと〇〇さん」という確かな関係が生まれていった。

彼女たちは毎月訪れるだけでなく、季節の節目に手紙を送っていた。活動資金が潤沢にあったわけではなく、多くの人が交通費の半額や時には全額を自己負担としていたから、手紙は北仮設の方たちとつながれる貴重なやり取りだった。年賀状、暑中見舞い、あるいは何でもないときにも手紙を書いていた。手紙には、この前の足湯で聞いた話のことや、お孫さんは元気に過ごされているか、そんなことが彼女たちひとりひとりに独特の文字で、色ペンで、愛らしく綴られていた。

自分が北仮設の集会場で話をしていて驚いたことがある。その方は、僕が大阪大学の学生だということを伝えると、買い物かごから封筒を取り出し、「この人のことを知っているか？」と尋ねられた。見慣れた名前と文字が躍っていたので、「知っています」と答えると、くれぐれもよろしく伝えてほしい、こうやって手紙をもらうことが本当に生きる支えになっているのだということを語られた。私は、その方が手紙を何気ない買い物鞄に忍ばされていたことにとても驚いた。

Tさんも、彼女たちの手紙を大切にされている方のひとりだった。私も何度か仮設住宅時代のおうちにおじゃましたことがある。確か氷川きよしが大好きで、大きなポスターを飾られていた。私はその頃、一時的に長岡に住んでいた。だから、彼女たちが足湯に通ってきて帰るときには、送り出す立場でもあった。Tさんは、彼女たちが帰るといつも泣いていた。彼女たちもそのことは知っていたから、本当に後ろ髪を引かれながら、夜行列車に乗って帰っていた。

冒頭の言葉を投げかけられた時に、私はなにか大切なことを見過ごしていたのではないかと思った。それは、彼女たちが足湯に、そして北仮設で出会った方々に関わり続けた意味だ。北仮設がなくなった後も、彼女たちは時々長岡を訪れては、皆さんと交流していたことを知ってはいた。そこで生まれていた関係、「〇〇さんと〇〇さん」の関係がもつ本当に大切なことは何だったのだろうか。

私たちは、自分が生まれる瞬間と、死んでいく瞬間を見届けることができない。その意味で、人間は共同的な存在であり、だからこそ「孤独死」に、ただおひとりで亡くなること以上のやりきれなさを感じる。新たな命が祝福され、亡くなる命が安らかに看取られることは、人間社会の豊かさといわれるものの最低限のことではないだろうか。けれど、その最低限のことを、私たちの社会は時として不用意に犠牲にしてしまう。

私はTさんの最期がどのようであったのかは知らない。けれど、Tさんの最期に、彼女たちが物理的な距離はあっても立ち会っていたのではないかと思う。そしていまTさんの人生は彼女たちを通して、かけがえのないものとして私たちの一部となる。悔やまれる過去は残念ながら多い。けれど、だからこそ、足湯も含めて出会った人たちと生きる現在を大切にしたい。

5　七ヶ浜町における大学生の取り組み（東北学院大学）

長島心一・若生有吾・泉　正樹

■活動のきっかけ

東北学院大学災害ボランティアステーション（以下、ステーション）が「足湯ボランティア活動」に最初に携わったのは、二〇一一年六月一九日（日）のことでした。日本三景松島の一角をなす宮城県七ヶ浜町で、地震発生直後から数々の支援活動を展開されていたNPO法人レスキューストックヤード（以下、RSY）との出会いが、今日まで続く「大学生の足湯ボランティア活動」のきっかけとなりました。

その頃の七ヶ浜町は、応急仮設住宅の設置に伴って避難所がほぼ解消されつつあり、支援活動のあり方も、避難所仕様から仮設住宅仕様への転換が図られていました。足湯活動も、仮設住宅区域での継続的な実施が計画され、近隣に住まう大学生の参加が望まれていた状況に、当時、文学部四年生の千葉弘充氏（二〇一一年度卒）が感応しました。ここから、ステーションが関わる「大学生の足湯活動」の第一期（およそ二〇一二年度まで）が始まることとなりました。

■活動の模索

ＲＳＹが主催するボランティアバス、日本財団ＲＯＡＤプロジェクト、そして全国各地から訪れる個人ボランティアによって、仮設住宅区域では、平日・週末を問わず足湯活動が続けられました。ＲＳＹとの連携のもと、ステーションでも参加者を募り、地元の大学生は主に、週末の活動に参加してゆくこととなりました。

当初、近隣に住まう大学生には、七ヶ浜町に設置された七ヶ所の仮設住宅区域での足湯活動を先導してゆく、ボランティアリーダーとしての役割が期待されていました。しかし、単発的に参加してくれる学生は少なからず現れましたが、リーダーとしての継続的な参加、というところまでにはなかなか至らぬ状態が続きました。

「大学生の足湯ボランティア活動」は存続を危ぶまれる局面もありましたが、「毎週末には可能な限り現地に伺う」という方針のもと、学生主導の足湯活動は細々ながらも続けられました。こうした取り組みが、リーダー役を担う複数の学生の出現という、第二期（およそ二〇一三年度から現在まで）の活動へと繋がりました。

■活動の展開

足湯隊のリーダーには、各回の足湯隊に対して、事前講習の実施、現場活動の統括、活動後の振り返りミーティングの運営といった事柄を遂行する技能が求められます。そこには、リーダー役を担うという明確な意志に基づいた主体的取り組みが不可欠となります。地震後からの二年強の間、自己を顧みずそうした任を主に果たしたのは、自身も七ヶ浜町民でRSY学生スタッフ（～二〇一三年五月まで）であった清水玲奈氏（東北工業大学、二〇一四年度卒）でした。

清水氏の補佐を通して、リーダーとしての役割のいくつかを千葉氏、高橋洋貴氏（経済学部、二〇一二年度卒）、保坂隼人氏（経済学部、元ステーション学生代表、二〇一四年度卒）、そして長島心一らが引き受ける体制がゆっくりと形成されました。

そうした中、二〇一三年六月からは、月一回、特定の仮設住宅区域の集会所における足湯活動の運営を、本学学生が任されることとなりました。ステーションには、足湯活動をきっかけとして形成された学生主導の「七ヶ浜グループ」が設置されています。二〇一四年度には、若生有吾をグループリーダーとして、足湯活動の更なる充実と、地域の方々との交流を目的とした「食事会」や「子ども支援」などが実施され、二〇一五年度の活動に引き継がれています。

今後、応急仮設住宅は順次解消されてゆき、被災された方々は何度目かの生活環境の変化に直面されます。私たちの活動が地域コミュニティの再形成・活性化にいくらかでも資することを念じています。

6　理系学生の足湯ボランティア奮闘記（長岡技術科学大学）

武澤　潤

理系学生が足湯ボランティアを行っていると紹介すると、多くの方が驚かれます。ボルトオブナッツというボランティアチームに所属するメンバーは、毎週のように新潟県中越地震で被災した集落に出向いて、地域に寄り添い、田植えや道普請など地域と共に活動を行っています。その中の一つとして足湯活動を行っていますが、長岡技術科学大学の学生は機械や化学といった足湯活動とは程遠い分野を勉強しており、学業とは関係なく自らの地域への強い思いで活動をしています。

私達の足湯の始まりは、新潟県中越地震の仮設住宅での足湯活動です。当時、長岡市操車場跡仮設住宅には大阪大学の学生が毎月足湯に通っており、県外の学生が新潟のために頑張っているのだから、地元の学生も出来る事があるのでは、という思いから活動に参加したのがきっかけです。長岡の仮設住宅の入居者は元の住んでいた地域も年代も様々で、住民同士のコミュニティがほとんどありませんでした。そこで、若者の学生が足湯を開く事で仮設住宅に住まれる方が集うきっかけとする事や、日頃の疲れを取り、若者と何気ない話をする事で少しでも気分が楽になってもらえればと思い活動を行いました。

中越地震での足湯活動の経験により、その後発生した能登半島地震では、「中越・KOBE足湯隊」の一員として能登半島での足湯活動を行い、後の新潟県中越沖地震では現地学生として中心となり活動を行いました。その後の各地の水害被災地や、東日本大震災の避難所での活動も行い、現在では福島の仮設住宅での足湯活動を続けています。

仮設住宅から復興住宅へのシフトが進む中、能登半島地震、中越沖地震と立続けに大きな地震が発生し、私達の足湯活動は、コミュニティ創りの平時の足湯活動から、地震直後の避難所での足湯活動へと変化していきました。顔見知りの関係での足湯と、不特定多数の方々への足湯とでは、活動場所の雰囲気や聞こえてくるつぶやきが異なっていたため、行う中での接し方の迷いや戸惑いがありました。しかし、足湯からつぶやきを拾い、一人ひとりに寄り添うという事の意味は変わる事なく、本質はどちらも同じであると思います。また、つぶやきを拾う事に加えて、足湯をツールとして、若者がその地域に通い続ける事も、学生が足湯を行う意味として大切な事だと考えています。

特に、足湯活動のきっかけとなった中越地震の被災地はそのほとんどが限界集落と呼ばれる高齢化が進んだ地域でした。そこに、足湯をきっかけとして入った大学生が、気心知れた関係となり、地域の村祭りへの参加や農業、村興しイベントを支援する役割を果たしています。結果として足湯で作られた関係が、一緒に笑い合う、共に悩む関係となり、よそ者であったはずの若者の元気さが、地域を元気にするきっかけになっていました。その意味は後輩にも確実に受け継がれ、足湯以外の私達の平時の活動でも、頑張っている人に寄り添う形で地域復興の支援に繋がっています。

私達が足湯をする中で、特に印象に残っている言葉があります。それは、長岡の仮設住宅で足湯をしていた際にふとつぶやかれた、「足湯とかしてもらって私達はあなたらに救われてるんだよ。だからあなたらにもいいことはきっとあるからね」という言葉です。私達は日々悩みながら活動しています。おそらく、どの数学の計算や物理の難問より悩んでいます。それは、決まった答えがないからです。それでも活動を続けたいと思うのは、喜んでくれる方がいるからです。雪国の理系学生が答えのない問題に直面しながらも「いいこと」があると信じて努力し、今日も頑張る地域を支えています。

7　福島の現状に応じた足湯活動の展開と必要性（福島大学）

北村育美

■震災から四年――見えてきた福島の足湯の現状と課題

東日本大震災発生から四年が経過した。福島での足湯活動は、震災直後から始まり、現在も続いている。震災直後、福島県最大の避難所であるビッグパレットふくしまに応援に入った筆者は、できる限り一人ひとりの声を聴くため、足湯を始めた。神戸から中越に伝わった足湯は福島に伝わり、これが福島での最初の足湯となった。

当時、原発事故による避難生活は長期化することが目に見えてわかり始め、足湯を継続的に続けるためには、地元学生の力が必要だと考え、福島県庁運営支援チームの協力を得て、県内の大学・専門学校に声をかけた。これがきっかけとなり、学生たちが主体的に足湯を展開し始めた。

震災当初県内各所で行われていた足湯は、震災から三年が経過すると独自の活動となり、各所の活動は見えなくなってきていた。また、筆者自身が足湯事業を行っていた富岡町社会福祉協議会おだいがいさまセンターの足湯事業は少し行き詰っていた。他団体も同じ課題を抱えているのではないか、現状や課題を共有することで、福島での足湯がさらに前進するのではないかと考え「ふくしま足湯ボランティア交流会」(以下、足湯交流会)を企画し、二〇一四年二月二三日に実施した。

■ふくしま足湯ボランティア交流会の実施

足湯交流会は、各団体が活動の現状と課題を報告共有し、その解決策を見出すことが目的で、福島の避難者への足湯を行う六つの県内外団体が参加した。

この日議論された共通課題と論点は大きく二つあった。一つは、足湯利用者の減少である。足湯に来る人数が多ければよいとは限らないが、多くの人に来てほしい、足湯のよさを知ってほしい、日ごろ抱えていることを語ってほしいという実施側の思いがある。そこで出た意見は、毎月同じ場所で足湯をし、まずは足湯を知ってもらい、その上で戦略的に三ヶ月実施する「戦略的足湯」のアイディアが出された。また、足湯を終える時期についても議論され、ボランティアとの信頼関係と、住民同士のコミュニティが構築されれば、「卒業足湯」という足湯を終える時期がくるのではないかという意見もでた。足湯自体が目的ではなく、足湯をきっかけとしたつながりづくりの大切さを参加者同士が共有した。

二つ目の論点は、足湯ボランティアの減少である。筆者は足湯を継続的にできるのは学生と考えていたが、学生は忙しく、大きな大学でない限り次世代への引継ぎが難しいことがわかってきた。足湯に来る住民が少ない場合、初めて足湯ボランティアに来た学生の達成感が得られず、また来たいという気持ちの醸成が難しい。ここでの結論は、足湯初心者の学生には、多くの住民が参加する場での

「足湯留学」を行い、成功体験を積むことが必要との意見が出された。

このように課題が多い福島の足湯であるが、住民もボランティアもよい関係で足湯を続けている団体が、福島大学災害ボランティアセンターである。現在も毎週末足湯を行い、ボランティアも充足している。「○○さんにまた会いたい」と足湯を続ける学生が多い。順調な活動継続の要因は、学生主体の災害ボランティアセンターが足湯を担っていること、震災直後から活動していることから、住民や社会福祉協議会との信頼関係構築、引き継ぎがうまくいっている二点があげられる。今後は福島大学を核とした県内外の足湯連携、足湯留学を実現していくことが可能といえる。

■今後の足湯展開について

特に双葉郡内の町村では、原発事故による長期の避難生活が予想される。変化する住民の声をキャッチし支援につなげるには、県内外の足湯団体が一体となって、避難者のこころとからだを温め、さらに多くの地域で長く地道に足湯を展開していく必要がある。そのためには、定期的な情報交換の場を設け、長引く避難生活によりそう、福島ならではの足湯を展開していきたい。

8 被災した方々に寄り添うきっかけとして（東北大学）

藤室玲治

■東北大学と足湯ボランティア

私は二〇一三年四月に東北大学に移ったのだが、それ以前の神戸大学学生ボランティア支援室勤務時代から、東北大学東日本大震災学生ボランティア支援室の運営委員である米村滋人先生（当時は東北大学法学研究科准教授。現在は東京大学に移っている）からご連絡をいただき、東北大学生の被災地での活動と連携を行っていた。

その一環として、二〇一二年八月に東北大学で足湯ボランティア講習会を開催したのが、東北大学生が足湯を実践することになる最初のきっかけとなった。講習を受けた学生は、その後に陸前高田市で神戸大学生と一緒に、仮設住宅等で足湯ボランティア活動を行った。

また二〇一二年一二月八日・九日には第四回目となる「全国足湯ボランティア交流会」を東北大学片平キャンパスで開催した。

■広がる東北大学生の足湯ボランティア活動

その後、二〇一三年四月に私が東北大学に移ってからは、東日本大震災被災地の仮設住宅で学生が活動するきっかけになればと思い、足湯ボランティア活動の普及に努めた。

この年の六月には宮城県山元町でいちご農家支援等の活動を展開していた学生団体・東北大学地域復興プロジェクト〝HARU〟が、山元町の仮設住宅で定期的に足湯ボランティア活動を始め、現在も継続している。

また同じ六月には富岡町生活復興支援センター（おだがいさまセンター）の協力により、郡山市で足湯ボランティア活動を行い、その後も、同センターや福島大学災害ボランティアセンターの協力を得て、福島市・本宮市・郡山市・いわき市で足湯ボランティア活動を現在にいたるまで実施してきた。

その後、神戸の「まち・コミュニケーション」の協力で石巻市雄勝町にも関わるようになり、一一月には雄勝町内でも足湯活動を行うようになり、こちらも現在まで定期的に活動を行っている。

また、神戸大学と合同ではじまった陸前高田市での足湯ボランティア活動には、その後に岩手大学も加わり、東北大学では陸前高田応援サークル「ぽかぽか」という学生団体が二〇一四年二月に発足し、仮設住宅での足湯や手芸のボランティア活動を継続している。

■仮設住宅と地域社会に関わるきっかけに

二〇一三年当時、仮設住宅に学生が入ってボランティア活動を行うということが、東北大学ではあまり一般的ではなかった。阪神・淡路大震災の際に、学生ボランティアとして仮設住宅で活動した経験のある私には、それが驚きであった。そこで、足湯を通して仮設住宅に関わるように学生に勧めてきた。

足湯を通して、学生は被災した方々の声を直接に聴くことができ、それによって東日本大震災を他人事でなく捉えることのできる良いきっかけとなる。また仮設住宅側でも、震災から三年目、四年目と時間が経つに連れて訪問するボランティアが減ってきていた。私たちが訪問すると「来てもらえて嬉しい」などと言ってもらえ、多少は役に立てたかと思う。

また仮設住宅外の被災した地域でも活動を行い、住民の方々の交流にも参加させてもらっている。被害の大きな地域では「家は残ったが、生活する人も減ってしまい、この先もここで暮らせるだろうか」と心配されている方が多い。そうした方々のお話をうかがい、できることを模索するためにも、足湯は一つの手がかりになっている。

■今後の課題

被災地では、復興住宅への入居が進んでいるため、復興住宅での足湯や手芸等の活動を実施している。入居者同士が集まり、出会うきっかけとなっている。一方で、まだまだ仮設住宅も存続し続けるので、仮設住宅でも息の長い活動を続けていきたい。また地域社会での足湯ボランティア活動もぜひ根付かせていければと思う。

東日本大震災の被災地は広く、問題も複雑である。足湯は、そうした被災地の問題に学生が生で接し、気づくことのできる、またとない機会を提供してくれる。今後も息長く東北大学生が被災した方々に寄り添えるように、足湯を大切にしていきたい。

9　足湯で生まれた継続性（岩手大学）

楡井将真

足湯との出会いを通して岩手大学の学生ボランティアは、被災地の方々と肌でふれあい、同じ時間を過ごし、一緒にお茶を飲んだり語り合ったりとしていく中で、〝ひと〟と〝ひと〟とのつながりの大切さを学ばせて頂いています。岩手大学と足湯との出会いは、二〇一一三年八月のことです。震災から二年以上が経過したころでした。それは決して早くはない出会いとなりましたが、このタイミングで足湯を行うことに非常に大きな意味を感じさせることになりました。

その意味とは、当然被災された方々にとって学生が足湯を行うことに対する様々な効果も十分あるのですが、ここでは、そのことに対してはあえて着目せず、足湯を行った学生ボランティアの変化に着目したいと思います。

私が岩手大学で学生ボランティアのコーディネートを行う職に就いたのが、二〇一一三年六月のことでした。震災から二年以上が過ぎたこの頃は、ボランティア活動の転換期ともいえる時期であり、ハード系の活動も一段落し、与えるだけの支援活動ではなくなってきた時期だと考えています。そこでの学生ボランティアはというと、被災地との関わり方に対しての変化や、震災直後に精力的に活動を行ってきた学生が引退をする学生間の世代交代も行われようとしていたころで、今後の活動に対して下の学年に引き継げるのか、活動が停滞しないのかなどの不安や迷いがあった時期だと考えています。

上記した通り、二〇一一三年八月に被災地ＮＧＯ協働センターの吉椿氏などを招いて行った「足湯講習会」が足湯との出会いでした。その後は、陸前高田市で神戸大学・東北大学と共に市内の仮設住宅で足湯や手芸などを通したサロン活動を実施、また釜石市では岩手大学単独で二ヶ所の仮設住宅で足湯などを通じたサロン活動を実施しています。これらの活動を通して、学生内に変化が生まれました。それは、参加する学生ボランティアメンバーに継続性が表れたのです。学生たちの口からは、「また○○仮設の○○さんに会いに行きたい」、「○○さんとすごく仲好くなれた!」などのことばや、手紙のやり取りをするようになった学生の姿もありました。これは今までの活動にはなかった〝つながる〟ということを実感出来た証しであり、被災者と学生ボランティアという関係ではなく、〝ひと〟と〝ひと〟としての関係性が構築出来たのだと感じています。

学生ボランティアの役割は、比較的時間が自由であり、若さゆえにある力などを使う労働力(重いものを持ったり)であるという考え方ではなく、学生特有の学ぶという姿勢や純真な振る舞いなどが被災された方々を元気付けるのだと考えています。足湯はまさにこれらのことを十分に発揮できるものだと実感しており、そのことにより、学生もその役割を発揮でき、住民の皆さんともつながることが出来るのだと思います。

このことから足湯は、学生としての役割を発揮できる場であり、〝ひと〟と〝ひと〟とのつながりの構築が出来るものだけではなく、その関係性を築くことによって生まれる「また逢いたい」という気持ちから成る継続性が生まれるものであると考えています。この継続性が生まれることにより、学生が被災地に関わり続ける意味やその必要性をも考え、次に繋がる活動へと発展していくのだと実感しています。

岩手大学の学生ボランティアが震災から二年が過ぎたころに足湯と出会えたことで、これらのことに気づくことが出来ました。これからの復興に対して足湯をきっかけに地元大学として継続的に関わり、今後も多くの〝つながり〟を築いていき被災された方々と学生ボランティアが共に歩んで行くことが出来ればと思います。

2　つぶやきの足跡

村井雅清

1　はじめに

この章での「つぶやきの足跡」は、本書のⅡ部「被災者の「つぶやき」分析」で登場するつぶやきとは少し経緯が違うことを説明しておきたい。そもそも、当時のつぶやきは阪神・淡路大震災後の二年を踏まえて、復興計画に反映させるためのものであった。いうまでもなく、被災者が本音で語りだした、あるいは叫んだ、あるいは静かにしぼりだした「生の声」であることは共通している。従って、つぶやきの収集はその後の被災地での足湯ボランティア活動で集められたつぶやきと同じで、本書でいわんとする「被災者の自立へ向かう新たなケアの試み」に、地下茎でしっかりとつながっていることを確認しておきたい。

2　つぶやきの誕生

そもそもここでのつぶやきは、阪神・淡路大震災（一九九五年）から一年後の一九九六年後半から一九九七年後半にかけて、当時仮設住宅に住んでおられた被災者の方々からお聞きした「生の声」のことを、「ふだん着のつぶやき」と表現したことに始まる。

なぜ「生の声」を集めようとしたのか。きっかけは阪神・淡路大震災から一年後の一九九六年六月にトルコの首都イスタンブールで「ハビタットⅡ（国連人間居住会議）」が開催され、筆者も阪神・淡路の被災地の市民やNGOのみなさんとともに、同会議に参加したことに起因する。同会議でメキシコから参加していたNGO代表のクヮテモックさんに出会い、彼が発表していた分科会での災害後まちづくりの経緯を聞いたことに刺激され、KOBEのまちづくりに活かせないかと刺激を受けたことがはじまりである。彼はメキシコ地震（一九八五年）の被災者でもあり、その後の被災地メキシコシティーの再建に尽力し、現在に至ってもそのメキシコ地震で亡くなった犠牲者を追悼し、メキシコ地震を忘れないようにと、毎年九月にデモをしている。彼から学んだことは、「町の再建には被災者の声を聞き続け、その声をもとに復興計画を立てることだ」ということだった。

3　つぶやき→声のカード→復興計画へ

筆者はトルコから帰国後、彼から学んだことを「市民とNGOの『防災』国際フォーラム」実行委員会に報告、阪神・淡路大震災後の復興計画づくりに活かせないかと提案し、被災者の生の声＝声のカード収集活動が始まった。その趣旨となるところは、第2回同フォーラム報告書に触れてあるので、以下、引用する。

「声のカード」について――第2回市民とNGOの「防災」国際フォーラム（以下第2回フォーラムと表

記）実行委員会では、第2回フォーラムに被災者の思いや現状を知る必要があると考え、一九九六年秋頃から被災者の声を記録に残す作業に取り組みました。生の声はできるだけ客観的なものとするため、ボランティアが日頃の活動のなかで耳にした住民のつぶやきを「声のカード」に記入することにしました。住民のつぶやきはこれまでに築いた信頼関係の上に話してくれた言葉であり、プライバシーに関わる内容も多く、それを公表することへのためらいもありました。こんなこともあって、「声のカード」の収集は目標をはるかに下回る約千件の声を集めるに止まりました。市民の声をいかに引き出すかは、今後の大きな課題です（市民とＮＧＯの『防災』国際フォーラム」実行委員会編 1997: 13)。

また、第2回フォーラム「'97神戸宣言」を見ると、このつぶやきがどのような背景で、「声のカード」化したのかもよく分かる。その一節を紹介する。

……被災地では遅々と進まぬくらし再建に苦しみ、まちづくりでは意見や利害の調整に悩んでいる。フォーラムは県外避難者を含めた被災者の困難な日常生活からでてきたナマの声を千枚の「声のカード」として集約し、現状の分析を出発点にさまざまな課題を個々に議論していった。私たちは「おとなも、子どもも、人として誇りをもって住まい、くらすまちと社会」の実現をめざすことで一致した（市民とＮＧＯの『防災』国際フォーラム」実行委員会編 1997: 3)。

つまり阪神・淡路大震災後、二年を前にした被災者の厳しい生活の一端を、つぶやきから垣間見、その後の復興に向かう被災地の提言とし、一九九九年に発行する『市民がつくる復興計画――私たちにできること』としてまとめるためであった。

4　『「仮設」声の写真集　阪神大震災もう一つの記録』として遺す

さて、「市民がつくる復興計画」として完成させる前に、防災フォーラム実行委員会は、それまでに集めた約千件の生の声から抜粋し、『「仮設」声の写真集――阪神大震災もう一つの記録』として出版した。これを遺そうと思ったのは、写真は真実を語るということからであり、「声の写真集」と表現するほど、その時に語った言葉として意義が深いものだったことは、同書の終わりに述べている藤本多真季（当時編集長）の言葉からも推し量ることができるだろう。

仮設住宅では「住まい」の問題、社会保障システムの問題、地域コミュニティの問題などあらゆる問題が噴出した。なかには今回の被災を特徴づけるものもあるが、多くは日常ある問題が顕在化したものだ。〝普通の家〟に戻ることで、それらの課題は解決も改善もされぬまま、ふたをされようとしている。彼らのつぶやきは忘却と無反省への警笛になり得ると考え、時間の経過を恐れず、このようなかたちでまとめることにした（阪神・淡路大震災「仮設」支援ＮＧＯ連絡会 1998: 233）。

市民とＮＧＯの「防災」国際フォーラム実行委員会は、こうした無念の思いも伝えたかったのである。ちなみに二〇〇〇年に発生した「東京都三宅島噴火災害」後、当時東京ボランティア・市民活動センター所長をされていた山崎美貴子先生（神奈川県立保健福祉大学 名誉教授）にこの写真集を謹呈させて頂いたが、後日お会いしたときにその際のお礼とともに、「この前の本ありがとう。泣きながら読ませて頂きました」と言われたことが、今も私の脳裏に焼きついている。

被災者の生の声なので、当然なのだが涙なしには読めない、向き合えない写真集であることを伝えておきたい。まもなく東日本大震災から四年半を迎えるが、東北の被災地で暮らす被災者の心境も同じであることを思うと、胸が詰まる。

5　ボランティアが足で集めたふだん着のつぶやき

同書に収録している「ふだん着のつぶやき」を本項（五六〜五七ページ）に紹介しているので、是非当時の被災者の生の声に向き合い、読んで頂ければ幸いである。そして同書の「はじめに」に、

こうして集めたカードはおおよそ千件となり、それまでの二年間の生活の厳しさや不安、あるいは傷ついた人間の優しさ、そしてたくましさなど、人のさまざまな「生」を雄弁に物語っている。その一方で日本の社会保障と大震災の傷跡から市民が抜け出すシステムの欠如を根底から問いただす告発ともなっている。

とあるように、このような社会に甘んじてきた私たちに対する問いかけでもあると受けとめたい。またこの告発は、阪神・淡路大震災から丸二〇年を経た今も、日本社会への提言として受けとめることができる。

「ふだん着のつぶやき」という表現は、同写真集の〝オビ〟に書かれたもので、被災者のふだん着のままの声であることは間違いないが、当時仮設住宅で暮らしていた被災者の厳しい暮らしぶりが記録されていて、先述の山崎先生が言われたように、涙なしでは読むことができないものとなった。

つぶやきの内容によって、「母の仮設（いえ）にて」「沈黙のあいまに」「ためいきまじりに」「微笑みながら」「つのる苛立ち」「じゃりみちからの叫び」「まけないぞう」「みんな一緒に」の八項目に分類した。

＊母の仮設（いえ）にて
みんなどんどん引っ越してしまってさみしい。そんなときに近所の人がさし入れしてくれたりしてうれしい。みんなさみしいんやね……。［神戸市兵庫区　仮設　80代女性一人］

私ら年やから、神戸帰ってもすぐ死んでしまうかわからんけど、神戸に帰りたい。神戸に帰って死にたい。［大阪府泉佐野市　仮設（神戸市灘区）　80代女性一人］

＊沈黙のあいまに
実家がつぶれて父が下敷きになってしまってんね。遺体が見つかるまでの二日間、毛布をかぶって家の前で待ち続けてたの。その間夫は、自分の実家の荷物をせっせと取り出してた。やっと来てくれた思ったら、そのまま「寝る」言うて寝てしまった。他人の方がよっぽど温かかった。地震で夫の本性を見た。その前からいろいろ思うところがあったし、95年４月、離婚した。
［大阪府豊中市　仮設（神戸市東灘区）　30代　女性　４人］

４万人近い人々の仮設住宅の暮らしは先に夢がないという人が多い。孤独死が続く。「いっそひと思いにあの時（地震）死んでいた方が良かった」とつぶやく人も多いと聞く。橋本龍太郎は「長生きして良かったという日本にしたい」と何度も言っているが、仮設住宅の一人ひとりの言葉を聞いてみよ。自分がなんと絵空事を言っているか分かるだろう。

［札幌市（兵庫県西宮市）　男性］

＊ためいきまじりに
抽選にもれた公営住宅の前を夜通り過ぎると、明かりがついているのが目に入る。
［神戸市兵庫区　仮設（——）60代　女性——］

震災直後の物資配給の時、路上生活者だからという理由で、物資を受け取れなかった。同じ被災者なのに……。［神戸市兵庫区　路上生活（——）　50代　男性　——］

私は脳性麻痺で幼い頃から体が不自由。震災で仮設に入ってボランティアが関わることで、（仮設の住民から）一人だけ特別扱いしていると言われている。
［神戸市須磨区　仮設（——）　40代　女性　——］

＊微笑みながら
ボランティアがな、バスで復興住宅見に連れてってくれるねん。１回だと行かれへん人がいてるから、二回な。神戸市がルート考えてくれよんねんて。
［大阪府泉佐野市　仮設（——）　50代　女性　——］

ボランティア活動は、震災以降活発になってきたが、それ以前から地道な活動を行ってきた。また仮設住宅が解消されたからといって、ボランティアがなくなっていいはずがない。ボランティア活動は続けることが大切。［神戸市兵庫区　（——）　20代　女性　——］

＊つのる苛立ち

うちらまだこんな生活しとるのに、神戸空港作る言うて……どうしても作るんやったら、私が死んでからにしてほしい。見たら腹立つからな。

[大阪府豊中市　仮設（神戸市東灘区）　80代　女性　一人]

震災の後、離婚して母子家庭になった。震災「時」母子家庭じゃないから、義捐金も優遇措置も、何もない。

[大阪府豊中市　仮設（神戸市東灘区）　30代　女性　4人]

＊じゃりみちからの叫び

仮設に来たときは毎日泣いていた。しかし二年近くにもなると、慣れるものや。もうここから出て行きたくない。[神戸市西区　仮設（神戸市長田区）　50代　女性　——]

乳飲み子の子どもをかかえた娘は、母子の仮設住宅が最後まで当たらなかった。運が悪いですまされた。[神戸市垂水区　仮設（神戸市垂水区）　50代　女性　二人]

＊まけないぞう

私らどん底やから、毎日ちょっとずつちょっとずつ、はい上がってます。もう1回どん底に落とされたら、もうはい上がれないかもしれないけど。

[大阪府豊中市　仮設（大阪府豊中市）　40代　女性　3人]

青森のりんご農家の人たちに比べたら（数年前台風でりんごが落ちて、大変な被害を受けたこと）、私らは大したことない。1年かけて大切に育ててきた子どものようなりんごが、助けることもできず、一瞬にしてだめになってしまったんだもん。私らはこうして物はなくなったけど、生きてるんだもん。[神戸市西区　仮設（——）　70代　女性　——]

＊みんな一緒に

「住民主体の復興まちづくり」に参加して思ったこと。建築や法律の専門家の方のお話をうかがい、住民の一人として自分なりに学ぶ努力をしようと思います。と同時に、専門家の方々も私たち住民から（私たちは「住民の専門家」ですので）住民とはどういう存在で、どんなことを望んでいるのかを学んでいただきたいと思います。

[神戸市西区　30代　女性]

（最後の「みんな一緒に」は、本人が直接書き綴ったもの）

『「仮設」声の写真集——阪神大震災もう一つの記録』
阪神・淡路大震災「仮設」支援NGO連絡会編、1998年より

6　忘れてはならない、人間の叫び！

前項で『「仮設」声の写真集　阪神大震災もう一つの記録』にふれた。本項では、阪神・淡路大震災後の仮設住宅で発生した次の二つの事件はどうしても書き記しておきたい。紙面の都合で簡潔にせざるを得ないことを断っておく。

一つは尼崎市の食満（けま）仮設で起きた「嘱託殺人」のこと、もう一つは神戸市西区の室谷第三仮設での「焼身自殺」のことだ（被災地ＮＧＯ協働センター機関紙『じゃりみち』）。

前者の事件は、パーキンソン病を患っていた父親が、将来を悲観して、同居していた長男に、殺してくれと訴え、長男が日本手ぬぐいで首を絞めて殺し、後自分も手首を切って自殺を図ったが死に切れなかったという事件である。弁護団は「被災者を仮設に遺棄した。国こそ問われるべきだ」と訴えた。長男は、病状が悪化しても父を一人残して仕事に行かなければならなかった。父親は自分で部屋の温度を調節できなかったので窓は閉めたままだった。父は「死にたい」と漏らすことが多くなり、長男はそんな日々を「窓の外には四季があったが、仮設の中は夏と冬だけだった」と証言した。長男は借金をしていたためか、裁判では、そのような長男の生活ぶりを根掘り葉掘り聞く。私は、震災被災者の苦悩と絶望の深さを痛感させられた。

もう一つの焼身自殺については、当時この仮設住宅に出入りしていたボランティアの一人が、後に『元気を出すのは一人ではできない』に記録し、出版された。その中で次のように記している。

四四才の女性が焼身自殺をしました。彼女は、配達物を三輪自転車の後ろの籠に入れて、よくここの第二住宅内を巡って届けていました。静けさが漂う、やさしい人でした。彼女は自分の家の外で、灯油を被り火をつけて自殺をはかりました。彼女は数メートル火達磨になって転がったと聞きました。彼女はしばらくの間重体が続いていましたが救命医療の甲斐なく亡くなりました（大川 2010: 195）。

当時、この彼女の自殺については、抗議の焼身自殺ではなかったかという指摘もあった。こうして無念の死を遂げた被災者が少なくなかったことを記しておきたい。

7　つぶやきが『市民がつくる復興計画』に取り込まれる

こうした被災者のさまざまな声や、叫びは、二度とこのような厳しい暮らしや不本意な死を繰り返さないことを願って、復興計画としてまとめ、日本社会に訴えた。

さて、どのような経緯を経て復興計画となったのかを説明しておきたい。すでに先述したように、約千のつぶやきをカード化し、「居住権」「外国人」「まちづくり」「環境・農業」「県外避難者」「NGO・NPO」「ジェンダー」「公的保障」「医療・福祉・保健」「こども」に分類した上で、一〇〇の提言にまとめた。つぶやきには「神戸に戻りたい」「早く元のところに戻りたい」という住まい・まちづくり・居住環境に関する内容が多かった。以下に紹介するコラムは、当時つぶやきを分析し、復興計画にまとめる作業に加わった当NGOのスタッフである増島智子のものである。この内容からは、災害後復興過程における住まいのあり方については、避難所→仮設住宅→復興住宅という単線型の政策ではなく、選択肢の多彩な選び方が不可欠であることが読み取れる。

「住宅　くらし再建　つぶやきから復興計画へ」　被災地NGO恊働センター　増島智子

住宅関連のつぶやきでは、仮設住宅など（以下仮設）のストレス・不安を訴え「ストレスが溜まる……隣の声やテレビの音も気になるし……」、「マンションの再建の話は進まへんし、家は当たらへんしほんまストレスたまるわ」などのつぶやきが聞こえた。当時の仮設はあくまでも「仮の宿」であって安心できる生活を確保できなかった。この教訓は、東日本大震災でも生きていない。

隣の物音や話し声まで聞こえ、冬はすきま風が多くとても寒い、夏はトタン屋根のせいで、クーラーなしでは室温が四〇度以上にもなった。そして床は杭であげただけなので、水はけが悪く湿気がひどかった。仮設は狭くて家族の人数に関わりなく、当時は最大で九坪の2Kまでしかなく、近隣住民に気を使いながらの生活で一時も気持ちの安らぐ時間などもてなかった（阪神・淡路大震災後は、こうした劣悪な環境の仮設で最大五年も暮らした）。

また、仮設の立地は、市街地から離れたところにあり、買い物や病院、通勤にはとても不便を強いられた。特に高齢者・要援護者などには負担が大きく、体調の悪化を招くケースが目立った。同時に住み慣れたまちを離れ、顔見知りの人もいなくなり、不安や孤独を感じ、孤独死につながるケースも多く見られた。また子どもにとっても負担は大きく、県外避難した子は言葉遣いの違いから仲間はずれにされたり、いじめにあう子もいる。大人も子どもも落ち着いた生活を求めているのは同じだ。ある弁護士は「被災者を仮設に遺棄した」と発言し、憲法に定められている生存権や基本的人権が保障されていなかったことを追求した。

復興公営住宅に入るにしても、家賃やペット、バリアフリー、家族構成、被災状況などそれぞれの課題が入居を阻むケースがあり、それはいまの東日本と大きく変わりはない。

このような甚大な被害に関しては、憲法に保障されているように、公的に支援され、被災者全員が安心して暮らせる空間を用意すべきである。住まいは仮設でも〝暮らしに仮はない〟という名言が生まれたが、全ての住居は「住む建物」にとどまるのではなく「暮らしを育む場所」である。落ち着ける家を望むのは被災者一人ひとりの願いだ。(市民とNGOの「防災」国際フォーラム実行委員会 1999: 125-126)

8 「聴く－語る」ことについて

さて、最近では災害時のみならず日常においても、「傾聴ボランティア」という活動をよく耳にする。つまり「聴く」という行為には、それなりに目的があってのことであることは言うまでもない。一般的に言われている「傾聴ボランティア」の目的は、特にお独り暮らしの高齢者の話し相手になることで、寂しさを和らげる、会話をきっかけに元気になるということが期待されるようだ。

一方、当時ボランティアが阪神・淡路大震災の被災者の生の声を聴いてきたのは、発災からまだ二年余りの、一九九六年八月から一九九七年三月までである。被災者の厳しい暮らしを改善するために、公的資金を使った補償制度の確立はじめ、さまざまな制度改革やボランティアに対する支援制度などを提言するためと、目的が明確であった。ただ、被災者の声を「聴く」手法は、例えばアンケート用紙を持って、対面でいろいろとお話をお聞きするというものではなく、すでに信頼関係を築いている被災者を訪問し、「今日は、いい天気ですね！　お身体はいかがですか？」とさりげなくお声がけをするところからはじまり、できるだけ自然な会話の中から発する〝つぶやき〟を収録するという手法にこだわった。したがって被災者は、私たちの目的を理解して「語る」のではない。ボランティアはできるだけ「ふだん着のまま」の声を聴こうと心がけた。あらためて『「仮設」声の写真集　阪神大震災もう一つの記録』を丁寧に眺め、しっかりと一つひとつの声と向き合うと、これほどまでにこの国は、被災者に対して「棄民」政策しか取らないのかと、怒りがこみ上げてくるのを抑えることができず、涙ながらに読み続けることになった。そういう意味では、傾聴ボランティアが行う「聴く−語る」とは、事情が異なっているかもしれない。ケースは違うが、犯罪被害者支援に関わる佐藤恵（法政大学教授）は、

> 語ることと「聴く」こととは相補的であり、両者を切り離して把握するのは妥当ではない。「聴く」ことを論じるにあたっては、「聴く」ことを語ることとは独立の行為ととらえ「聴く」ことだけに注目するという論じ方では、語ることだけに注目しがちなこれまでの議論の裏返しになってしまうだろう。（佐藤 2008: 42-43）

と指摘する。

やはり、どんな形であれ、「聴く−語る」行為は、「相補的」である。ただ、この国では自然災害の被災者自身が、自ら「語りだす」という行為が積極的には見られない。だから一つの手法として、「足湯」という場をとおして語りだすつぶやきが意味を持つ。その声は、時には「声なき声」として埋もれてしまう声だったのかもしれない。NGOは、特に声の出せない被災者の代弁をすることが重要な役割でもあることを考えると、足湯を通して「聴く−語る」という行為は、被災者支援において大変重要である。

9 「3・11」の被災者のつぶやきをしっかりと「聴く」ことを願って……

本章において、こうして被災者の声に向き合い、『復興計画』から『市民社会をつくる』というアクションプラン（震災復興市民検証研究会 2001）へと展開してきたことについて説明してきた。この作業が今から約二〇年前であることをあらためて認識する必要がある。何故なら、当時の復興計画やアクショ

ンプランを読み直すと、「3・11」から四年を経過した今でも、「3・11」の被災地にも通用するからである。「3・11」の被災者の声が充分に反映されず、厳しく言えば被災者を置き去りにした形で復興が進んでいる。中でも福島に関しては「人間復興」とはいえず、随所に棄民政策が施されているとしか言いようのない現実を目の当たりにする。こうした政府、行政の復興施策は換言すると被災者に対する「暴力」と言っても過言ではない。渥美は災害後のこうした復興に関する法制度が「圧倒的な力となって一人一人の被災者を指示する」と指摘し、復興というレールに焦らせて乗せることを「暴力」という。(渥美 2014: 180-181)

こうしたことを危惧したのか、全くの偶然なのか知る由もないが、国土交通省は二〇一二年に「東日本大震災の被災地における復興まちづくりの進め方」という合意形成のためのガイダンスを発表した。少し長いが以下に紹介する。

被災者の希望や意見をアンケート調査のような機械的な方法で把握するだけではなく、多少面倒でも会話のキャッチボールが成立する程度の小グループ単位での意見交換の場を設け、行政当局と被災者の間で、あるいは被災者同士で意見交換や議論をしながら、事業に対する希望や意見を丁寧に拾い上げていくことである。被災者の希望や意見を丁寧に把握する方法として、地域のボランティアが被災者と懇談しながら被災者のつぶやきを拾い上げることや、生活支援員、復興支援員、学者、学生等による聞き取りチームを組織し、被災者との対話を通じて意見を拾い上げていくことも有効である。(国土交通省都市局・住宅局 2012: 6)

とあるように、二〇年前の阪神・淡路大震災後の〝ふだん着のつぶやき〟の収集が、相次ぐ災害の度に被災者の一人ひとりに寄り添うという災害ボランティアの原点的活動となり、二〇年を経た今でもこうして

「足湯ボランティア」という形で、脈々と引き継がれているということには大きな意義を感じざるを得ない。

今からでも決して遅くない。日々、取り残された感に苛まれている被災者のつぶやきと向き合うことを願ってやまない。

〔参考文献〕
市民とＮＧＯの「防災」国際フォーラム実行委員会編（1997）『第２回市民とNGOの「防災」国際フォーラム報告書』
——編・発行（1999）『市民がつくる復興計画　私たちにできること』阪神・淡路コミュニティ基金制作
阪神・淡路大震災「仮設」支援ＮＧＯ連絡会編（1998）『「仮設」声の写真集　阪神大震災もう一つの記録』市民とＮＧＯの「防災」国際フォーラム実行委員会発行
被災地ＮＧＯ恊働センター編集・発行　機関紙『じゃりみち』（四九号、五〇号、五二号、五四号、五五号、五七号、五八号）
大川記代子（2010）『阪神・淡路大震災仮設住宅保健活動記録　元気を出すのは一人ではできない』大川四郎発行
佐藤恵（2008）「起点としての『聴く』こと」『〈支援〉の社会学——現場に向き合う思考』崎山治男・伊藤智樹・佐藤恵・三井さよ編著、青弓社
震災復興市民検証研究会編（2001）『市民社会をつくる』市民社会推進機構発行
渥美公秀（2014）『災害ボランティア』弘文堂
国土交通省都市局・住宅局（2012）『東日本大震災の被災地における復興まちづくりの進め方（ガイダンス）』

コラム　地域社会活動

1　人間関係の地域づくり（金沢市元菊町）

吉田正俊

相互扶助の国に生まれながら、私たちは、先人の教えを忘れたのではないでしょうか。地域社会は人がいて成り立ち、人は社会があって生きていける。従って地域社会は人が生きていくことに責任を負わなければならない。それには歴史から学び、未来につなげ遺すことを心掛けたいものです。

■見えてきた地域の課題

社会保障サービスの低下による格差社会、災害への恐れや悩みを抱える人々の不安生活、血縁・地縁の希薄化で無縁社会、人口減とさまざまな課題があり、今まで行政にたよっていれば不満があっても生活できた時代は過ぎ、地域が住民の命、快適な生活を守る時代になりました。

不安な社会を危機と捉え、「誰もが快適に暮らし続けられる地域」にどう変革し存続させて次世代に継承するかが我々の責務です。

しかし、個人の価値観は多様化、家族の形態も変化、住民まで相互に支える力が弱まり、地域は社会の動きについていけない状況下で、どのような地域が必要なのか、地域の力が問われる時代を迎えました。それぞれ多くの人がこうあるべきとイメージはあると思うが災害への備えなど地域の問題を解決するには、つながる面識地域が住民の力を引き出し、住民自らの力で困難を乗り越えることが住み続けられる魅力の地域つくりの道と信じます。

生活において人間性回復の場（地域）のヒントは、金沢大学能登見守り寄り添い隊「灯」の足湯活動から学ぶことができます。

■社会資源「足湯」から学ぶ

元菊本町会での足湯活動で悪質商法、認知症者、うつ病者、家庭の問題まで「つぶやき」で気づき社会資源につないだ成果と同時に行う茶話会では、閉じこもりがちの人が他者との交わりで心身のリラックス、一方、自己実現の高いニーズを持つ人の趣味サークルの誕生、これらの結果、現在活動の希望と安らぎの見守り隊の「隊」を解散し、全住民が出会った人の悩みに気づき、声をかけ、話を聞いて、社会資源につなげる自然体の寄り添い合うゲートキーパー的な体制ができてきました。

足湯と茶話会の居場所で傾聴、対話、共感する慈愛の心とケアの行為から人のつながる大切さを金沢大学「灯」から学びました。私たちが忘れてはならないことです。

地域は「灯」の学生に何を遺すか、善き個人が善き家庭を築き、善き家庭が善き地域をつくる地域社会の在り方の理と人間関係、信頼関係の大切さを成熟した住民の経験と知識が学生の将来に役立てばと願っています。

■「新しい共助」災害への備え

災害が少ない金沢市は油断してる人が多く「災害は絶対に来る」、発災時には「想定外、パニックが起こる」の認識を共有した平時からの「備え」が必要です。備えの前提が「学ぶ」こと。復旧、復興の場で忘れられがちな人間復興は顔見知りの住民のつながりで一人一人ができることの役目を果たす「新しい共助・コミュニティ」の慈愛による福祉サービスが問題の解決の基礎になります。

元菊本町会の理念は、住民は我が町会の「宝」、連携は我が町会の「命」を掲げ、人のつながり、地域はネットワークの拡大を心掛け、受援を受けるには支援力の充実が必要と福祉施設へ傾聴訪問や地域外の清掃活動の社会貢献に力を入れています。

■人々の幸せはつながりから

人間は忘れることもありますが、怖いのは人、地域の品性の欠如による地域の崩壊です。

住民が問題や災害の危機意識を共有し、個人が変われば家族も復活する。内部から変われば人間が健全であり続け、人々が幸せで最後の一人まで排除しない地域社会、一地域一家族で持続可能な地域が実現します。

2 足湯ボランティアと福祉教育（大分県国東市）

藤原龍司

阪神淡路大震災に始まったと聞く足湯ボランティア活動も二〇年近い間に多くの被災地で取組まれる主なボランティア活動となっている。

私が足湯ボランティア活動の手解きを受けたのは、平成二三年の新燃岳噴火災害の支援に入った時で、折りしも東日本大震災直後のことだった。その後、福島や岩手の沿岸被災地に支援に入ったが、足湯ボランティア活動には直接関わることはなかった。

足湯ボランティアが被災者の心をなぜ癒すことができるのか。それは足湯と同時にボランティアが優しく手指を揉むという行為とそこから始まる何気ない会話が、被災者の心を温め、災害の恐怖、身近な人を失った悲しみ、生活の不安など、被災者の心の奥底に溜まった様々な想いを言葉として吐き出させるからであろう。

国東市で足湯ボランティア養成講座を開催したのは平成二四年のことだった。受講生は高校生を中心に七〇余名が集まった。

講座は被災地NGO恊働センターの村井雅清氏と神戸足湯隊の学生による足湯の講義と実技、臨床心理士による「傾聴」の講義で構成した。

この時に受講した高校生による足湯隊はその後、市内の高齢者福祉施設の慰問で足湯の実践に取組んだ。最初はぎこちなかった高校生も、施設の高齢者の皆さんと向かい合っているうちに次第に会話が増え笑顔が出てきて、足湯を施す側と施される側の双方の心が温まっていると実感できた。

平成二五年には、大分大学教育福祉科学部社会福祉コースの一年生を対象に足湯ボランティア講座を実施した。参加者の九割以上が福祉関係の就職を希望している学生たちで聴講の態度からその志の高さが感じられた。

午前は講義と実技、午後は県総合社会福祉会館の来所者を対象にした足湯の実践を行った。「足湯コーナー」の看板づくりはこちらから何も指示しなかったが、みんなで協力して自発的に素晴らしい看板を作り上げていた。

来所者で足湯を利用してくれた人の中には高齢者もいれば障がい者もいて、最初はなかなか会話が進まないと思われた。しかし、大学生のパワーはすごいもので、そんな不安もすぐに払拭され、「つぶやきカード」も一人ひとり記入することができた。

平成二五年は集中豪雨による水害や土砂災害が全国で発生した年でもあった。広島市の土砂災害被災地。足湯ボランティア講座を受講した学生のうち三名の大学生が、二十数名ほどが避難生活をしていた避難所で足湯活動に取り組んでくれた。この足湯活動は「施される側（被災者）」と「施す側（ボランティア）」と分けるようなものではなく、双方とも一時の心の喜びを味わうことができる取組みであることが、記入された「つぶやきカード」から読み取ることができた。

近年の世界的な異常気象により、日本国内では自然災害が発生しない年はないと言い切れるほど毎年のように発生している。災害が起きないで欲しいという願いは誰もが持っているであろうが、それはなかなか叶わない。東日本大震災の被災地で関連死の数が増え続けている現実は、災害が物理的なものだけではないことを物語っている。

足湯ボランティア活動は「こころのケア」に役立ち、被災者に「癒し」を届ける活動になっている。平成二六年の夏、大分大学の学生を対象にした足湯ボランティア講座の二回目を開催した。午後の実践の場において、車椅子の方が足湯を希望されたが、その時の足の状態により湯に足を浸けることができそうになかった。

そこで一人の女子受講生が車椅子の前に座り込み視線を合わせ、その方の片手を取って笑顔で手指を揉み始めた。

まるで彼女の優しさが、揉んでいる手を通じて伝わったかのように車椅子の方も笑顔に包まれていた。私はその光景を忘れない。

3 足湯ボランティアの足跡

吉椿雅道

1 足湯ボランティアのはじまり——阪神・淡路大震災（一九九五年）

（1）KOBEとの顔の見えるつながり

「自分の孫にも足を洗ってもらった事ないのに……」。一九九五年一月一七日、阪神・淡路大震災が発生した被災地KOBE（神戸市だけでなく他の被災市町村も含んだ意）で被災した高齢女性が涙を流しながら語った言葉だ。

被災地KOBEに一三七万人ものボランティアが駆け付けた事からこの年は「ボランティア元年」と言われる。それぞれがそれぞれの意志で被災地を歩き、自分にやれることを探し、様々な支援活動を見出していった。当時、ボランティアセンターはほとんどなかったが、一人ひとりのボランティアが目の前のひとつひとつの事に向き合い、多様で多彩な活動を展開していった。足湯ボランティアもそんな状況の中から生まれた。

当時、僕（著者）は、神戸市兵庫区に住む親友、李章根氏と共に武道や東洋医学を学んでいた。震災後、李氏とは音信不通の状態が続いたが、数日後の電話で安否が確認できた。彼のアパートは天井板が少し落ちた程度で大きな被害はなく、余裕のあった彼は何かできないかと知り合いを訪ねて歩いた。そして一週間後に李氏からの要請で僕は神戸へと駆け付けた。震災前から通い慣れていた神戸がガレキの街と化した姿に呆然と立ち尽くした。だが、李氏や神戸の友人との「顔の見えるつながり」が九州や関東から仲間を引き寄せた。

ライフラインの復旧の早かった兵庫区北部の中国人留学生の自宅を拠点にして、倒壊家屋からの貴重品の取りだし、炊き出し、食料調達、節分の豆まきと恵方巻きの配布などの活動を行った。兵庫区、長田区を中心に歩き、片づけや炊き出しなど、出会った事にひとつひとつ対応するように活動していった。

倒壊した阪急三宮駅

厳しい寒さの避難所では、食事やお風呂など暖かいもののニーズが非常に高かった。そんな中で自分たちの得意分野である東洋医学を使ったケアを兵庫区の体育館で試みた。体育館の思い扉を開けるとどんよりと沈みかえった避難所の空気に圧倒され、すぐにでも逃げ帰りたくなるような衝動にも駆られた事を今もはっきりと記憶している。体育館の床に身を寄せ合うように寝ている沢山の被災者にどう声をかけたらいいのかさえ分からなかった。咳をしている方や体調の悪そうな方に恐る恐る声をかけ、個別にマッサージや整体を提供した。とても喜んでもらえたが、ひとりひとり個別で行う限界もどこかで感じていた。そんな中で京都の先輩の「寒いから足湯がええんちゃう」の一言がきっかけで足湯ボランティアは始まった。拠点の留学生宅で寸胴鍋いっぱいのお湯を沸かして避難所へと持って行き、寒い体育館のフロアの外の廊下でパイプ椅子を並べて人を待った。するとすぐに長蛇の列となり、せめて足だけでも温めて寝たいと沢山の人たちが足湯を心待ちにしてくれた。

「わたし、戦争も体験して、この年になってこんな目に遭うなんて……」と語る高齢者の女性の言葉は今も忘れられない。どんな会話をしたらいいか分からずに緊張しながら足湯と手のマッサージをしていた僕たちに、中高年のある女性は「兄ちゃん、どっから来たん?」と声をかけてくれ、ボロボロに敗れたジーンズを穿いていた僕を見て、「ボロボロやん。ズボン買うてやろうか!」と言ってくれた。自ら大変な状況にあるはずなのに見ず知らずのボランティアの僕に気を遣ってくれている事にとても驚いた。

被災者のひとりひとりの語る言葉を前に自分の無力感を感じると共にその言葉がいつまでも胸に残り続けた。寝泊りする拠点に戻ってから仲間たちとその日一日の活動を振り返る場を持った。「今日、こんな言葉を言った被災者がいて、何も返せなかったわ」などとボランティアの胸の内を語る場になっていた。そのミーティングの最後には、僕たちも足湯を交互にやりあって就寝した。そうすることでボランティア自身も心と体のバランスをとっていたのだろう。

(2) キーパーソンとつながる

このように始まった足湯ボランティアだが、震災後間もない避難所では「何でもあり」の雰囲気で見ず知らずのボランティアを被災者たちは温かく迎え入れてくれた。

足湯を長田区五番町の集会所で行った際に、偶然出会った地域の元気な中高年の女性が僕たち足湯ボランティアを快く受け入れてくれた。積極的に地域の高齢者に声をかけてくれ、足湯や健康教室には沢山の方々が集まった。また、地域をよく知るその女性は、高齢者が避難せずに半壊の木造長屋に一人で住んでいることも教えてくれた。その高齢女性は慣れない避難所に行くことを嫌って、住み慣れた家に居続けた。

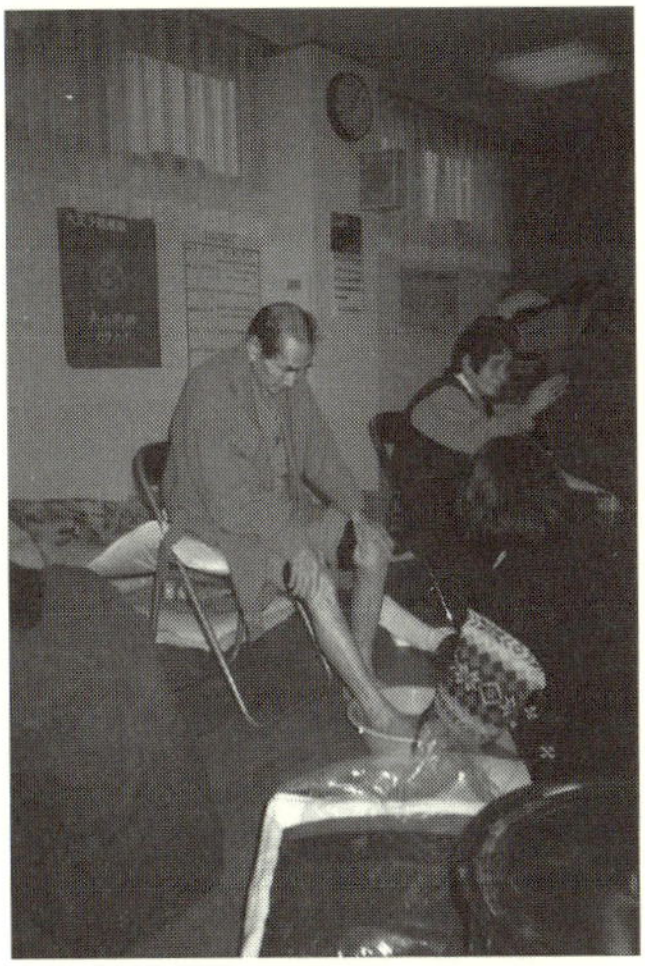

被災地初の足湯（長田区）

長田のキーパーソンと

僕たちは、その高齢者宅にお湯を運んで寝た状態での足湯を行った。この女性に出会わなかったらこのように高齢者が半壊家屋で一人で暮らしている事さえ知らないままであった。「地域のキーパーソン」とつながるという事の大切さをこの時知った。

（3）足湯は地元に引き継がれる

一九九五年は、僕たち他県からのボランティアは神戸と地元を三～四度ほど往復して足湯などのボランティアを行った。僕たちは足湯の活動と平行して、兵庫区の須佐野公園を拠点に活動を展開していた「ちびくろ救援ぐるうぷ」の引っ越しなどの活動にも時々、参加した。僕たちが神戸を後にすると李氏は、「ちびくろ救援ぐるうぷ」の活動に合流し、足湯をボランティアたちに伝え、共に活動した。その後、足湯は、「ちびくろ救援ぐるうぷ」の重要な活動の一つとして引き継がれ、仮設住宅などでも足湯ボランティアは継続的に行われた。また、東洋医学関係の仲間であるGさんは、ＦＩＷＣ（Friends International Work Camp）の若者にも足湯を伝えるなど、別の流れも一方であった。

2　足湯ボランティアの復活——新潟中越地震（二〇〇四年）

（1）即席の足湯隊

二〇〇四年一〇月二三日、阪神・淡路大震災から九年を経て、M6・8の地震が新潟県中越地方を襲った。当時、海外から帰国したばかりだった僕に、被災地NGO協働センター代表の村井雅清氏から結い～ふくおか～（福岡で県外避難してきた人たちをサポートするグループ）の仲間を通じて連絡が入った。足湯ボランティアを中越の被災地で再び行いたいとのことだった。すぐに神戸経由で新潟県小千谷市に入り、すでにボランティアセンターで調整役をしていた鈴木隆太氏（当時、被災地NGO協働センタースタッフ）と合流した。彼は、待機しているボランティアを出来るだけ避難所に行かせ、被災者の声を拾う事を模索していた。ボランティアセンター内に看護・介護チームを立ち上げ、足湯ボランティアの活動しやすい環境を整えようとしていた。一方で僕は、支援の行き届いていない場所を回ると同時に、ボランティアを募って簡単な講習を行い、即席の足湯隊を組織した。

（2）毎日二ヶ所の避難所で足湯

初めて足湯を行ったのは、小千谷西高校の武道場。ここには近隣の住民約三〇名が避難していたが、高校の敷地の奥にあり、指定外避難所という事もあって公的支援はほとんど届いていなかった。避難所のリーダーが食糧などの救援物資を自分で取りに行かない限り、ここに物資が来ることはなかった。僕たちは足湯を通じてこの状況を知り、行政につないだ事によって炊き出しなどが行われるようになった。

その後、足湯隊は東小千谷小学校でも足湯を開始した。東小千谷小学校では住民の避難している体育館の片隅で邪魔にならないようにコーナーを作り、足湯を行った。足湯に集まってきたのは、高齢者や女性、子どもなどで、男性は恥ずかしいのか、なかなか寄り付かなかった。後日、知ったのだが、男性たちは昼間、自宅に戻って泥出しを行っていたという。泥をかぶり、長靴でむくんだ足で足湯をしてもらうのは申し訳ないという気持ちから遠慮していたという事だった。

この小学校に避難していたのは浦柄地区の住民約一八〇名だった。浦柄地区は地震によって地区の中心を流れる川が上流で堰き止められた事で大規模な水害が発生し、多くの家は床上浸水して、警戒区域として立ち入りが禁じられていた。そんな浦柄の状況を僕たちは足湯を通じて住民の方から直接聴いた。「俺らんとこは、地震じゃねえんだ。水害なんだ！」と男性は声を荒げ、ニュースで浦柄が映ったのを見た女性は、「あの柱には沢山の思い出が……」と泣き崩れ、「一五年飼っていたかわいい鯉を死なせてしまった」と泣く高齢者の男性、「山に亀裂が入っているから春の雪解けで山は崩れる。いつ帰れるのか」と不安をのぞかせる中年男性。足湯を通して聞こえてくる「つぶやき」には中山間地での暮らしを想う愛郷心にあふれていた。僕らボランティアは、浦柄に入る

東小千谷小学校での足湯

浦柄での泥出し

ベースキャンプでの
足湯講習会（川口町）

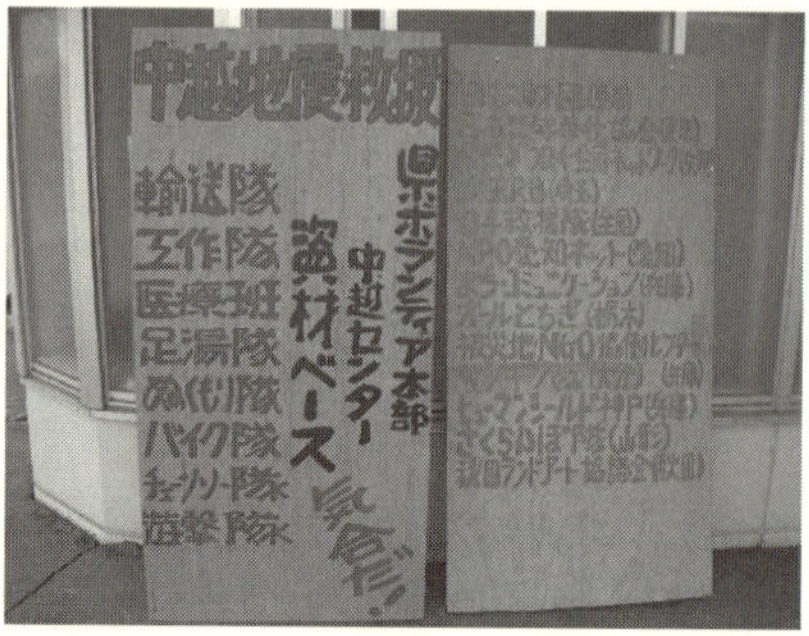

日本財団のベースキャンプ（川口町）

事さえ許されなかったが、日々「つぶやき」を聴くことで浦柄という場所の被災状況が見えていた。そして足湯によるふれあいが、浦柄の人たちとの関係性を深めていった。この足湯ボランティアと浦柄との関係が、その後の日本財団の黒澤司氏のリードによる一日約二〇〇人を動員した浦柄での「泥出しボランティア」にもつながった。こうして足湯隊は、小千谷西高校と東小千谷小学校の二ヶ所で午後、夕刻の毎日二回の足湯を行うと同時に泥出しにも参加した。

昼間の足湯には高齢者や女性、子どもが多くやって来るが、若者や中高年男性の姿はあまり見かけない。男性たちは一時的に自宅に戻ってガレキの片づけに行ったり、罹災の手続きに走り回ったり、職場の手伝いに行ったりと多くの人は外出していて、避難所にいるのは、高齢者と子どもだけであった。夕刻に避難所を訪ねると、帰ってきた人たちで非常に賑やかで、疲れを癒しに足湯に来る中高年層も多かった。「今日、一日片づけやってたから疲れたわ。気持ちいい」と今日一日の事や自宅の様子や警戒区域内の状況を語ってくれた。こうして夕刻時の足湯の必要性を知った。当時、ボランティアセンターでは午後四時以降の活動は許可されていなかったが、足湯隊はその必要性から夕刻も避難所で足湯を継続した。

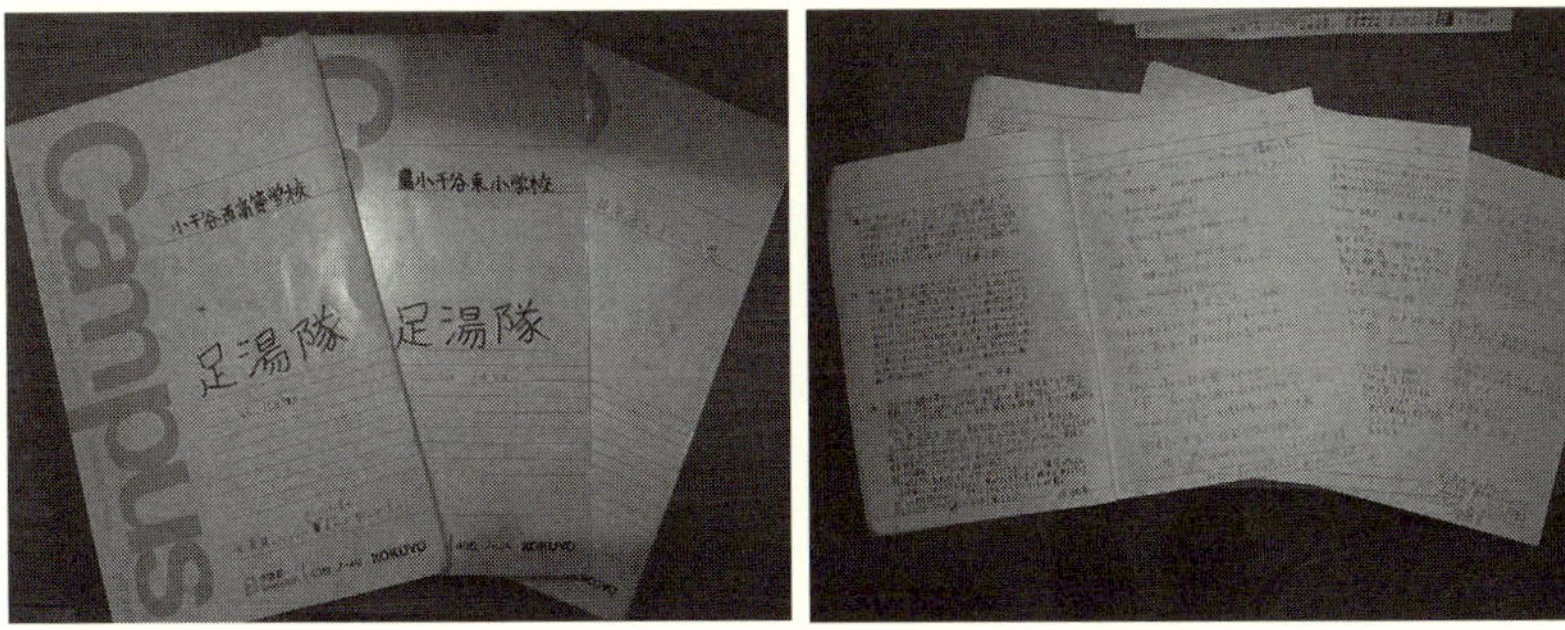

足湯ノート

（3）足湯の被災地各地での広がり

僕たち足湯隊は、小千谷の二ヶ所の避難所で足湯を行っていたが、震災がつなぐ全国ネットワーク（震つな）の加盟団体や他の支援団体も中越の被災市町村で様々な活動を展開していた。川口町にベースキャンプを置いていた日本財団の黒澤氏の声掛けで、愛知ネット、オール栃木、ヒューマンシールド神戸、04救援隊などの支援者に向けた足湯講習会を開催した。それによって愛知ネットは田麦山で、オール栃木は和南津で、04救援隊は僕たちと小千谷で足湯ボランティアを展開していった。震つなのネットワークを通じて足湯ボランティアが被災各地で広がりを見せた。その後も大阪大学、長岡技術科学大学、長岡造形大学、中越復興市民会議、ハートネット福島などと仮設住宅でも足湯ボランティアを実施した。

（4）足湯ノート（つぶやきノート）

足湯隊は、ボランティアセンターでニーズ待ちで待機している人たちに声をかけながら何とか人数を確保して継続していた。足湯隊のボランティアは、休職中で時間に余裕のあった滋賀や群馬の若者たち、新潟市内から週末ごとに来る看護学生、休暇を取って宮崎から来た社会人女性など長期的に関わる人から一日だけの活動の人まで様々であった。

このように入れ替わっていくボランティアのために、二ヶ所の避難所毎にノートを作成し、「この避難所にはこんな人たちがいる」、「この被災者の人はこんな事を言っていた」などボランティアが足湯を行う中で聴いた話、感じた事、知った情報などをこのノートに書き込んでもらった。新しく来たボランティアがこのノートを読むことでその避難所の様子を事前に知る事ができた。また、被災者向けの感想ノートも作成し、「足湯を受けて気持ち良かった」などの感想も書いてもらい、ボランティアの心の支えにもなった。

この三冊のノートの中には、ボランティアの感想、意見や後に「つぶやき」と呼ばれる被災者の心の声が綴られてあった。「イライラしてるけど堪忍な」、「自分は家には帰れるけど、自分達だけ帰るわけにはいかない」など複雑な心境を語った言葉にあふれていた。元々、足湯隊のボランティアが被災者や避難所の様子を知るために作った「足湯ノート」であったが、徐々に「つぶやきノート」へと変わっていった。

(5) 仮設住宅での大学生による足湯ボランティア

二〇〇五年末、足湯は長岡市の仮設住宅で約一年ぶりに再開された。雪深い冬の中越地方では、一日中仮設住宅の部屋に引きこもりがちな被災者に少しでも外に出てきてもらうためにも足湯は有効な方法だと考えられた。

長岡駅近くの千歳仮設住宅（北と南の二ヶ所）は、市内各所からバラバラに避難してきた人が多く、知らない者同士が隣り合わせに暮らしている状況にあった。山間部の山古志村の仮設のように「皆で故郷に帰ろう！」というようなコミュニティーとしてのまとまりがないのは、町場とよばれる市街地の仮設住宅としては当然の事でもあった。

僕は震災がつなぐ全国ネットワークのスタッフとして再び中越に入り、被災地NGO協働センターの鈴木隆太氏と千歳仮設住宅で足湯を再開する事となった。この仮設住宅での足湯は、中越復興市民会議の稲

大阪大学の学生への足湯講習会

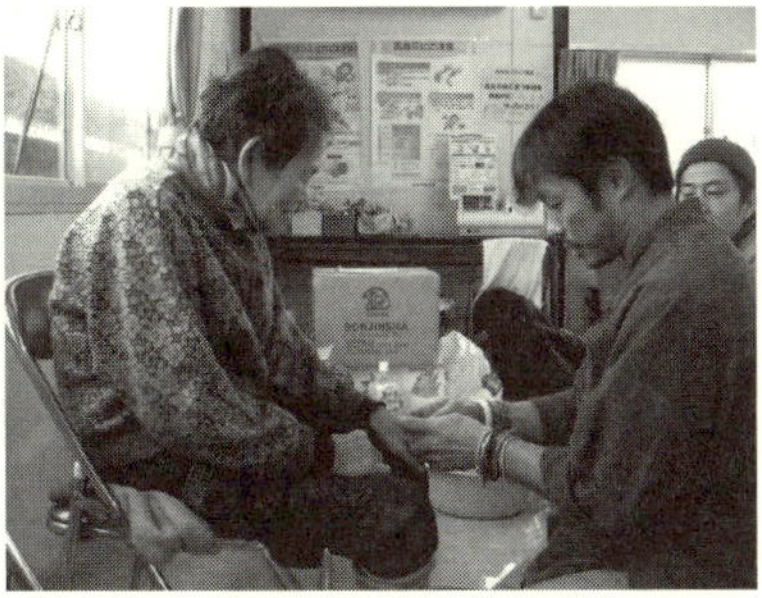

長岡の千歳仮設での足湯

垣文彦氏や、仮設のすぐ近くで「KOBEから応援する会」をハートネット福島の吉田公男氏と共同運営していた大阪大学の渥美公秀教授にご尽力いただいた事で実現した。渥美教授は大阪大学の学生ボランティアグループ「from HUS」の学生を積極的に被災地へと連れてきていた。僕たちは、from HUSの学生を対象に中越復興市民会議の事務所二階で足湯講習会を開き、すぐに千歳仮設住宅で足湯ボランティアを開始した。

「家には、人だけが住んでるんじゃない、神さん、仏さんも住んどるんじゃ」と語る九五歳の男性。「ここには長く居たくないからすぐに荷物を出せるように運んだままの状態にしているんだ」とつぶやく七〇代のご夫婦。「仮設の部屋は寂しいからね。あんまり部屋にいないよ」という七〇代女性など、そのつぶやきからは、それぞれの仮設住宅での暮らしが見えてくる。また、「昔は家も沢山あったんだが、皆、山を下りてしまって……今じゃ、五〇代、六〇代が若手だよ」、「雪国の生活はお金がかかる。だから若い人は出ていくのかね」などの雪の多い中山間地域独特のつぶやきも多く聞かれた。

遠方の大阪大学の学生たちが足湯ボランティアに通ってくることに触発された地元の長岡技術科学大学の「VOLT of NUTS」や長岡造形短期大学などの学生も足湯ボランティアに参加するようになった。

このfrom HUSの学生たちは毎月一回夜行列車に乗って大阪から

中越に通っていた。被災者の女性Tさん（当時八〇代）は、毎月、大阪の学生さんが足湯に来るのを心待ちにしていた。普段仮設の部屋から出ないTさんは、この時だけは一日中、集会所にいて学生たちと楽しそうに過ごす。学生が帰った後は、その反動で一気に寂しさが襲ってくるTさんの姿があった。僕たちが時折部屋を訪ねると「あの学生たちがくれた葉書なの」と宝物のように嬉しそうに見せてくれた。その後もこの学生たちは卒業しても年賀状や暑中お見舞いなどの葉書をTさんに送り、時々休暇を利用して中越に会いに行くこともあった。Tさんにとってはこの学生との交流は何物にも替えがたい大切なものであり、学生たちの想像以上にTさんを支え続けていた。（三八ページ宮本コラム参照）

「中越地震後の各地域における足湯の試み」　鈴木隆太

中越地震から三年が経過したある日。長岡市（旧栃尾市）のとある集落の集会所にて、お茶会が開催された。その際に行われたのが、足湯マッサージ。この時参加していたのは、村のおばあちゃん達と、社協職員、そして看護学校の学生たちだ。

中越地震の影響で世帯数が半減した集落も少なくない。それによって、これまでのような支え合いが難しくなり、いわゆる「限界集落」と呼ばれる状態へと変貌していた。そこへ、看護学生とともに、足湯マッサージを行った。

足湯を行うことで聞こえる「つぶやき」から、様々な活動が生まれた。

「野菜を捨てるのはもったいないけど、でも他にどうしようもないからね」という声から、せっかくだからということで、子育て支援団体の活動先で、野菜売りをしたところ、「何十年ぶりだろう。お金を稼いだのは」という声。それがまた励みになって、野菜づくりに精を出すようになった人。

「私は隣の集落から嫁でここに来たんだけどね。懐かしいなあ」という声から、隣の集落とのお茶会交流会を開催したところ、多いに盛り上がって「またやろうね」という声。それが発展して複数の集落での大交流会が開催された。

また、こうした取り組みで看護学生などが足湯を通じて今の「くらし」に関わることだ。「看護士になったら、『病院から地域を見る』という視座に立つことになるだろうけれど、今こうして足湯をしながら聞くお話から、逆に地域から病院をどのように見るのか、ひいては患者さんのそのバックグラウンドとしてある、くらしという風景をいかに見るのか、ということが見えてくる」ということに、学生とともに足湯をしながら見えてきたことでもあった。

足湯を行うことで、双方に生まれる効果というものが、大きくいわば「つながり」ということから生まれる気付きであったり、新たな活動であったりするのだろう。

足湯をしに行った際、その学生との会話でこんなことがあった。

「ここっていいところなんですね。住んで見たいなぁ」と学生が言うと、「住んだらいいて！　そして、しばらくして、『あ、あんなばあちゃんがいたなぁ』って思い出してくれたら、私はそれで十分だ」という会話を聞いた。

この話を傍で聞いていて、そのおばあちゃんの目の輝きがなんとも印象的だった。この時、誰かが自分の存在を、心に留めてくれることで、続く「いのち」がある、ということを感じたと同時に、「実はもっとつながりを求めているのではないか」ということを感じた時でもあり、人がつながることによって輝き出す瞬間でもあった。

この「つながり」をどう作っていくのか。実は足湯をしながらそれをひたすら模索していたのかもしれない。足湯から聞こえる「つぶやき」、これを英語で「marmer」というそうだ。これは医学では心音、という意味で使うそうだ。耳を澄まして聞くことでこの心音から様々な身体の様子を伺うことができるという。つまり、身体が発する「つぶやき」である。

この「つぶやき」はまさに心音の如く、身体の底からの発露そのものであり、私たちは足湯を通じて、幾度となくこの「つぶやき」に、ある時は救われ、ある時はたじろぎ、またある時はただ涙を流した。復興のプロセスの中で傾けるべきかすかな声を聞き続けることも、足湯を通じた大切な取り組みであると実感をもってご報告したい。

3　阪神と中越から能登へ——能登半島地震（二〇〇七年）

（1）超高齢化の能登

二〇〇七年三月、僕は中越での支援活動を一旦終え、神戸に戻る途中であった。長岡駅から乗った新幹線が東京駅手前で突然、急停止した。どうやら石川県で地震が起きたらしいと噂が広がっていた。ちょうど新潟から福井の実家に帰省しようとしていた長岡技術科学大学の学生にそのまま石川県の被災地の状況の調査に入ってもらった。その後、僕も被災地ＮＧＯ恊働センターの村井氏と連絡を取りながら、能登半島の輪島市や門前町に入った。

すでに現場で連絡、調整を行っていた日本財団の黒澤司氏や阪神高齢者・障害者支援ネットワークの黒田裕子氏のご縁で道下地区の門前西小学校での足湯を試みる事となった。

当時、門前西小学校で避難所のお世話をしていた役場職員Uさんは、直後からマスコミの対応に追われ疲れきっていた。Uさんに足湯の話をしようと近づいた僕をマスコミの人と勘違いして「夜九時以降の取材はダメだと！」とぶっきらぼうに言われた。その後改めて、足湯ボランティアをさせていただきたい旨を伝えると途端に表情が緩み、「それはいい！　ばあちゃんが多いから喜ぶぞ」と快諾頂いた。この言葉から能登での足湯ボランティアが始まった。

門前西小学校には、Uさんも住む鹿磯の住民約二〇〇名と六郎木の十数名が避難していた。中越地震の避難所では、被災者の生活スペースの邪魔にならないように体育館の隅の方で足湯コーナーを作っていた。だが、能登のこの避難所では、Uさんの勧めもあって体育館のど真ん中に足湯コーナーを作ることになった。僕たちは迷惑にならないかと戸惑いながらも始めたが、高齢者を中心に沢山の人に来ていただいた。避難所の真ん中で行う事で却って目立って足湯に来やすいという声もあり、足湯という場は避難所の雰囲気に変化をもたらしたようだった。

足湯に来た白髪の高齢者は、「私は九〇歳、隣のこの人は九一歳、ここでは七〇代は若手よ」と笑いながら語った。また、「仕事もなく、土地に縛られていることを土地貧乏と言うんだよ」と語る高齢者。今後の住宅に関しても「この歳で再建なんてねえ……」と憂う高齢者。その言葉のひとつひとつに能登の高齢化率四七%という厳しい現実を見せつけられた。

避難所では若い人の姿はあまり見かけず、能登の被災地の復興を担う若者がいない事の意味も考えさせられた。九一歳の被災者の女性は、「もう村では、若い人が減ってしまって、こうして皆さんのように若い人たちに応援していただけるなんてありがたい事です」と語った。能登半島の先端の中山間地域では、外部から来るボランティアの若者の存在そのものに意味があった。

（2）被災地から被災地へ——中越・KOBE足湯隊とつぶやきカード

足湯隊第一陣は、新潟から長岡技術科学大学、関西から神戸大学、大阪大学の学生たちが加わり、避難所の空いた教室で簡単な足湯講習会を開き、すぐに隣の体育館で被災者への足湯を実践した。その頃、神戸で村井氏は、被災地NGO恊働センターを事務局に置き、日本災害救援ボランティアネットワーク（NVNAD）、中越復興市民会議と連携して、「能登半島地震救援学生ネットワーク」という名で中越とKO

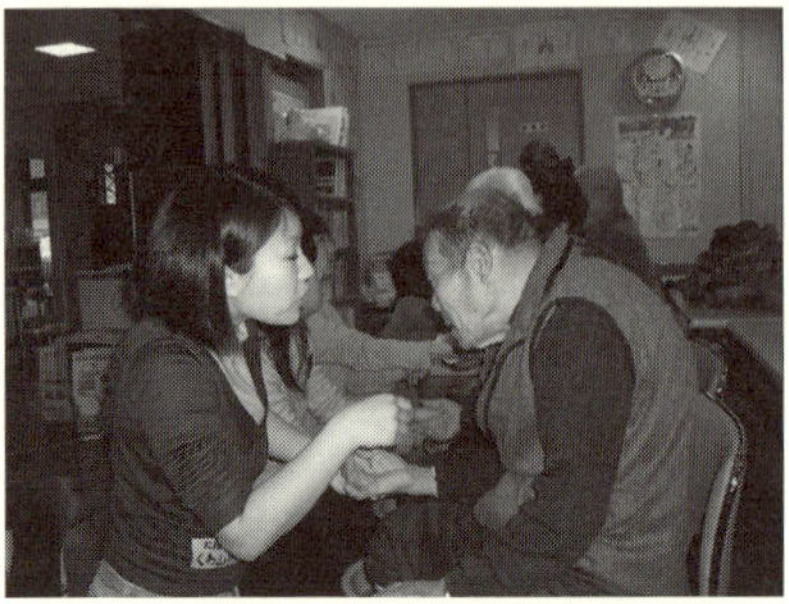

足湯を行う中越・KOBE 足湯隊

聞き取り者名　所属		年　月　日（　）
聞き取り場所		
性別	年齢（何歳代）	名前・あだ名（分かれば）
備考・感想		

つぶやきカード

ＢＥの被災地から足湯ボランティアを派遣し、能登半島を支援しようと呼びかけていた。その結果、足湯隊の第二陣は、神戸大学学生震災救援隊、神戸大学総合ボランティアセンター、神戸学院大学ボランティア活動基金（ＶＡＦ）、ＣＯＤＥ学生ボランティアティアグループ、神戸市外国語大学学生有志、大阪大学 from ＨＵＳ、長岡技術科学大学など多くの大学生によって構成され、門前町や穴水町で足湯を行った。後に、これが「中越・ＫＯＢＥ足湯隊」となった。

新潟や関西から来る足湯ボランティアのおかげで当初、門前町西小学校一ヶ所だけであった足湯が、阿岸地区二五名と深見地区七〇名の避難する阿岸公民館でも足湯を行う事が出来た。ここに避難している深見地区の男性たちは、多くが船乗りで、道路が寸断された事で船で避難してきた事、雪割草の群生地である事など、つぶやきから能登特有の暮らしが見えてきた。

穴水町を拠点に活動していたレスキューストックヤード（名古屋）とも協力して、中越・ＫＯＢＥ足湯隊は、穴水町の二ヶ所の避難所「グループホーム聖頌園」とホテル「キャッスル真名井」で足湯を行った。

中越・ＫＯＢＥ足湯隊は、阪神・淡路大震災以降お世話になっている高野山真言宗の五味芳道氏のご縁で穴水町の古刹、来迎寺に寝泊りさせていただき、門前と穴水の二チームに分かれて足湯ボランティアを行った。また、鹿磯地区の公民館での足湯は、神戸から阪神・淡路大震災で被災した方や美容師のグループと場を共有し、足湯が終わった後、髪をセットしてもらうと高齢女性は非常に喜ばれた。

これまで足湯ボランティアが聴いた「つぶやき」はノートに記していたが、神戸大学（当時）の藤室怜治氏の提案でカード形式で年齢、性別、語った言葉、ボランティアの感想などの項目を設けた「つぶやきカード」（写真）が生まれ、現在もこのカードは活用されている。

（3）足湯隊のその後

その後も足湯隊は、毎月のように能登半島の被災地に通い、穴水町、門前町（鹿磯、舘、道下）、輪島市（山岸仮設）などを訪ね、地域に戻った住民、仮設住宅に移った住民を対象に公民館や仮設住宅の懇談室などを借りて足湯を継続していった。神戸大学の足湯隊はその後も定期的に能登の被災地を訪れ、鹿磯のUさん、山岸仮設の自治会長Fさんなどの被災者との関係を深めていった。

能登半島地震の際、足湯ボランティアは震災直後からメディアなどにも注目され、新潟や関西の大学、僧侶などへと広がっていった。足湯が広がりを見せる中で、「マッサージ」という表現が懸念された。足湯ボランティアの多くは、簡単な講習会を受けたとはいえ、専門家ではない。学生達の施す手や腕のマッサージによって被災者の身体に変調を来さないとも限らない。そのような事から専門性や資格を伴う「マッサージ」という表現を控えるようにした。また、講習会でも足湯の際の手もみは、必要最小限の簡素で支障のないものにとどめるよう指導した。知識や技術にとらわれない素人だからこそ、被災者のつぶやきを素直に聴く事が出来るという、誰にでも簡単にできる足湯ボランティアにこだわった。

能登半島地震から一年後、金沢大学に就任した田中純一特任助教は金沢大学の学生に呼びかけ、能登見守り・寄り添い隊「灯（あかり）」が結成された。「灯」の学生メンバーは世代交代をしながらも毎月、能登半島の被災地、門前町道下地区に通い、足湯ボランティアを行っている。また、「灯」は金沢市元菊町の町内会や東日本大震災の被災地でも定期的に足湯を行っている。（三四ページ田中コラム、六五ページ吉田コラム参照）

（4）高野山足湯隊

能登半島は仏教王国であり、被災地の門前町には曹洞宗の大本山、総持寺祖院を始め、能登最古の浄土真宗寺院の阿岸本誓寺、真言宗宝泉寺、穴水町には真言宗来迎寺などの古刹も多く、被災地NGO恊働センターの村井氏は、日本各地にある仏教のネットワークを活かした能登支援を模索していた。中越地震などでも足湯ボランティアの場を共有させていただいた高野山真言宗の五味氏の働きかけで、能登や金沢の真言宗の僧侶に対して来迎寺で足湯講習会を開くことになった。

僧侶を対象にした足湯講習会では、若い僧侶たちは仏さまの足に触れるように被災者の足を洗いながら、その声を傾聴していった。被災者の前にひざまずき、耳を傾ける足湯を体験した僧侶、辻雅榮さん（宝泉寺住職）は、「これこそが本来の僧侶の役割だ」と語った。その後、高野山足湯隊はアロマや看護師、スピリチュアルケアなどの手法を独自に盛り込んで、「仏足頂礼作法次第」という仏教者ならではの足湯ボランティアを確立させ、東日本大震災の被災地でも実践している。また、この高野山足湯隊に連動するように兵庫県西宮市の東光寺でも著者が足湯講習会を開き、この僧侶たちも穴水町の避難所で足湯を行った。

僧侶への足湯講習会（来迎寺にて）

創建約四〇〇年の古刹、来迎寺の山下良演住職（当時八九歳）は、震災後、寺の森林を使って、自ら重機を駆使して山門の修復を行った。また、「寺のやることは本来、ボランティアのようなものじゃ。」と来迎寺ボランティア会を発足させ、四ヶ月後の新潟中越沖地震の際は、現地に見舞金を贈っている。この山下住職のご好意で足湯隊の宿泊施設などを提供していただいた。中越・ＫＯＢＥ足湯隊の活動は住職のご縁なくしては継続する事は出来なかった。住職自身も足湯隊の学生と交流する事をいつも喜ばれていた。

4　その後の足湯ボランティア（二〇〇七年〜二〇一〇年）

（1）中越沖地震（二〇〇七年）

中越・ＫＯＢＥ足湯隊は、その後も継続的に能登半島の被災地に通い、足湯を行っていたが、能登半島地震から四ヶ月後の七月一六日、再び新潟県中越地方で地震が発生した。すぐに能登半島地震救援学生ネットワークの長岡技術大学の学生が柏崎市へと調査に向かった。その後、神戸大学など関西からの学生と合流し、地震発生から四日後には、中越・ＫＯＢＥ足湯隊として、特に被害の大きかった刈羽村の赤田集会所と第二体育館の二ヶ所の避難所で足湯ボランティアを行った。この際、日本航空（ＪＡＬ）からは学生ボランティアに航空券を提供して頂き、飛行機の雪を解かす融雪車でお湯を沸かし、足湯に使わさせて頂いた。また、職員も足湯ボランティアを行うという企業とのコラボも実現した。

中越沖地震では、真夏の蒸し暑い、冷房もない避難所での足湯がどの程度受け入れられるかという不安を抱えながらの活動であったが、予想に反して被災者には非常に喜ばれた。

暑い夏は暖かい足湯で汗をかく方が却って体が楽になるということを被災者は体で感じたのだろう。当時、筆者は、中国にいたが、足湯隊の共有するメーリングリスト（ＭＬ）を使って遠隔で夏場の足湯のポイントや注意点を現場の足湯隊にアドバイスした。暑い夏の足湯で汗をかく事は、デトックス（毒だし）効果もあって健康には非常にいい事ではあるが、夏風邪につながらないよう汗をしっかりと拭きとる事などの注意点を伝えた。

また、この時、課題になったのは、足湯隊の拾った被災者の「つぶやき」をいかに次につなげるかという事であった。つぶやきから見える問題をボランティアセンターや災害対策本部などの行政にいかにつなげるかという事に、ボランティアセンターに入っていた中越復興市民会議や震災がつなぐ全国ネットワーク（レスキューストックヤード、オールとちぎ）や阪神高齢者・障害者支援ネットワークの黒田裕子さんなどの関係者の協力をいただいた。中越沖地震では、中越・ＫＯＢＥ足湯隊の学生を中心に、オールとちぎや高野山足湯隊、あかつきボランティアなども夕刻、自宅のがれきの片づけを終えて避難所に戻ってくる被災者に向けて足湯ボランティアを展開していった。

刈羽村での足湯（中越・ＫＯＢＥ足湯隊）

二〇〇七年一一月には刈羽村祭りが開催され、「被災地からのリレー」という企画が、日本災害救援ボランティアネットワーク（ＮＶＮＡＤ）の渥美公秀大阪大学教授によって催された。

ＫＯＢＥから中越、能登、そして再び中越沖という被災地から被災地へとバトンは渡され、支援のリレーがつながっていった。中越・ＫＯＢＥ足湯隊は、その後も能登半島と中越沖の二つの被災地に通い続けた。

（2）岩手宮城内陸地震（二〇〇八年）

二〇〇八年六月一四日に岩手県の内陸部を震源にM7・2の地震が発生した。中越・KOBE足湯隊の神戸大学の学生二名は、翌日、被災地に入ったが、避難所ではボランティアやマスコミもすべてシャットアウトされており、足湯を行うには難しい状況であった。

その後、中越・KOBE足湯隊は、仙台の東北福祉大学の学生Sさん達とのご縁で栗原市の花山地区の避難所で足湯を行うことができた。学生のべ八四名がこの時足湯に参加した。参加者の中には中国の留学生がいて、「四川大地震（二〇〇八年五月）でお世話になったので、恩返しに！」と足湯ボランティアを行ったケースもある。その後、Sさんの働き掛けで東北文化学園大学なども加わった「みやぎ学生足湯隊」が結成され、栗駒耕英地区などで翌年の春頃まで活動は継続された。また、淑徳大学（千葉）、岩手県立大学などの学生もこの時、足湯ボランティアに参加した。その後もSさんは、NPOのスタッフとして防災リーダー養成講座などで足湯ボランティアの手法を取り入れ、ひとりひとりに向き合う事の意味を伝えている。

（3）兵庫県西部豪雨災害（二〇〇九年）

二〇〇九年八月九日に発生した台風九号は、日本に上陸し、兵庫県、岡山県、徳島県、長野県でそれぞれ被害を出し、全国で二七名が亡くなった。被災地NGO恊働センターは、中越・KOBE足湯隊を被害の大きかった佐用町へと派遣した。姉妹団体であるCODE海外災害援助市民センターのアフガニスタンの農業研修でつながりがあったことで佐用町営、笹が丘荘という宿泊施設で足湯を行う事ができた。笹が丘荘は避難所として客室を開放し、断水でお風呂に入れない住民に無料で入浴サービスを行っていた。水害後の泥出し作業を終えた住民たちが入浴後に足湯を行い、泥出しの大変さや被災状況など心につかえているものを吐き出していった。

郵便局での足湯（佐用町）

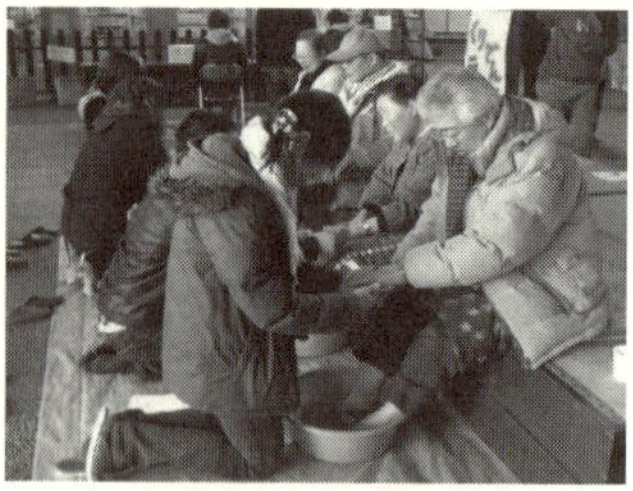
栗駒耕英地区での足湯

その後も中越・ＫＯＢＥ足湯隊や神戸学院大学、レスキューストックヤードなどが足湯を継続し、地域の拠点でもある郵便局での足湯が実現した。足湯が、郵便局という場を井戸端会議の場へと変えていった。佐用町では、この足湯ボランティアをきっかけに間伐や炭焼きなど山林整備のボランティア活動に発展していった。神戸学院大学は現在も佐用町での足湯を行っている。

（４）宮崎・新燃岳噴火災害（二〇一一年）

二〇一一年一月末から五二年ぶりに宮崎県の霧島連山、新燃岳は噴火し始めた。火口から噴出した火山灰や噴石は、新燃岳の東から南に降り注ぎ、都城市や高原町、小林市、宮崎市、日南市などに被害を及ぼした。粒子の細かい火山灰による健康被害、水分を含むと重くなる火山灰や空振による家屋被害、降灰による農地、農作物の被害、そしていつ起きるとも知れない大規模噴火による火砕流や土石流の発生に精神的な不安を抱える住民たちへの対応が求められた。

被災地ＮＧＯ恊働センターの村井氏と震災がつなぐ全国ネットワーク（震つな）の代表、栗田暢之氏は、浄土真宗のつながりで高原町の光明寺を拠点に支援活動を行うことを決めた。自宅を離れ、不安を抱えながら避難生活をしている住民や降灰除去作業で疲労困憊している住民への支援として、足湯や降灰除去などのボランティアを派遣することになった。第一陣として震つなの栗田代表、レスキューストックヤードの加藤裕子氏と被災地ＮＧＯ協働センターの筆者が現地入りし、高原町役場やボランティアセンター、光明寺などと連絡調整を行い、避難所になっている福祉センター「ほほえみ館」で足湯ボランティアを開始した。ここには約七〇名の方が避難していたが、日中はほとんどの人が仕事に出ており、約二〇名の高齢者が避難所で過ごしていた。僕たち三人は足湯で聞こえてくる「毎日やっても、きりがなかばい」、「昨日、高校生が灰の片づけしたばかりなのに……」、「灰の片づけが終わるまで帰ってくるなって息子に言われとる」などのつぶやきから噴火災害特有の苦悩を知った。その後、福岡、大分、名古屋、栃木などの震つなのネットワークからもボランティアが応援に駆け付け、光明寺を拠点に足湯と降灰除去のボランティアが継続された。光明寺という地元の寺を拠点に、地域の事情をよく知る住職夫人のＫさんにひとつひとつ顔をつないでいただいたことで高齢者などの門徒さんのお

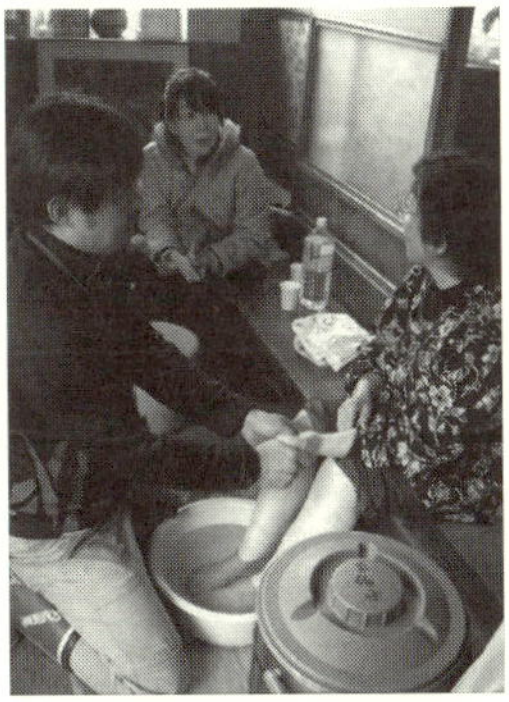
足湯の出前（高原町）

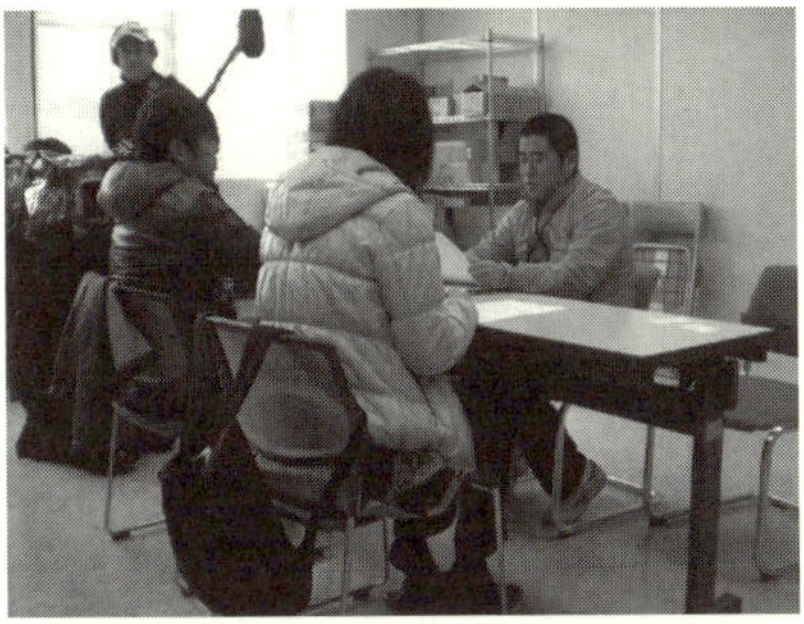
つぶやきを届ける

正定寺（都城市）での足湯

宅に足湯の出前も行うことができた。その後、光明寺の法要の際や都城市山田町の正定寺の本堂など、地域の拠点である寺で足湯ボランティアの活動が展開された。

また、この時、避難所で足湯ボランティアが聴きとったつぶやきを記した「つぶやきカード」を高原町のボランティアセンターに届け、つぶやきから見える課題を進言したが、そこから新たな展開にはつながらなかった。

5　東日本大震災

（1）米沢での足湯

阪神・淡路大震災から一七年目に入った二〇一一年、未曾有の大地震と大津波が東北地方を襲った。被災地NGO恊働センターは宮崎県新燃岳噴火災害への支援を行っている最中だった。神戸で足湯隊のミーティングを行っていた時に地震の情報が入ってきた。すぐに筆者と中越・KOBE足湯隊の学生二名は、神戸を発ち、東北の被災地をめざした。翌朝、山形県を経由して宮城県岩沼市や名取市に入った。沿岸部に一面のガレキの広がる名取市で、日本財団の黒澤氏や地元のNPOドリームゲートの藤本氏や富山の山本氏などと避難所で炊き出し等のお手伝いを行った。その後、南三陸町、岩手県盛岡市へと北上し、被災地の状況を調査している時、福島第一原発が水素爆発を起こした。福島の被災者たちは、放射能から逃れるように峠を越えて隣接する山形県米沢市へと避難してきた。被災を免れた米沢市は、福島からの被災者の受け入れに奔走することとなった。米沢市は、最大時で約三九〇〇名の被災者を受け入れた。僕たちは、都市生活コミュニティーセンター（西宮市）のつながりで生活クラブやまがた（旧米沢生協）からのSOSに応えるべく米沢市に入った。生活クラブやまがたの井上肇理事長は、「ボランティア米沢」を立ち上

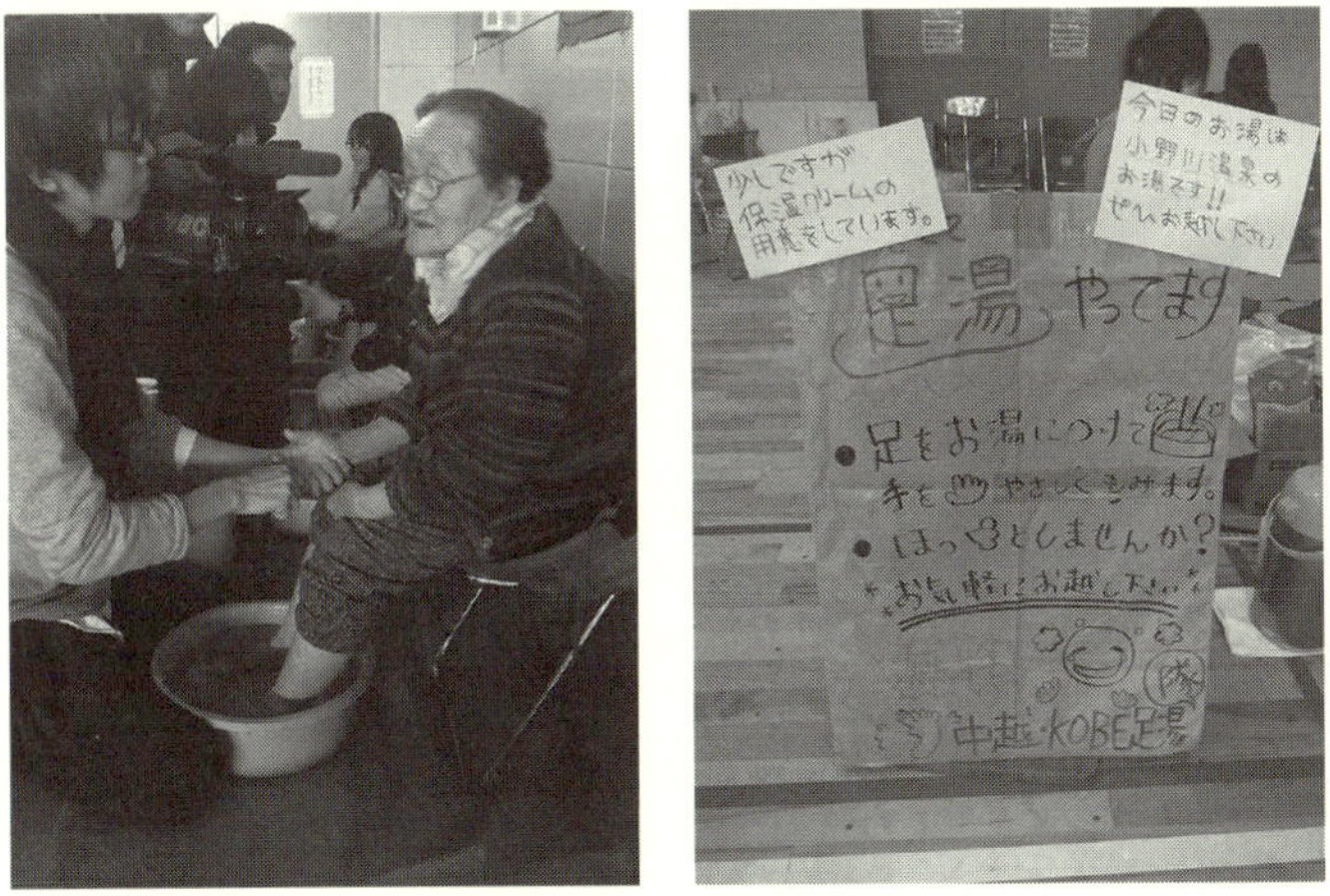

米沢市営体育館での足湯

げ、市や社会福祉協議会、青年会議所（ＪＣ）などとの連携体制を構築しようとしていた。

米沢市は、日に日に増えていく被災者の受け入れの為に市営体育館を開放した。僕たちは、すぐに避難所になった体育館を回り、隅の空いたスペースに足湯コーナーを設けた。

ボランティア米沢に集まる大学生などの若者に足湯のやり方を教え、足湯隊を結成した。

足湯で拾ったつぶやきから見える福島の被災者の状況は複雑であった。八歳のある少女の語ったつぶやきカードには、「〇〇君はいいよね。私、家ないもん」と書かれてあった。また「帰る分だけのガソリンを残しているんだ」と語る四〇代の男性のつぶやきからも一時間程度で戻れる米沢に避難している複雑な心境がうかがえた。

米沢の足湯隊は、ボランティアを通じて被災者の高校生や社会人の若者とも仲良くなり、そのうち被災者の若者が足湯などのボランティアを率先して行うようになった。

足湯ボランティアは、市営体育館や隣の柔道場の二ヶ所で一ヶ月程度継続されたが、四月の新学期に入り、大学生などのボランティアの減少や春になって避難所から民間の借り上げ住宅などに移動する人も徐々に増え始めた事で、新たに生活クラブ山形の職員や組合員などに足湯のやり方を教え、週に数回とペースを減らしていった。

（2）被災地から被災地へ

東日本大震災での足湯ボランティアは米沢から始まったが、これまでの被災地のネットワークの各団体がそれぞれの現場で足湯ボランティアを展開していった。日本財団ＲＯＡＤプロジェクトは、東京から約二〇〇〇人の足湯ボランティアを東北三県の各所や東京の県外避難者支援に送り出した。中越地震の被災地からは、中越防災安全推進機構が郡山や福島、いわきの避難所で足湯ボランティアを、能登半島地震の被災地からは、金沢大学の足湯隊「灯」が岩手県陸前高田へ、阪神・淡路大震災の被災地からは、神戸大学や神戸学院大学ボランティアバス、ＫＯＢＥ足湯隊が岩手県釜石や陸前高田、大槌町などへ、とこれまでの被災地から東北の被災地へと足湯ボランティアが動いた。これ以外にも足湯ボランティアは、東北の被災地で著者たちの把握しきれほどの広がりを見せた。

6　その他の場所での足湯ボランティア

その他にも足湯ボランティアは、中越・ＫＯＢＥ足湯隊や被災地ＮＧＯ恊働センターを中心に北海道夕張支援として北海道医療大学での足湯講習会（二〇〇七年）や山陽小野田での豪雨水害（二〇一〇年）、紀伊半島豪雨（台風一二号、二〇一一年）、京都府南部豪雨水害（二〇一二年）、山口・島根豪雨災害（二〇一三年）などでも活動を展開してきた。

また、全国足湯ボランティア交流会を二〇〇九年から毎年開催している。神戸大学（二〇〇九年）、金沢大学（二〇一〇年）、東京大学（二〇一一年）、東北大学（二〇一二年）、岩手大学（二〇一三年・二〇一四年）と持ち回りで開催している。筆者による足湯講習会で足湯の作法と思いを再確認し、全国の足湯ボランティアに関わる大学生による活動報告と課題、似田貝香門東京大学名誉教授らによるつぶやきの研究などを二日間に渡って共有する機会を一年に一度設ける事で、足湯ボランティアの意義がより深まってきている。

7　現在の足湯ボランティアの状況

二〇一一年の東日本大震災では、5－（2）のように東北被災三県の各地で、そして東京、米沢などの県外避難者に対して足湯ボランティアは行われてきた。四年以上を経た現在も、レスキューストックヤード（七ヶ浜）、ADRA　JAPAN（山元町）、神戸大ボランティアバス（大槌、釜石、陸前高田）、ROADプロジェクトのOBで作られた「どこでも足湯隊」（南相馬、釜石、七ヶ浜）などの団体が足湯ボランティアを継続している。また、岩手大学、東北大学、東北学院大学、福島大学などの東北の大学にも足湯ボランティアは引き継がれ、現在も活動している。その他、KOBE足湯隊（中越・KOBE足湯隊から改称）は、能登や和歌山でも活動を行っている。

［参考文献］
震災がつなぐ全国ネットワーク（2004/10）「新潟県中越地震関連ニュース」
――――（2006/1）つぶやきレポート「中越・仮設の風景」
――――（2007/3）「いとしの能登　よみがえれ！――ボランティアの能登ノート」

被災地NGO恊働センター（2007/3）中越地震救援ニュース
――（2007/3）「吉椿雅道のつぶやき〜能登編」
――（2009/8）「兵庫県西部豪雨ニュース」
――（2011/2）「霧島連山・新燃岳噴火災害支援レポート」
――（2011/2）「山と生きるレポート」
金沢大学　第二回全国足湯ボランティア交流会（2011/3）「つながる・つなべる〜報告集」
ボランティア山形（2012/1）『市民の力で東北復興』ほんの木
日本住宅会議（2013/6）『東日本大震災　住まいと生活の復興』ドメス出版

コラム　日本財団ROAD＋震災がつなぐ全国ネットワーク足湯隊の継続隊

久保田正雪

1 「また来てね」「はい、また来ますよ」と言える支援活動

二〇一三年三月、日本財団と震災がつなぐ全国ネットワーク（震つな）が実施していた足湯活動が終了しました。私が二〇一一年四月三日に初めて参加させて頂いたボランティア活動が足湯で、以来定期的に足湯に参加させて頂きましたが、IT業界で忙しく業務に取り組んでいた私にとって足湯以外にボランティアの経験はなく、「足湯終了」は私のボランティア活動終了を意味していました。

そんな時に声をかけてくれたのが後に「どこでも足湯隊」のリーダーとなる塩谷ケリーさんでした。アメリカ国籍のケリーさんは、しかし、誰よりも日本人らしく日本人に寄り添っていました。英会話講師の忙しい日々の中、時間をうまく作って、毎週のように東北各地に出かけて様々な支援活動を行っていました。そんなケリーさんから、「私、車だすよ。ボランティア集めてくれませんか」と相談があったのが二〇一三年四月でした。震つなに相談して、足湯に必要な鍋やたらい等の道具とオリエンテーション資料などを快く譲って頂き、八名のボランティアもあっという間に集まり、五月二五日に福島県南相馬市で足湯を提供しました。日本財団や震つなによるしっかりした事務局を持たないボランティアだけの足湯隊です。色々と計画通りに行かないことも多く、南相馬第一クルー（二〇一三年五月二四日・二六日）では、銭湯での入浴時間一〇分といった強硬スケジュールの時もありました。それでも、頼りない事務局に誰一人文句を言うこともない素晴らしいボランティア達に

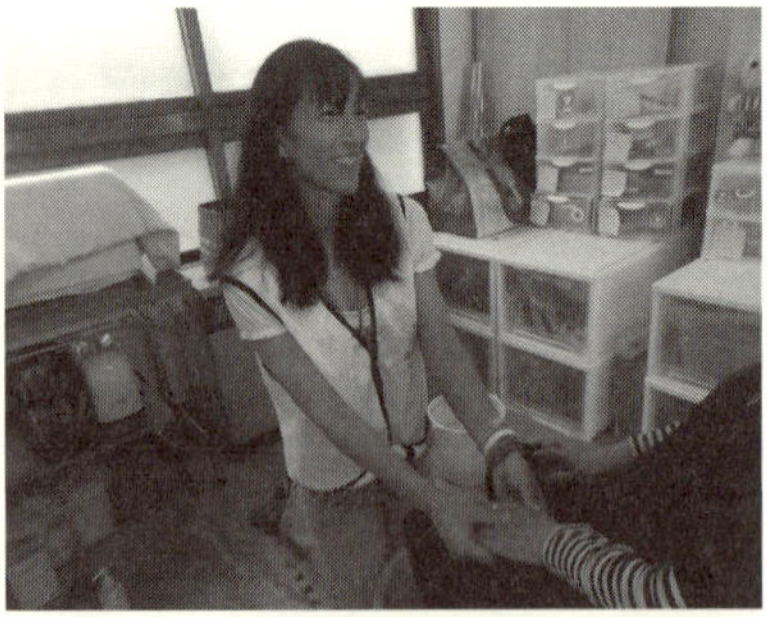

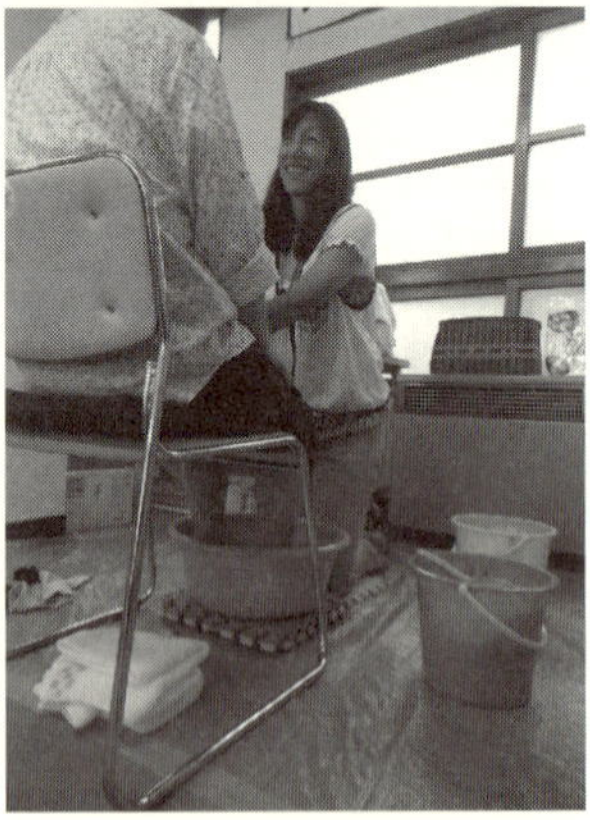

支えられ、以来、ほぼ毎月南相馬市に足湯隊として参加しています。

同年九月からは会津若松でも足湯を開始しました。東京電力福島第一原子力発電所のある大熊町の方々の多くが避難されている地域です。会津若松では大熊町の社会福祉協議会と連携させて頂くようになり、それを機に「どこでも足湯隊」という名前で活動するようになりました。九月からは、第一週は会津若松、第三週は南相馬といったように月に二回福島で足湯を提供するようになり、毎回、リーダーの塩谷ケリーさんと私は参加しています。

日本財団の足湯時代、オリエンテーションで必ず言われたことがあります。それは、被災者の方に「また来てね」と言われた時に「機会があればまた来ます」と答えるようにというものでした。阪神淡路大震災の被災者が、「また来るね」と言ってくれたボランティアの言葉を信じて三年間待ち続けた経験によるものです。確かに一ボランティアとして同じ仮設住宅にまた必ず来られる保証はなく、妥当な注意事項と納得しながらも、どこか寂しい思いを感じていました。しかし、自らが企画できる「どこでも足湯隊」では、「はい、また来ますよ」と堂々と言えることが本当に嬉しいです。

これからも、「どこでも足湯隊」は、被災者に寄り添い続けます。活動範囲も南相馬、会津若松だけでなく、七ヶ浜、郡山、宮古、釜石と様々な地域で活動してゆきます。先日、ケリーさんに聞きました。「ケリーさんは、いつまで東北に通うのですか？」「うーん、たぶん一生！」ケリーさんは素敵に笑って答えてくれました。「どこでも足湯隊」は、これからも被災者の方々に寄り添い続けます。そして「また来ますよ！」と言い続けます。足湯を必要としてくれる方がいる限り。

2　東京足湯プロジェクト――広域避難者支援への取り組み

金子和巨

東日本大震災から五年目を迎えました。この震災による被害は大きく、地震や津波に加え、福島第一原子力発電所事故の影響により、住み慣れた故郷を離れなければならなくなった方たちは日本各地に避難しました。私たちが活動する東京都には今もなお七四三四人（二〇一五年三月一二日現在）の方々が避難されています。その数は緩やかに減少をみせているものの、被災三県を除くと最も人数の多い都道府県となっており、今後の生活環境などを考えると、この状況は長期間にわたり続いていくことが予想されます。

このような事実から足湯ボランティアの東京での活動はスタートしました。東京でのはじめての活動は、震つな×ＲＯＡＤ足湯ボランティア・東京クールとして、二〇一二年二月に足立区内の住区センター集会室で実施されました。その後、活動地域を広げながら、二〇一三年五月の事業終了までに延べ一〇〇名強の方に足湯を提供してきました。その活動の中で、避難されている方々が、ふとした瞬間にこぼす「つぶやき」は、それまで誰にも語れずにいた事柄を多分に含んでいるように感じられました。それぞれが抱える複雑な思いや個人的な不安を訴える機会などほとんど用意されていない状況に、そんな気持ちを降ろし、ふっと一息だけでも吐くことのできる「場」がますます必要になってくると感じました。

二〇一三年六月からは「東京足湯プロジェクト」として、ROAD足湯ボランティア経験者を中心に有志で東京での活動を引き継いでいます。これまでに、東京都の足立区、板橋区、千代田区、町田市、そして、神奈川県横浜市内で足湯の提供をしてきました。それぞれの地域で、支援団体や避難当事者のグループと繋がり、活動を積み重ねる中で、ほっとする「場」の提供と共に、人と人とをつなぐ「場」づくりをより強く意識するようになりました。しかし、これまでに、東京足湯プロジェクトで足湯を提供できたのは、延べ九六名（二〇一五年三月現在）に限られており、実数にすればもっと少ない方たちとしか繋がれていないのが現実です。

「ある日突然、散り散りに避難しなければならなくなり、新しく移った土地では、誰が何処にいるか、なぜ自分がここにいるのかもわからなかった」

避難された多くの方がこのような状況に置かれていました。そんな時、小さなつながりが支えの一つになっていました。震災の風化が言われる中で、避難が長期化している今だからこそ、私たちを含め、どれだけ多くの人たちがその繋がりに触れていられるのかが重要になってくると思います。

昨年開催した足湯の席で、ある女性がボランティアの一人に、なかなか解決へ向かわない遠く離れた自宅の問題を話されました。その話題は、そこで最初の足湯を行った二年半ほど前にも話されたことでした。この女性は東京で暮らすことを決めたそうです。

「息子たちは〇〇にいるんだ。長男は歯医者だけど、全部流されて、新しく機器を全部そろえて始めたんだ。大変だよ。次男は海鮮問屋をやってたけど、やっぱり店を流されて。取引先もお客さんもへったし、もう商売はやめると言ってる。私もそれでいいよといったよ」

この女性の「つぶやき」は、何か諦めた風にも見えるのですが、私は彼女が、様々なことを許して、待つことに決めたのだと感じました。

故郷を離れ、避難することになった人たちが抱える思いを想像します。現在、政府からも復興に向けての加速化が強く唱えられていますが、私たちのような市民の活動は、ただ復興を加速させるだけでなく、個人個人のケアや、小さなつながりを作りつづけることをしていかなければならないと思います。その方たちに対して、いったい何ができるだろうかという思いは常にありますが、それでも、手を伸ばせば届く距離に居続ける決意をしつつ、まずは、穏やかに相手の手を取って、足湯に浸かりゆっくりしてもらうことから繋がりをつくっていきたいと思います。

4
震災がつなぐ全国ネットワーク×日本財団ROADプロジェクト足湯ボランティア活動の記録
二〇〇〇人の足湯ボランティアが聴いた一万六〇〇〇のこころの声

松山文紀・頼政良太

1　日本財団の協力を得て、足湯ボランティアを派遣

震災がつなぐ全国ネットワーク（以下、震つな）は、一九九五年の阪神・淡路大震災をきっかけにして一九九七年に結成された。相次ぐ災害現場の支援活動で出会った仲間たちで構成し、これまでに三〇ヶ所を超える被災者支援活動に携わっている。この活動を阪神・淡路大震災のころから、いつも大きく支えていたのが日本財団であった。また、東海地震等に備えた災害ボランティアネットワーク委員会（以下、ネットワーク委員会）を主管している静岡県ボランティア協会とも、災害時の広域連携を考える図上訓練等を通じしっかりと顔の見える関係を築いていた。

東日本大震災が発生した翌日の三月一二日、震つな代表の栗田暢之氏（NPO法人レスキューストックヤード代表理事）の携帯電話に重要な電話が入った。「大変なことが起きた。我々としては震つなと組んで支援を考えたいのですぐに上京してほしい」。緊急時にいつも震つなと連携をしている日本財団の担当者だった。

三月一四日には、震つな代表栗田氏・震つな顧問村井雅清氏（被災地ＮＧＯ協働センター代表）、そしてネットワーク委員会の訓練で培ってきた広域連携を今こそ活かすべきと、小野田全宏氏（ＮＰＯ法人静岡県ボランティア協会常務理事）にも声を掛け、三者が日本財団に集まった。

世間では広大な被災地・厳しい被災状況・原発事故による不安なども手伝い、「被災地に迷惑をかけるのでボランティアは被災地に行くべきではない」といった意見が多くみられていた。しかし、震つなの今までの経験から、すぐにでもボランティアが被災地に入り支援を開始する必要性があることも明白であった。すばやく被災地にボランティアを送るために、被災地から近く人も圧倒的に多い東京からボランティアバスを走らせる、ということを決め、日本財団とは共同事務局を持つことになった。震つなの今までの支援活動では、被災者に「寄り添う」ということを第一に考えてきた。もちろんガレキ撤去や泥かきをすることも大切であったが、今までの経験から、凍えるような寒空の被災地で先も見えず不安を抱えている被災者に寄り添うボランティアが必ず必要であるという確信があった。そのため、震つならしい支援として「足湯ボランティア」に徹するということも同時に即決した。

図１　震つな各団体の拠点場所

さらに震つなの各加盟団体が続々と被災地に入りボランティア活動の拠点をそれぞれが作り出していた。当時課題となったボランティアの宿泊施設確保の問題も日本財団からの支援を受け、ＲＯＡＤプロジェクト[1]の一環として三ヶ所に宿泊施設を建設し、ボランティアの受け入れ体制作りの支援活動も同時並行で行った。こうして受け入れ体制が整った拠点にとにかく足湯ボランティアを送るというミッションの元、プロジェクトが動き出したのだ。

肝心の事務局機能は、静岡県ボランティア協会（当時）から松山文紀、レスキューストックヤード（当時）から松田曜子、被災地NGO恊働センターから頼政良太の三人（のちに法化図知子〔被災地NGO恊働センター・当時〕が加わり四名）が東京に出向することになり震つな×ROADプロジェクト（以下、震つな×ROAD）共同事務局[2]が発足した。

2　なぜ足湯ボランティアだったのか？

震つな関係団体の多くは、阪神・淡路大震災の被災地で活動していたが、当時は今で言うところの「災害ボランティアセンター」は存在せず、多くのボランティアが被災者のために何ができるのかを考えて活動してきた。その結果、全国から一三八万人ものボランティアを受け入れ、しかもそのうちの七割近くは初心者ボランティアであったことは特筆すべきことである。そのボランティアたちは、行政などの公的機関では手が行き届かない支援の隙間を見つけては、その隙間の当事者一人ひとりに向き合いながら、その穴を埋めていったのである。阪神・淡路大震災が「ボランティア元年」と言われているのは、それほどボランティアの果たした社会的役割が大きかったということを表しているのだろう。

ところが、阪神・淡路大震災以降に災害現場に駆けつけるようになったボランティアたちは、いつの間にか「災害ボランティアセンター」の管理下におかれ、被災者本人の申請がなければ「勝手に行動しては駄目」という形に様変わりしてしまった。

阪神・淡路大震災から約一〇年たった新潟県中越地震の際には、震つな関係団体の多くが災害ボランティアセンターではなく、被災集落などの現場に腰を据え、被災者の生の声を聴くことにこだわってきた。

とにかく現場に赴き、被災者に向き合い、寄り添う中で様々な声を聴き、その声から支援の隙間を見つけていったのである。そうして生の声にこだわることによって、実は被災地に多くの隙間があるということが発見でき、その隙間を埋めることができるのである。

その生の声を聴く重要な手段として「足湯」が用いられた。足湯は被災者と支援者とがマンツーマンで向き合う。そこから被災者がぽつりぽつりと「つぶやき」を語りだすのである。その「つぶやき」の中には被災者の本音が隠されていることが多い。アンケート調査や聞き取りだけでは知り得ないような被災者の本音が足湯ボランティアを通じて浮かびあがってくるのである。また、被災後の慌ただしさの中で足湯が作り出す空間だけは、気持ちが落ち着き慌ただしさから解放される。被災直後の避難所の中でそうした空間を作り出すことは、被災者の心のケアの側面からも重要であり、そうした空間を提供しやすいところも足湯ボランティアの大きな強みである。さらに大きな特徴の一つは、簡単な講習さえ受ければ誰でも参加することができるということである。特に東日本大震災でのボランティア活動の印象は、ボランティア=力仕事、であったため、参加を躊躇していたという女性もいた。しかし、その女性はガレキ撤去や泥だし活動はできないが、足湯ならと参加に踏み切った。また、六〇歳以上のボランティアも数多く参加するようになった。彼ら彼女らは、豊富な人生経験を活かし、若者とは違った形で被災者の方々へ寄り添っていった。中には高齢の男性被災者に積極的に声を掛け、現場から離れても文通を続けているボランティアもいる。

東日本大震災では、広域の被災地が隙間だらけになることは明白であり、一刻も早く被災者のもとにボランティアを送り、生の声に耳を傾け、そこから導き出される支援策を考える必要性があった。足湯ボランティアの派遣はそうした震

なの経験と被災地の状況から即決されたのである。この決定は、震つなのこれまでの被災地支援の経験と活動を高く評価し全面的に支えてくれた日本財団の存在なしにはできなかったことを付け加えておく。

3　震つな×ROAD足湯ボランティア[3]の概要

震つな×ROADでは二〇一一年三月二五～二六日に先遣隊を派遣し、三月二九日に第一回目の足湯が石巻市で実施された。津波被害のあった小学校の体育館のステージ上の泥かきをし、足湯ができるスペースを確保することから始まった。その後は、ウェブサイトを活用してボランティアを募集し、出発日に約二時間の足湯の講習を受けた後に出発するというスタイルが定着した。二〇一三年三月末までのおよそ二年間のボランティア数は一九七七人、延数（人数×活動日数）は七二九六人にのぼる。東京発の足湯ボランティアには老若男女から参加があった。最高齢は八二歳の女性である。足湯ボランティアは女性でも参加できるボランティアであったために全体の参加者の六五％が女性であり、二〇代の参加者が最も多いが、三〇代・四〇代の参加者もそれぞれ二〇％以上の参加があった。

震つな関係団体の拠点を中心に足湯ボランティアを受け入れてもらった。岩手・宮城・福島の三県を中心に避難所・仮設住宅・みなし仮設など二〇〇ヶ所以上で実施。二〇一一年度末からは事務局機能のある東京へ避難している方への足湯も実施するようになった。震つな関係団体以外にも足湯ボランティアは広がり、FUKUSHIMA足湯隊（福島県内の大学生中心のグループ・郡山市、大玉村、三春町、いわき市、本宮市）、RQ河北（石巻市）、SeRV（山元町）などが取り組んだ。

二〇一一年一一月ごろから現地の受け入れ体制（人数規模）の変化に伴い、貸し切りバスではなく高速

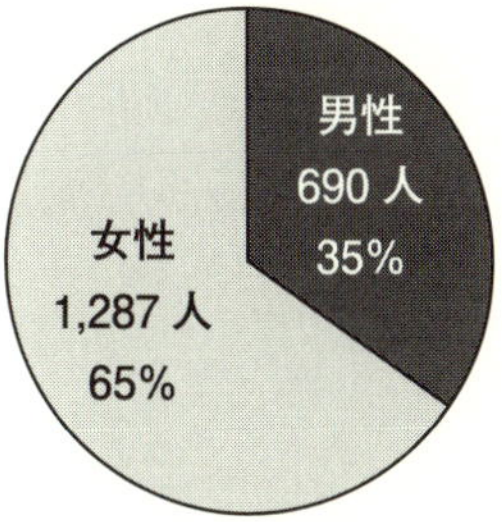

図2　性別参加人数（参加者1,977人）

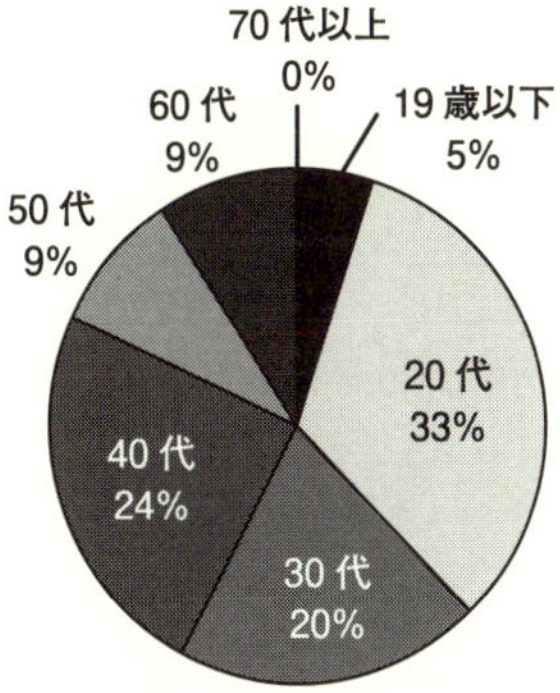

図3　年代別参加人数（WEB申込者1,951人中）

バスを利用した少人数便を編成したことから、ボランティアの数は減少している。特に二年目に入ったあたりからボランティアへの参加者がかなり減っていき、被災地への関心が減ってきていることを実感した。

足湯の利用者は延べ一万六六四二人（つぶやきカード枚数）。圧倒的に女性が多く、七五％が女性である。二〇一一年の夏以降、仮設住宅の入居などをきっかけに足湯を利用している人が減ってきているが、避難所と違い、集会所などのスペースに自らが出向かないと足湯を受ける環境にならないことなどから、足湯の利用者は減少したといえる。

主な派遣先一覧

【岩手県】遠野市、大槌町、釜石市、大船渡市、陸前高田市、一関市

【宮城県】気仙沼市、女川町、石巻市、七ヶ浜町、岩沼市、名取市、亘理町、山元町

【福島県】福島市、郡山市、いわき市、会津若松市

【東京都】足立区、板橋区、千代田区

避難所・仮設住宅・みなし仮設など、二〇〇ヶ所以上で足湯を実施

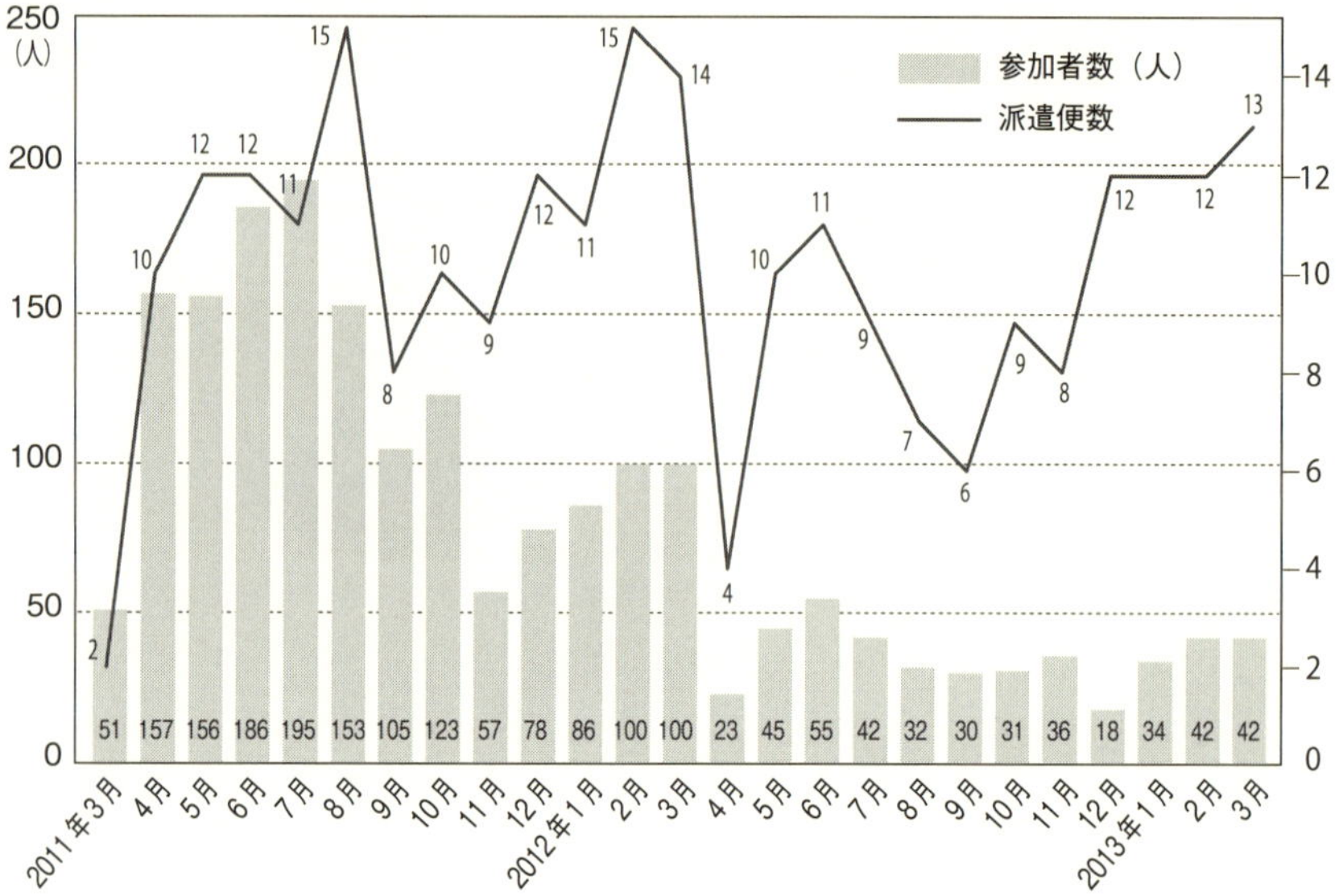

図4　月別推移（1,977 人）

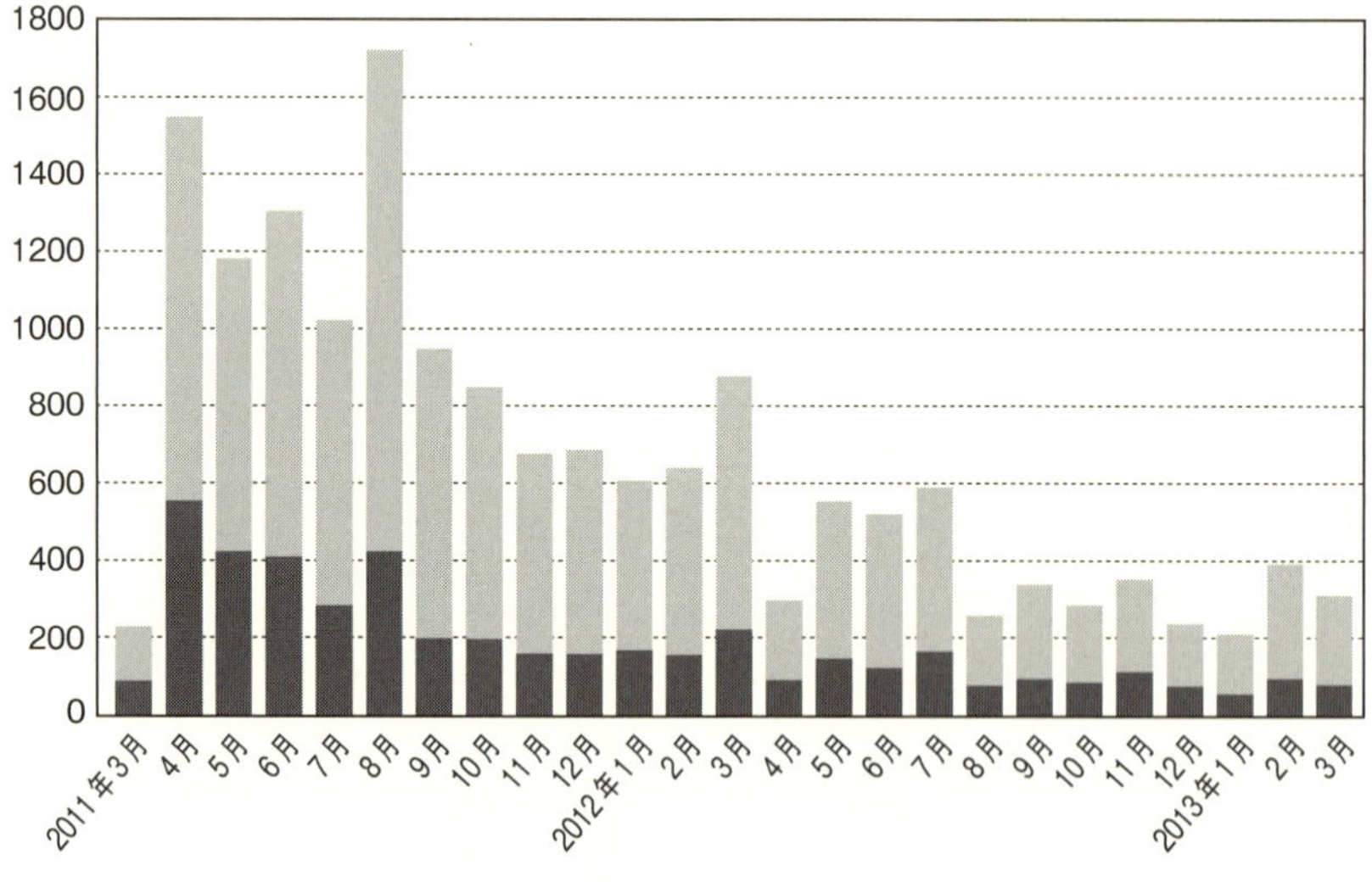

図5　つぶやきカード枚数（足場の利用者数）

4　つぶやきの分析の経緯

足湯を実施する際に、被災者が自然と語りだした言葉を「つぶやき」と呼んでいる。たかが一五分程度の時間だが、被災者がリラックスした状態で心身を解放してくれることで、本音がぽつりぽつりと出てくる。こうした「つぶやき」をボランティアは「つぶやきカード」と呼ばれる専用のカードに記録として残してきた。東日本大震災の各地で行われた足湯のつぶやきカードは震つな×ＲＯＡＤ事務局に集められ、その数は一万六〇〇〇枚を超えた。

この「つぶやきカード」には被災者の生の声が記されている訳だが、その内容に傾向はあるのか、また被災者の声から必要な支援策を提言できるのではないか、

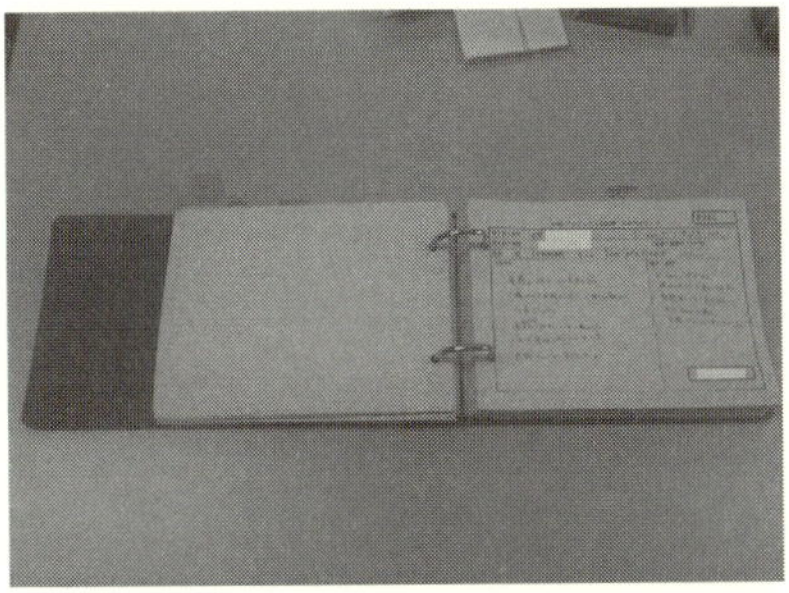

などの発想から、つぶやきの分析を二〇一一年六月に東京大学被災地支援ネットワーク（以下、支援ネット）に依頼し、共に分析を進めていった。阪神・淡路大震災以降、災害時の足湯ボランティアの経験によって、「つぶやき」が非常に意味のあるものだと言うことは感覚的に確信していた。しかし、今までの災害ではつぶやきの内容を分析し、その結果を現場に還元する、あるいは政策提言につなげるということまではできていなかった。そこで震つな×ＲＯＡＤの足湯ボランティア派遣では、そうした部分にも

力を入れ、当初は特に政策提言につなげられないだろうか、と支援ネットの先生方に依頼をするに至った。震つな顧問である村井雅清氏が阪神・淡路大震災以来のおつきあいをさせていただいていた関係性もあり、分析作業をしていただくことを了承していただいた。

つぶやきの分析作業は、まず紙媒体のデータである「つぶやきカード」をデータ化していくところから始まり、さらにそのデータを二五のカテゴリーに分類していく作業を行った。入力作業を進めていくと、「夜眠れない」、「被災したときのことを思い出してしまう」、「仮設住宅ですることがない」、などのつぶやきが目に留まるようになった。こうしたつぶやきは、政策提言のために分析をするというよりも、切実なつぶやきの内容からして、一刻も早く支援活動の現場に還元をする方がより重要ではないかということを支援ネットとして判断し、分析と同時に成果の現場への還元を進めることとなった。

現場への還元のためには、現場で対応できる体制を作る必要があった。そのため、震つな関係団体が活動していた宮城県七ヶ浜町と岩手県陸前高田市モビリア仮設住宅団地での取り組みに注目し、支援ネットの先生方と共にモデルケースとして取り組んだ（こうした取り組みの成果や分析結果については、第2章を参照）。

5　週刊つぶやきの発行

被災地の今を伝えることと同時に被災者の生の声を届ける目的で震つな×ROADプロジェクトの足湯ボランティアで集められたつぶやきをメーリングリストやブログなどで発信してきた。それは、「週刊つぶやき」という形でテーマをその都度決めながら、ほぼ毎週配信を行った。こうした発信には被災地の現状を広く伝えるという意図とともに、被災者の「生の声」であるつぶやきから被災地の中にある課題を共有し、さらには過去の災害時の事例などと照らし合わせながらその解決方法を探る、というねらいがあった。これまでの足湯ボランティアの活動の中で、つぶやきから現場の課題が発見され、さらにはその解決の鍵も見えてくるという暗黙の了解が経験値としてあったからである。また、震つな×ＲＯＡＤに参加してくれる初心者の足湯ボランティアにとっての教材として使えるように、という意味合いも持っていた。

週刊つぶやきは二〇一一年六月二〇日に行われた第一回東日本大震災仮設支援連絡会の場で刊行が決まった。創刊準備号（第1号）は、本格的に入居が始まりつつあった「仮設住宅」をテーマに発行。日本財団ＲＯＡＤプロジェクトのブログ「ＲＯＡＤくん」での公開と同時にこの震つな×ＲＯＡＤプロジェクトに関わる団体や足湯ボランティア同士の情報共有のためのメーリングリストへの発信を開始した。当初はこのメーリングリストへの配信に支援者が事例を持ち寄り、コメントをすることによって、課題解決を模索していたのだが、徐々にそうした意見交換は行われなくなってしまい、一方的な発信になってしまった。被災地支援に入っている中でじっくりとつぶやきを読み、さらにはコメントをするということは時間的な余裕がなければ難しかったのではないだろうか。その点については、今後の反省点としてあげておきたい。とはいえ、支援者だけでなく被災地の現状を広く社会的に伝えるメディアとして週刊つぶやきは大きな役割を果たした。

二〇一三年五月末日までに、週刊つぶやきは第九〇号まで発行した。当初は被災地のニーズをいち早く具体的に把握するために、【仮設】【買い物】【仕事】などのよりわかりやすいテーマを重視していたが、徐々に【することがない】【生と死】【ストレス・疲れ】などのメンタル面に関わるテーマも多く取り上げるようになった。その他、【過去の津波】や【戦争と震災】に関するつぶやきや【足湯の力】という足湯そのものへの声を集めるなど、つぶやきから何が見えてくるか、様々な視点から切り込んでいく実験的な試みも行った。テーマ設定を行う上では、「季節や生活フェーズの変化が表れているもの（仮設への入居開始etc.）」、「多くの人が共通に語っているもの（追い炊きが出来ずに困るetc.）」、「より厳しい状況におかれている人のもの（原発避難者etc.）」等の声を多く取り上げるよう心がけてきた。

震災から一年を過ぎると、マスメディアでの震災関連の報道は極端に減り、「被災地の今」を忘れずに伝え続けるという大きな役割を週刊つぶやきは担うようになった。今でも足湯ボランティアを継続している地域のつぶやきを読むと、「忘れられるのがつらい」ということが伝わってくる。

週刊つぶやきの発行はプロジェクト終了とともに終了することとなったが、震つなの事務局を担うNPO法人レスキューストックヤードでは、震災後四年以上となる今でも定期的に足湯を実施し、そこで聴かれた声を月刊つぶやきとして発行し続けている。

この週刊つぶやきは今でもROADくんブログで公開されている。被災者の声なき声に耳を澄ませるためにも、この週刊つぶやきを何度でも読み返していただきたい。

最後に、この週刊つぶやきはアルバイトとして関わってくれていた江口怜さんが担当してくれていたが、彼がいなければこの週刊つぶやきは成り立っていなかったであろう。感謝を申し上げたい。

これまでに配信した週刊つぶやきのタイトルと配信日（主なものを抜粋）
第1号／仮設住宅に関するつぶやき（2011/06/20）
第2号／50代・60代男性のつぶやき（2011/06271）
第3号／お金・手続きに関するつぶやき（2011/07/06）
第8号／趣味・余暇に関するつぶやき（2011/08/16）
第11号／20代・30代のつぶやき（2011/09101）
第13号／生と死に関するつぶやき（2011/09/20）
第14号／心身の不調に関するつぶやき（2011/09/27）

第17号／孤独・孤立に関するつぶやき（2011/10/22）
第21号／冬の寒さに関するつぶやき（2011/11/23）
第22号／「することがない」というつぶやき（2011/11/26）
第26号／子育てに関するつぶやき（2011/12/22）
第29号／酒・タバコ・パチンコに関するつぶやき（2012/01/23）
第34号／男性の閉じこもりに関するつぶやき（2012/02/25）
第35号／海に関するつぶやき（2012/03/07）
第39号／震災から1年に関するつぶやき（2012/03/31）
第42号／慰霊・供養に関するつぶやき（2012/04/28）
第44号／立ち直り・回復に関するつぶやき（2012/05/12）
第50号／仮設生活の1年：石巻（2012/06/23）
第53号／ストレス・疲れに関するつぶやき（2012/07/18）
第58号／死と向き合う（2012/08/22）
第62号／さびしさに関するつぶやき（2012/09/19）
第67号／震災後の死に関するつぶやき（2012/10/24）
第69号／体調不良・病院に関するつぶやき（2012/11/07）
第74号／趣味・楽しみに関するつぶやき（2012/12/26）
第79号／海と住まいに関するつぶやき（2013/02/13）
第83号／震災から2年に関するつぶやき（2013/03/13）
第85号／希望に関するつぶやき（2013/04/02）

第90号／やっと…（2013/05/29）

週刊つぶやきは、ブログ「ＲＯＡＤくん」http://road-nf.typepad.jp/michi/cat8400298/にて閲覧可能。

6　東日本大震災での足湯と今後への期待

東日本大震災以前は大学生などを中心に行われていた足湯ボランティアだが、東日本大震災を機にいくつかの支援団体が足湯をメニューとして活動を行うようになった。その形態の変化やアレンジは取り組む団体によって様々だが、震つなの行う足湯は、常に「寄り添い」を意識していることはこれまでに書かれたことからもお分かりいただけるだろう。

東日本大震災での足湯は、被災者の足と心を温めるだけでなく、ボランティアに参加する側にとっても、誰にでもできるボランティア活動の一つとして認知されるまでになった。事実、震つな×ＲＯＡＤ足湯ボランティア派遣事業が終了した二〇一三年三月以降も、それまでに足湯ボランティアに参加した人たちの有志による組織ができ、今でも毎月のように東北の被災地に出向いて足湯を行っている。ガレキ撤去や泥かきが主流と思われがちな災害ボランティア活動において、被災者の生の声を聴くことの大切さに気付いた人たちが、今でも足湯を活動に取り入れている。

誰もが参加できるボランティア活動だからこそ、被災者が構えずに本音を語りだせる空間を演出できる。これは、専門職には到底できない素人だからこその強みであり、今後はその素人による足湯ボランティアと専門領域を活かすことのできる職能ボランティアのコラボレーションにより、これまでに対応することができなかった被災地での様々な事例に応えていくことができるのではないだろうかと期待する。

阪神・淡路大震災から二〇年。東日本大震災を機に多くの人に知られることになった足湯だが、その足湯に秘められた力は無限大であると言える。今後もどこかで災害が起こり、被災する人がいるであろう日本において、足湯という活動メニューは続けられていくだろう。ただただ足を温め、声なき声に耳を傾けることで、本当に必要な支援につなげることができる足湯は、今後も被災地支援の重要な活動になってくるだろう。

［注］

1 「ＲＯＡＤプロジェクト」 日本財団の東日本大震災支援事業の総称。四〇以上のプロジェクトがあり、その一つに足湯ボランティア派遣がある。

2 「震つな×ＲＯＡＤプロジェクト共同事務局」 ＲＯＡＤプロジェクトでのボランティア派遣事業を円滑に進めるため、日本財団ビル内に対策室を設置した事務局に震つな関係団体からの出向者を加え、足湯ボランティアの派遣および震つな関連団体の後方支援を行った。

3 「震つな×ＲＯＡＤ足湯ボランティア」 震つな×ＲＯＡＤプロジェクトにより派遣される足湯ボランティアの呼称。

第Ⅱ部　被災者の「つぶやき」分析

1 つぶやきの分類とその特徴

清水 亮

1 つぶやき分析の経緯とデータの特異性

二〇一一年四月一三日、東京大学工学部の一室に四〇人余りの教職員が自主的な呼びかけに応じて集まり、東日本大震災における被災地支援についての話し合いがもたれた。東京大学被災地支援ネットワーク（以下「東大ネット」）の誕生である。同年六月、この東大ネットに一つの依頼が持ち込まれた。依頼主は被災地NGO恊働センターの村井雅清で、内容は足湯のつぶやきを分析して欲しいというものであった。東大ネットの代表幹事である似田貝香門は直ちに分析に加わる研究者をネットのメンバーから募った。集まったのは四名、市野川容孝、鈴木泉、三井さよ、そして清水亮（筆者）であった。大震災から三ヶ月余り、当時はまだ被災地に対して何かできることをしなければという思いが社会全体にも満ちていた。一方、現役の大学教員は授業期間中は何かと本務に追われ、思うように被災地支援に関わることができない。筆者も四月中旬に福島を一度訪れた以外は東北に行けずにいた。そんな中で被災地の前線から遥か後方の東京で支援ができるこのつぶやき分析に加わることができるのは、ありがたい機会であった。

もう一つ、大学院生時代から阪神淡路大震災の調査に加わり、一五年以上も神戸に通って震災関連の研究に関わってきた身でありながら、実践レベルでの貢献を十分に果たせなかったという忸怩たる思いがずっと心のどこかに引っかかっていたということがある。神戸の被災地でお世話になった人たちからは、彼らが行ってきた実践の意義をアカデミックな立場から位置付けてきた我々の研究に一定の評価をもらってはいたが、社会学という学問の世界は常に実践のずっと後から追いかけるのが精一杯で、直接的な社会貢献からはほど遠かったと言わざるをえない。阪神淡路大震災の研究で学んだことを活かしつつ、実践的貢献がようやく可能になるのではないかと、意気込んでの参加表明であった。

しかしながら、いざ分析を始めようとすると、事は容易には進まなかった。日頃から社会調査のデータを見慣れた者からすると、このデータはきわめて特異と言わざるをえない。なぜならば、足湯のつぶやきデータはボランティアが足湯サービスを行った現場で利用者の言葉を書きとめたものである。利用者は、足湯の実施を何らかのきっかけで知り、半ば偶然に集まってきた人たちである。すなわち、このデータはきちんと設計された社会調査とは異なり、はっきりとした母集団からランダムサンプリングされたデータではないのである。

足湯サービスの利用者は、被災者全体の縮図として扱うには明らかに偏りがある。利用者にはリピーターが多く、同じ人が何度もつぶやいている。また、足湯隊の活動場所にも偏りがあり、何度も訪れる地域もあれば、足湯隊が全く入っていない地域も存在している。利用者は圧倒的に女性が多く（図1：性別）、年齢も高齢者が多い（図2：年代別）。このように、つぶやきのデータに対して何らかの統計処理を施したとしても、そこで得られた結果から被災地の全体状況を語るのにはどうしても無理があると言わざるをえないのである。

また、つぶやき内容を書きとめているのはボランティアたちである。サービスを終えた後に記憶が薄

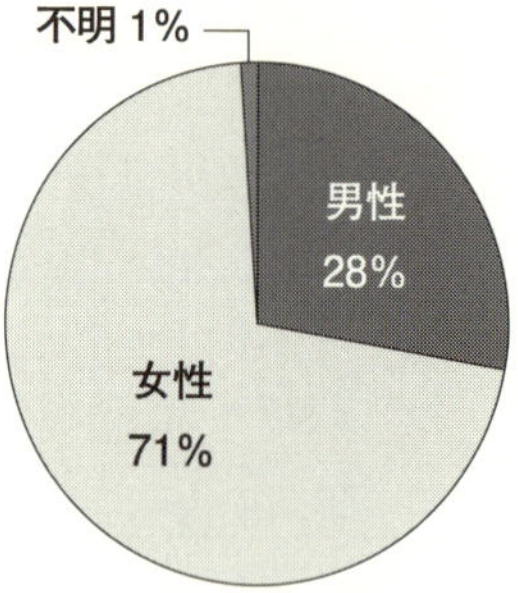

図1　性別

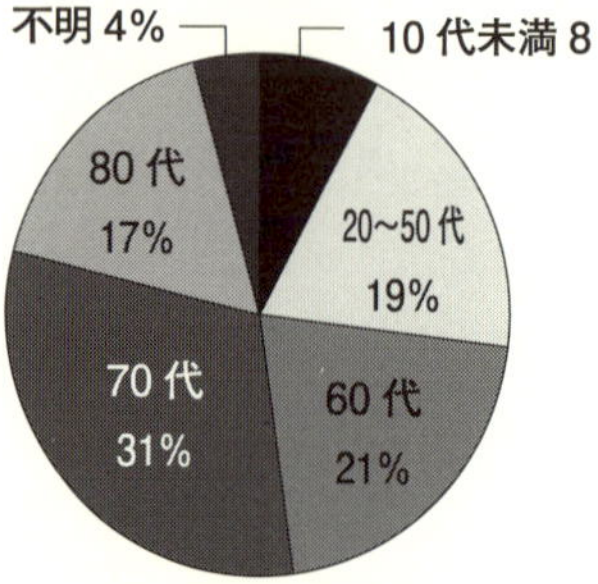

図2　年代別

れないうちにバックヤードで記録するわけだが、社会調査の専門用語で言えば「他計式」という方式にあたる。けれども、つぶやきカードには、足湯サービスを行う二〇分足らずの時間に会話した内容の全てが網羅的に記録されているわけではない。特に話が弾んだ場合には、当然のことながら、つぶやきを聞き取ったボランティア側が内容の要約を行っているわけで、そこには記録に値するかどうかについての聞き手側の判断が入り込んでいる。利用者が直接発した言葉をなるべく大切にしながら記録するようにとボランティアたちは指示されているものの、このような記録の専門的トレーニングを受けてきているわけではない。正確性という点でも記録の精度は通常の社会調査のデータとは質を異にしている。そもそも、東北地方の方言を正しく聞き取って書き取ることはよそ者にとっては容易ではなく、つぶやきカードの備考欄に「何を言っているか聞き取れませんでした」と記載されたものもしばしばお目にかかるのである。

この時点で、単純な統計分析が大して役に立たないことは分かった。だからといって、このデータは分析不能な無意味なデータなのであろうか。足湯時のつぶやきの最大の特徴は、利用者が心身ともにリラックスした状態で自然体で発した言葉だという点である。社会調査のデータの場合、何か意図を持った質問がまずは存在し、データとなるのはその質問に対する回答部分である。つまりは調査者側が知りたいことに対する

表1　つぶやき内容の25分類

1	震災・原発・被災体験	14	仮設をめぐる生活環境
2	生死	15	まちづくり・復興計画
3	放射能（除染・食品安全等）	16	将来設計
4	医療・介護・健康・福祉	17	娯楽・趣味
5	家族・親族	18	することがない
6	近隣・友人	19	教育・子育て・学校
7	動物・ペット	20	土地柄（地域自慢・アイデンティティ）
8	仕事・生業	21	個人史・生きがい
9	金銭・生活費	22	世間話
10	土地・財産・家屋	23	足湯
11	買い物	24	ボランティア（足湯以外）・支援
12	交通・移動	25	避難所をめぐる生活環境・避難生活
13	衣食・生活物資		

結果がデータを構成しているわけだが、足湯のつぶやきは利用者が話したいことがデータの中身である。そこには利用者の本音が埋もれていると考えられる。確かに種々の制約はありながらも、被災者の本音がそこからは読み取れるはずである。ではどうすればよいのだろうか。

具体的な方法は定まらないまま、当座二つの方針が確認された。一つは、とにかく紙媒体のつぶやきカードからデータ入力を行い、コンピュータで分析ができるようにすることである。この作業をしながら、分析者がひたすらつぶやき内容を読むことで、まずは様子を把握しようということであった。もう一つは、社会調査の自由回答に対するアフターコーディングの要領で、つぶやき内容をいくつかのカテゴリーに分類することである。詳細な統計分析には適さないデータであるにせよ、この作業によってどんなつぶやきが多く発せられているのかなどの概要をつかまえることができる。

入力については、つぶやき内容を直接読んで把握するという目的や、適切なカテゴリーの設定準備という意味合いから、最初の段階は学生に丸投げせずに分析者である教員自らの手で作業を行っていった。一〇〇枚ずつのつぶやきカードを数名で入力した後、足湯の現場をよく知るＲＯＡＤプロジェクト足湯事務局のスタッフを交えて会合を開き、カテゴリーの設定作業を実施した。この結果、二五分類のカテゴリーを作成し、以後は入力しながら、同時に分類作業も行うようにしていった（表1：つぶやき内容の25分類）。もちろん、一枚のつぶやきカードに書かれている内容は、二五分類のカテゴリーの複数に渡るものもある。したがって、アンケート調査の複数回答と同様の処理で分類コードの入力を進めていった。

つぶやきカードを入力しながら一つ一つ読んでいると、夜眠れないとか、することがなく家にこもっているとか、気になるつぶやきに遭遇する。阪神淡路大震災で学んだ被災者のこころの問題や孤独な生の問題が想起され、看過できないという思いが募った。ここから、分析による傾向把握の作業とは別に、現場へつなぐ仕組みづくりが必要だと考え、やがて専門家との協働、さらにはガイドブックの作成という展開につながっていくが、これについては3節以下に改めて示すこととする。

入力及び分類の作業がだいたい軌道に乗った段階で、それぞれの研究室毎に協力をしてくれる学生を集め、ここから先は人海戦術で入力及び分類作業を展開していった。二〇一一年時点では足湯隊は毎週のように各地に派遣されていた。よって、つぶやきカードもそのペースで次から次へと増えていく。現地で記入されたつぶやきカードは東京のＲＯＡＤプロジェクト足湯事務局に集められる。事務局にカードが貯まると分析チームのメーリングリストで随時入力・分類作業の依頼があり、余力のある研究室がこれに応じるという段取りで、これ以降のつぶやき入力は進められた。終わりの見えない作業である。

一方、二〇一一年一二月に足湯交流会（東京大学）が企画されていた。これは、足湯ボランティアに参加した人々が集まって各足湯隊の実践報告、被災地の情報交換等を行う交流会であり、この場でつぶやき分析の第一次報告を行うことが目指された。結果的には、二〇一一年六〜一一月の期間のつぶやきカード、約四四〇〇枚が分析の対象となった。こうして、夏の暑い時期に入力作業を始めてから四ヶ月ほどの間、ひたすら入力しては分類するという作業が続けられたのであった。

その後、二〇一二年三月に日本財団での足湯報告会、および東大ネットの報告会において、その時点で入力済みのデータについての報告が行われている。同様に、二〇一二年一二月の足湯交流会（東北大学）、二〇一三年三月の足湯報告会、および東大ネットの報告会、二〇一三年一二月の足湯交流会（岩手大学）においても報告が行われた。また、二〇一四年五月には地域社会学会第三九回大会（早稲田大学）において、似田貝香門、清水亮、三井さよの連名で共同報告が行われた。この時点で使用したデータは二〇一一年三月〜二〇一二年一一月までの一万五一三九のつぶやきであった。

最終的にはこれに二〇一三年五月までに実施した足湯のつぶやきデータが加えられ、一万六六三六のつぶやきが分析可能となっている。

2　全体傾向の把握

さて、ここでは前述のように入力し、準備ができたデータセットを用い、つぶやきの全体傾向を見ていくことにしよう。

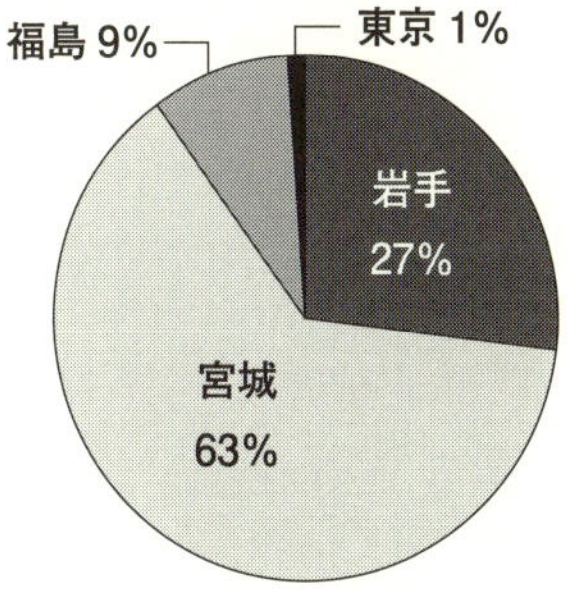

図３　県別

足湯の利用者は、前掲の通り、性別については女性が七割、男性が三割である。年齢は六〇代以上が七割を占めており、高齢者に多く利用されている。県別には宮城が六割強と多いが、これはROADプロジェクトの足湯隊の拠点地であった七ヶ浜町と山元町が含まれるためと思われる（図３：県別）。なお、東京の利用者は福島からの避難者である。

前述の二五分類に従って全体傾向を見たのが（図４：25分類）である。最も多いのは「足湯」に関するつぶやきであり、実際に一つ一つ読んでいる

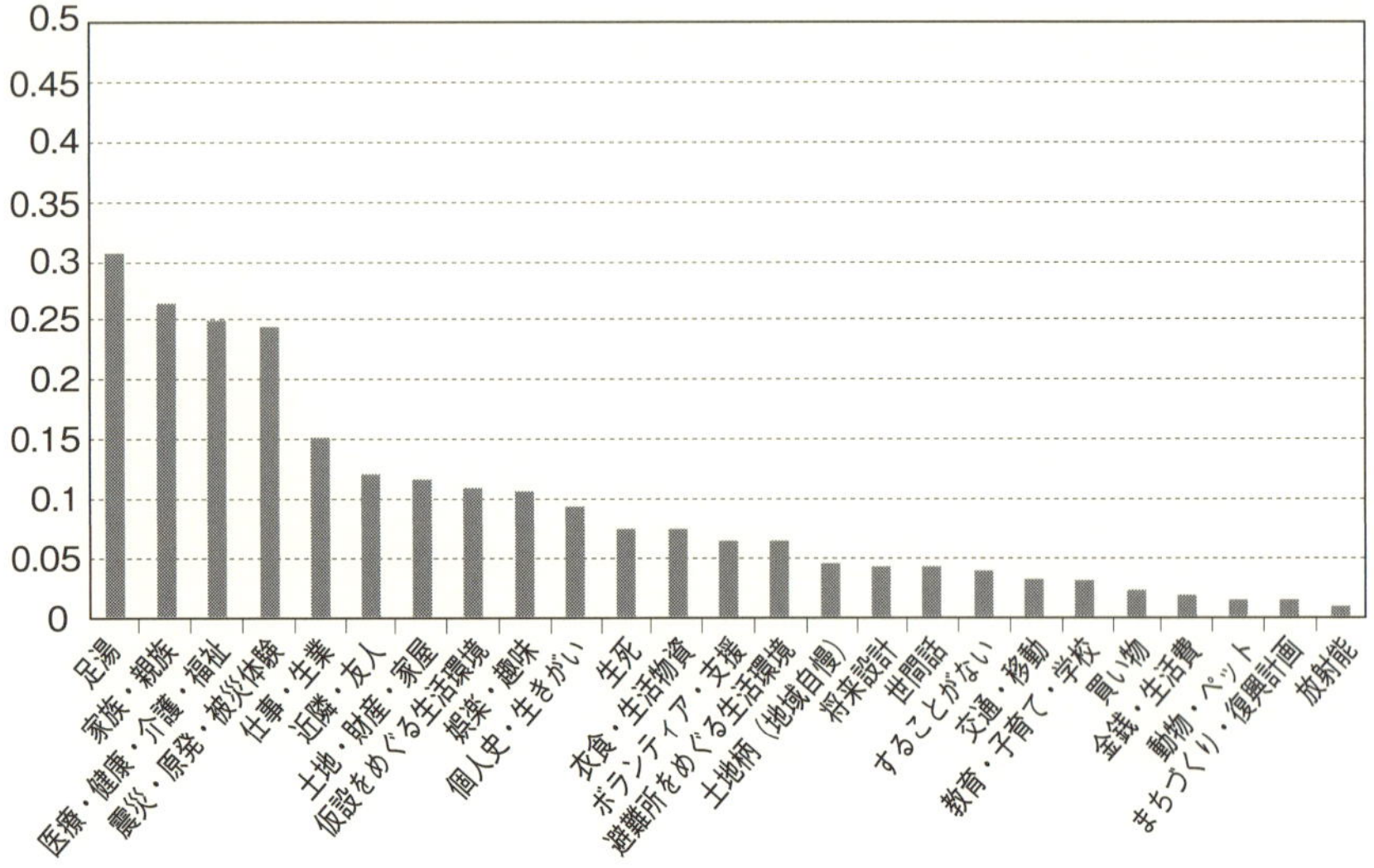

図4　25 分類

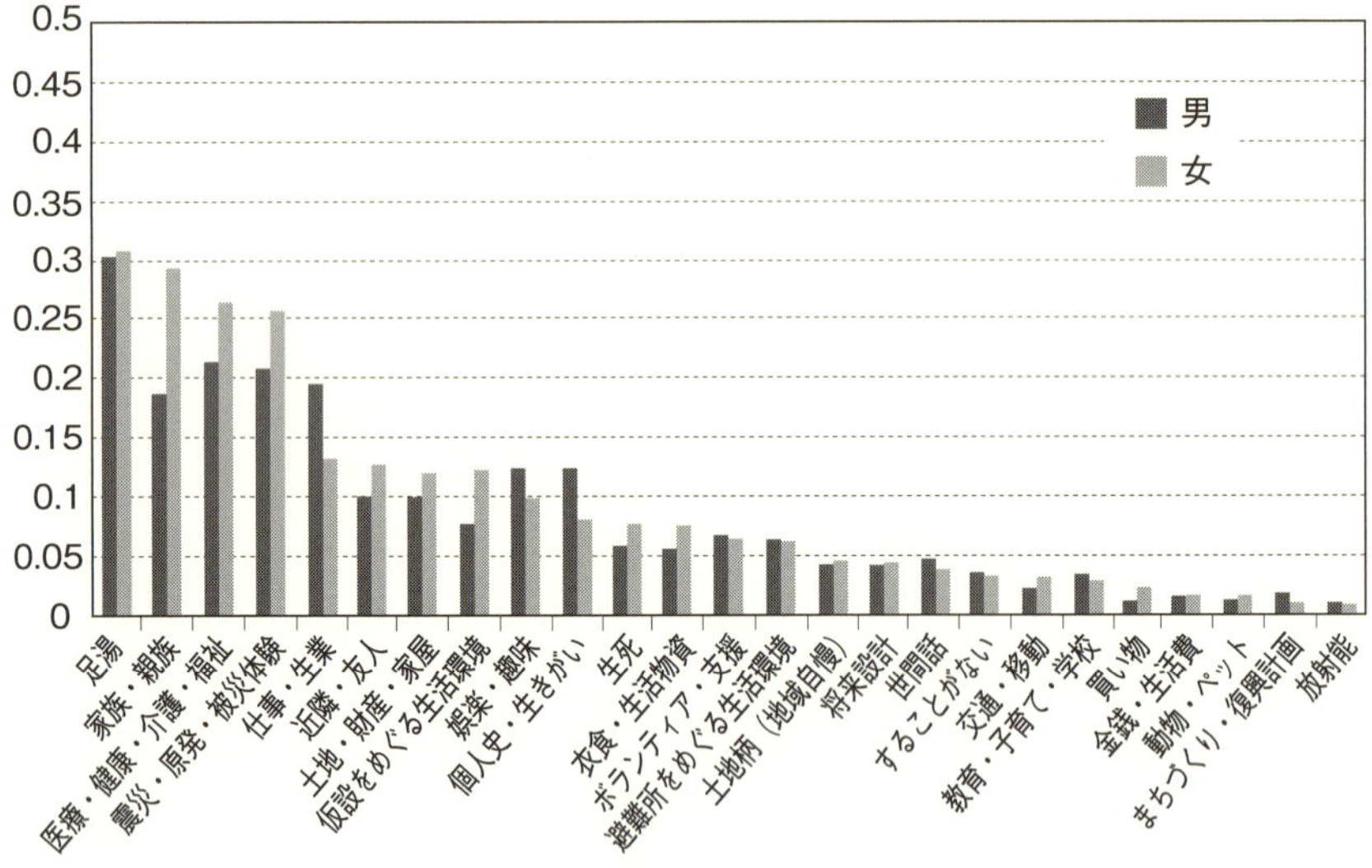

図5　男女別 25 分類

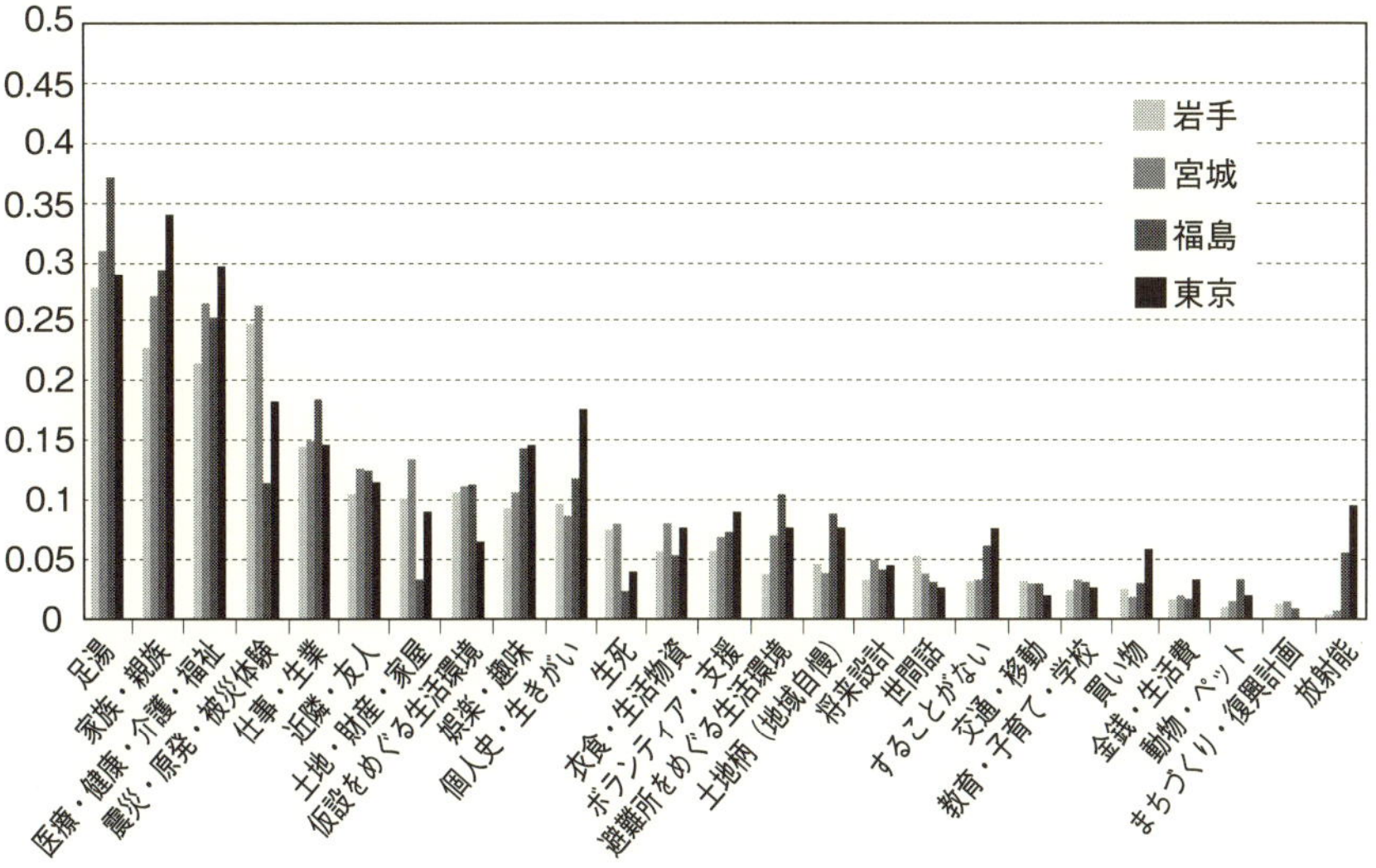

図6　県別25分類

と、足湯の気持ちよさやボランティアに対する感謝の声が極めて多いことが確認できる。足湯のニーズの高さがストレートに現れた結果であろう。次いで多いのが「家族・親族」、「医療・健康・介護・福祉」、「震災、原発、被災体験」と続く。自分の置かれている状況を語るケースが多く、まさに〈語る〉―〈聴く〉という関係が利用者とボランティアとの間に成立していることが見てとれる。対面型で行う足湯が「こころのケア」という副産物を生み出していることの証である。また、「足湯」に言及した人の二四・三%が「医療・健康・介護・福祉」にも言及している。足湯でよく眠れるようになったというリピーターの声もかなり多く、心身ともに健康面と足湯との関連性の高さが示されている。

男女間のつぶやきの差を見たのが（図5：男女別25分類）である。女性の方が多い項目としては、「家族・親族」、「医療・健康・介護・福祉」、「震災・原発・被災体験」、「仮設をめぐる生活環境」などであり、男性の方が多い項目は「仕事・生業」、「娯楽・趣味」、「個人史・生きがい」である。

県別に違いは存在するのであろうか（図6：県別

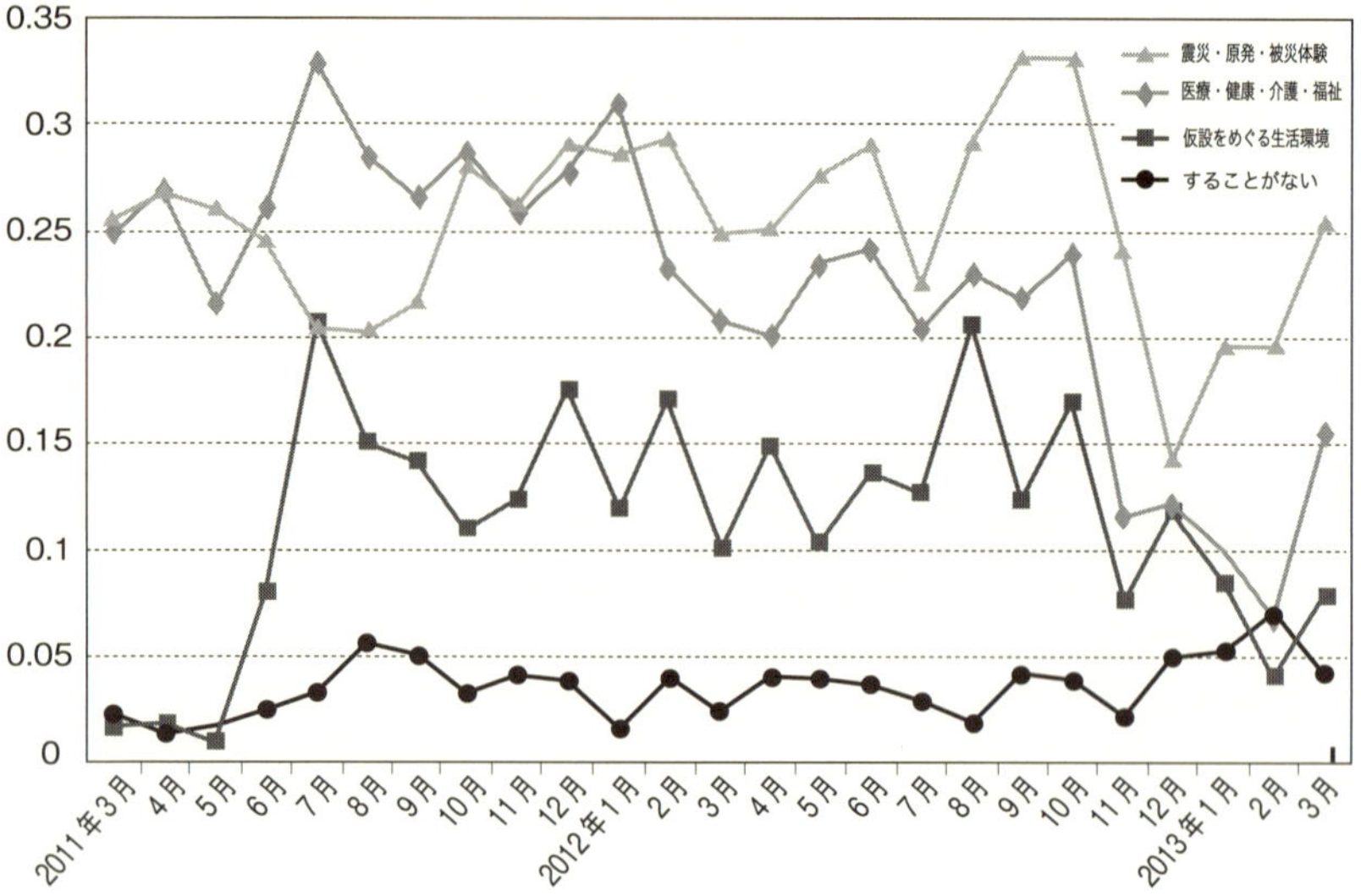

図7　4項目の時系列変化

25分類）。宮城と岩手は類似の傾向が見られる。これらに対して、福島は様子が異なり、「震災・原発・被災体験」、「土地・財産・家屋」は少ない。逆に、「放射能」、「趣味・娯楽」、「することがない」、「土地柄（地域自慢）」、「個人史・生きがい」は多くなっている。東京の足湯は福島の避難民が多いため、福島と同じような傾向が見られるが、特に「放射能」、「個人史・生きがい」、「家族・親族」が顕著に目立っている。住み慣れた土地を原発事故のせいで離れて暮らさざるをえない避難者の心情の表れであろう。

ところで、このつぶやきデータはほぼ二年間にわたる蓄積があるため、時系列に沿った変化を追うことができる。いくつかの項目の時系列変化をまとめてグラフにしたのが（図7：4項目の時系列変化）である。「震災・原発・被災体験」は被災から一年半ほどは二〜三割の人につぶやかれ続けているが、それを過ぎると一割台に落ちてきている。ただし、二年の月日を経ても、震災のあった三月には上昇傾向も見られる。こころの問題が依然として残っていることがうかがわれるデータである。

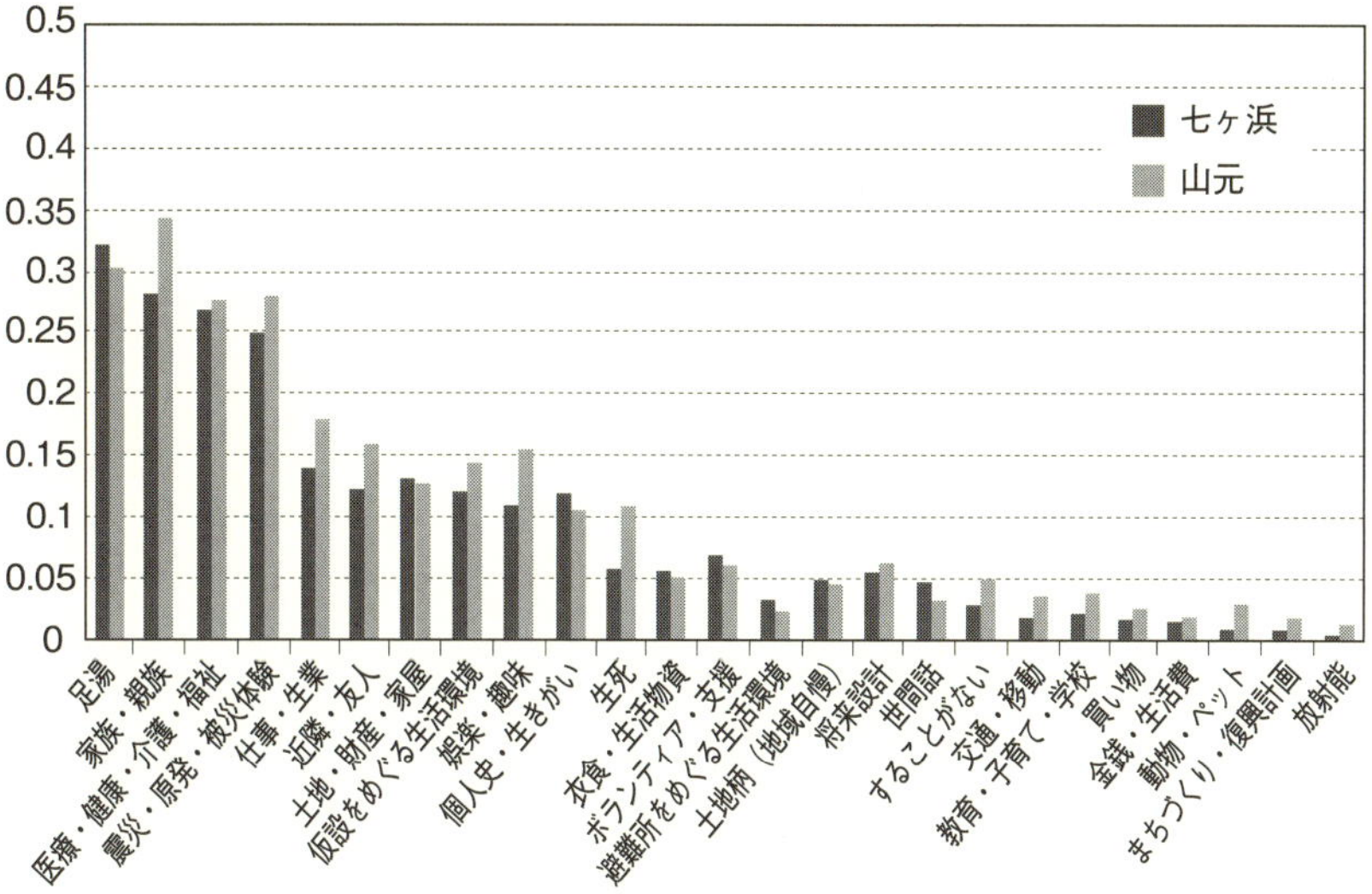

図８　七ヶ浜・山元25分類

「医療・健康・介護・福祉」は二〜三割のあたりを行ったり来たりしている。データからは、高齢者ゆえの問題と、被災者であることの問題とを弁別することはできないため、ここから先はつぶやきを一つ一つ読み解いていく作業が必要となろう。

「仮設をめぐる生活環境」については、仮設住宅に移った時期から一年半ほどは一〜二割で推移していたが、二度目の冬を迎える頃から少し落ち着きを見せ始めている。仮設住宅暮らしが長期化して、全体としては慣れてきたというところであろうか。ただし、住宅の狭さを訴える声は、ずっと続いている。

「することがない」という項目は、もともと数が多いわけではないが、「引きこもり」や「生活不活発病」につながりやすい要注意なつぶやきである。この動向は、ひとことで言えばほぼ横ばいといったところである。足湯の利用者は高齢者が多いことから、一割以下で推移するこの数字を多いと見るか、少ないと見るかの評価は難しい。だが、足湯の主たる実施現場である仮設住宅は、時間の経緯とともにますます高齢化の進行が予想されることからも、このような声に継続

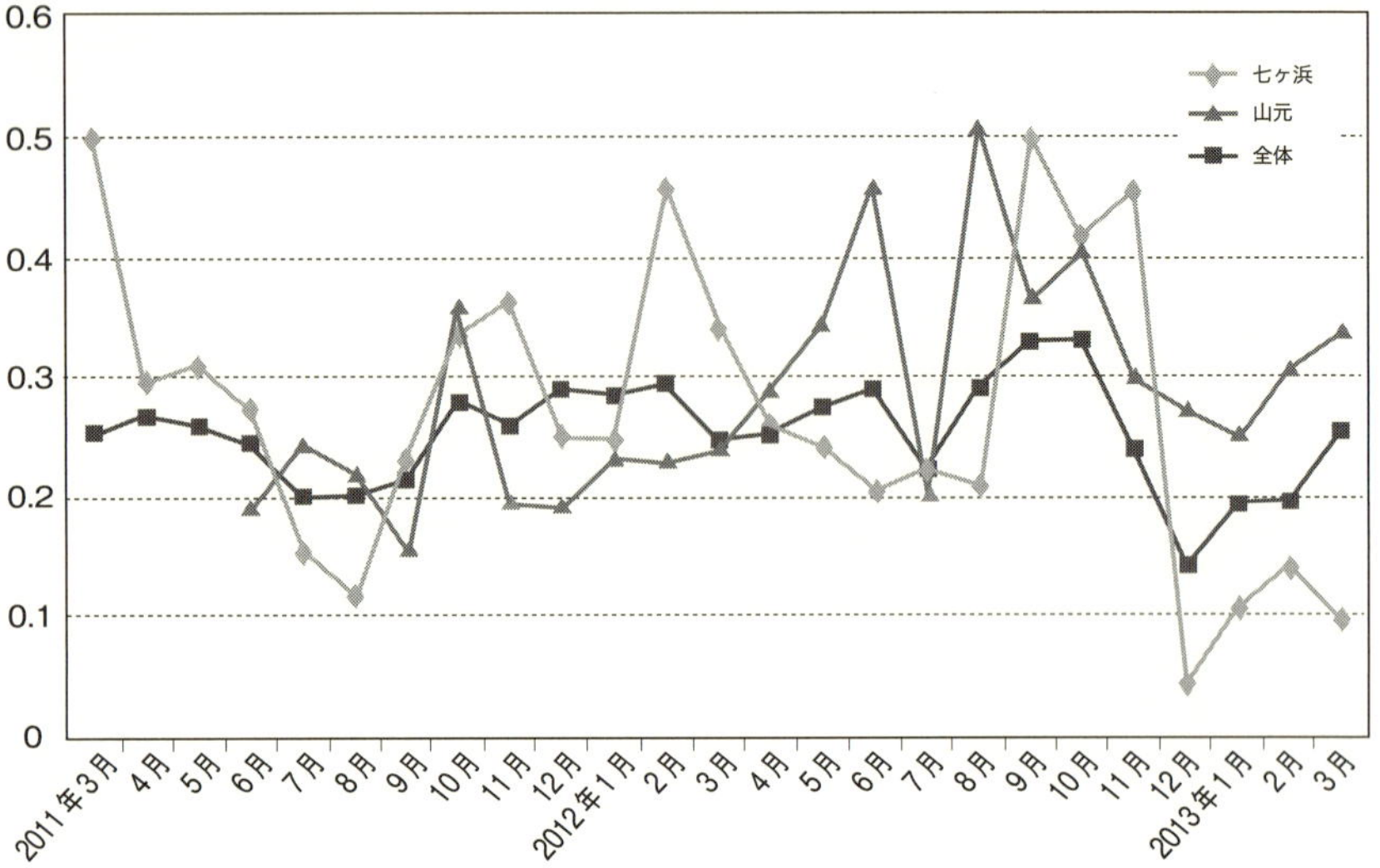

図９　七ヶ浜・山元　医療・健康・介護・福祉　時系列変化

的に耳を傾けることは重要であろう。

七ヶ浜町や山元町など、ＲＯＡＤプロジェクト足湯隊の拠点となった地域に関しては、まとまった数のつぶやきが存在しているため、これらの地域を取り出して分析することも可能である。この両者はいずれも宮城県内であるせいか、全体的な傾向は似ているといえる（図８：七ヶ浜・山元25分類）。ただし、細かいところでは、福島県にほど近い山元町では「放射能」の値が高いなどの違いは見られる。（図９：七ヶ浜・山元医療・健康・介護・福祉　時系列変化）は「医療・健康・介護・福祉」の時系列変化を比較したものだが、それぞれピークの位置が異なっている点も見受けられる。

ただし、これらの違いが何を指し示すのかについては、現場を熟知しない分析担当者では解釈のしようがない。七ヶ浜町の足湯ボランティアコーディネータによると、たとえば二〇一二年九月のピークには思い当たる節があるという。この時は残暑が厳しく、熱中症で仮設住宅に救急車が来ていたことがあるというのである。仮設住宅は前年の冬が来る前に、すきま風対策や断熱工事が実施されていた。このため、二〇一二年の夏季は前年に比べて、より換気やエアコンの使用が必要な状態になっていたという。一方で、震災前の住宅に住んでいたときから夏のエアコン使用の習慣がない人も多くおり、かえって過酷な状況になっていた可能性がある。こうした現場での諸事情を踏まえたデータの解釈は、まさにその地域の状況をよく知らない限り不可能である。現場のボランティアとの共同作業により、意味のあるデータ解釈が始めて可能になるという例といえよう。

以上、つぶやきの全体傾向を概観してきた。ここからは入力作業中に発見した気になるつぶやきからの展開を述べていこう。

3　現場につなぐ仕組みづくり

前に述べたように、データの入力作業の際に、どうしても気になるつぶやきがあった。眠れない、涙が止まらない、震災当日のことを何度も思い出してしまう、食べられない、することがない……。阪神淡路大震災における仮設住宅支援のボランティアについて、我々の研究グループは十数年にわたって研究を重ねてきた。そこでは被災者たちの中にはずっと震災の経験を引きずってなかなか前向きになれないというこころの問題を抱える人がいることや、慣れない仮設住宅の暮らしにおいて孤独に陥りやすい人がいることなどを学んできた。日中にすることがなくなって引きこもりがちになり、やがて健康を損ねていく人の話も聞いていた。孤独からアルコール依存症になっていく人もいた。つぶやきカードに書かれたテキストだけの情報では、被災者が置かれた状況の詳細を知るまでには至らない。それでも、阪神淡路大震災の研究時に聞いた上述の話に結びつきそうなつぶやきを見ると、知らぬふりをして次のカード入力に移っていくのには抵抗を覚えた。

もちろん、つぶやきの大半はこのような深刻そうな内容ではない。また、文面上は深刻に見えても、現場で直接話を聞いてみればニュアンスが異なる場合もあるに違いない。だが、一方で我々は「ひとりひとりを大切に」「最後の一人までみる」という被災者支援の精神を阪神淡路大震災のボランティアから学んできていた（似田貝編 2008）。そこから、例え少数でも、被災者のSOSがそこにあるのなら見過ごせないし、孤独死につながる兆候があるのなら、未然に何か手を打つことを模索すべきという思いに自然と至ったのである。

ところが、入力時に気になるつぶやきを発見したとしても、我々の手元につぶやきカードが届くのは早くても足湯の実施から一〜二ヶ月後のことであり、一定のタイムラグが生じる。そこからアクションを起こしていたのでは遅すぎる感が否めない。また、つぶやきカードには利用者の氏名を記入する欄があるものの、かなり多くの場合は空欄のままであり、実質的に匿名のデータとなっていた。つまりは、つぶやきを発した被災者を多くの場合は特定できないのである。となると、つぶやきから我々が問題を発見して現場につなぐという道筋は辿れないことになる。何か手はないのであろうか。

ROADプロジェクト足湯事務局の母体となっている震災がつなぐ全国ネットワーク（以下「震つな」）では、二〇一一年六月より加盟団体の代表者格を集めて仮設支援連絡会という情報共有の会合を月に一度のペースで開催していた。東大ネットも七月の二回目の会議から参加するようになったが、気になるつぶやきを現場にどのようにつなげていくかについて、この会議に対して問題提起および相談を行った。

その結果、気になるつぶやきを現場で判断し、医療、保健、福祉、臨床心理などの専門家に適宜つなげていくしくみづくりをモデル的に実施してみようという話になった。現場であれば、タイムラグ問題も発生しないし、匿名性の問題も回避できる。何より、つぶやきを発した際の相手の様子や文脈がわかるのだから、テキストデータよりも圧倒的に情報量が多いという利点がある。

さて、このようなしくみができるためには、いくつかの条件が必要となる。第一に、現場に常駐したり、あるいは頻繁に通っているボランティアがいて、支援先の仮設住宅のことをよく理解していることが必要である。このため、まずは常駐型の足湯コーディネータが入っている現場においてしくみづくりを試みることとした。第二に、つぶやきから問題を読み取ったあと、それをつなぐ先となる専門家の存在が必要である。東日本大震災における仮設住宅では被災者の見守りのためのしくみとして、生活支援相談員の制度や、保健師の定期的な巡回、あるいは民生委員の家庭訪問などが存在したが、実際にこのような見守りに気になるつぶやきを伝えて情報共有できるようにならないといけない。それには二つの可能性が考えられた。ひとつは先述のような既存の見守り体制との連携であり、もうひとつは足湯隊に専門家自身が同行してもらい、必要に応じてその場で即座に専門家につなぐというやり方である。

モデル作りの場としては、宮城県七ヶ浜町と岩手県陸前高田市のモビリア仮設住宅が候補に挙げられた。前者はレスキューストックヤード（以下「ＲＳＹ」）、後者は陸前たがだ八起プロジェクトという、いずれも震災がつなぐ全国ネットワークの加盟団体が現地に事務所を構え、常駐して支援活動を行っている。順に論じていこう。

■七ヶ浜町の事例

上述のモデル作りの活動として、まずはＲＳＹの七ヶ浜の事務所を訪ね、現地の様子を聞くことから始めることとなった。

七ヶ浜には足湯プロジェクトのコーディネータがＲＳＹの現地スタッフとして活動しており、ＲＯＡＤプロジェクト足湯隊の受け入れマネジメントを行っている。話を聞いてみると、足湯のつぶやきや普段の見守り活動等において、気になる被災者が実際にいる場合には、支援者間の情報共有の会議で報告を行うとのことであった。この支援者間の会議は、七ヶ浜町の担当者、社会福祉協議会、地元NPOのアクアゆめクラブ（応急仮設住宅入居者支援の業務を町行政から受託）、RSYの四者で構成されるが、会議の主題は各参加団体の事業報告やスケジュール調整（仮設集会室でのイベントの調整等）であったという。このため、二〇一二年二月頃までは要支援者や見守りが必要な人に関する個別情報について話題提供するのはもっぱらRSYのみで、相互の情報共有の場にはなっていなかった。また、RSYが情報提供した個別ケースをフォローしようと、対象者の状況を後日尋ねても、個人情報保護の観点から様子を教えてもらうことができなかった。

こうした問題を解決するために、RSYとともに東大ネットのつぶやき分析チームが七ヶ浜町役場を訪問し、副町長および地域福祉課、健康増進課の担当者と話し合いを行った。そこでは、実務者レベルの相互の情報共有の必要性が議論され、結果的に「七ヶ浜復興支援調整実務者会議」の開催が決まった。二〇一二年七月には個人情報問題の克服のために「七ヶ浜復興支援調整実務者会議に係る個人情報の取り扱いに関する協定書」が出席団体間で取り交わされ、以後、個別のケースに対しても会議の場で踏み込んだ情報共有が行われるようになった。被災地全般では、個人情報問題がネックとなり、ボランティアに必要な情報が行き渡らず、活動の障害となった話をしばしば耳にするが、協定書による問題解決という手法は今後の災害支援のあり方の一つの範となろう。

七ヶ浜の場合は、足湯の現地コーディネータが全てのつぶやきカードに目を通し、ボランティアたちからの情報や、その他の日頃の支援活動での状況把握などを集約し、気になるつぶやきのフォローを行っていた。実務者レベルでの情報共有の会議が成立したことで、行政やその他支援団体との連携の道も開かれ、継続的な見守りや専門家へのつなぎができるしくみができあがったといえる。

■陸前高田市モビリア仮設住宅団地の事例

モビリア仮設住宅団地（以下「モビリア」）は、震災前はオートキャンプ場だった場所に立地している。震災後ここに避難所が設営され、陸前高田市で最大規模の一六八戸の仮設住宅がそのまま同敷地内に建設された。近隣の集落のほか、市内全域から被災者が集まって入居している。オートキャンプ場の支配人だった人物を中心に地元有志が立ち上げたＮＰＯ法人陸前たがだ八起プロジェクト（以下「八起」）が、モビリアでの仮設支援の事業を展開しているが、二〇一一年七月の段階から「モビリア仮設住宅支援連絡会」を開催して、関連する団体間の情報共有に努めている。この会議は月に一度のペースで開かれ、保健師や生活支援相談員、警察署、自治会長、民生委員、そしてボランティア（八起ほか）が参加している。会議の発足当初は各団体の活動状況の報告や課題整理等が主であったが、このような会議が重ねられることにより顔の見える関係が成立し、各種課題についての意見交換も取り交わされるようになってきているという。

一方、足湯を実施すると、その日のつぶやきカードを参加者で共有しながら振り返りの会議が開かれる。この会議には、足湯隊の参加ボランティアや足湯コーディネータ以外にも、仮設住宅の自治会長などが同席することもある。二〇一二年二月に東大ネットのメンバーが足湯の開催日に現地訪問した際にも、自治会長と民生委員が同席していた。この時は、つぶやきのなかに、ミシンがあるとやることができてよいという住民の声があった。これに対して、救援物資の中にミシンがあり、倉庫に眠っているという情報が自治会長からあげられ、さっそく有効活用する話がまとまっていった。

ここに見られるようなつぶやきから支援への迅速な展開は、きわめて重要な意味を持つ。通常、支援を行う際にはニーズの発掘を行い、把握されたニーズを充足するのに適当な相手を探して話をつなぐという流れになる。それぞれが別のプロセスとなるため、ニーズの把握から問題の解決まで、時間がかかることもしばしばある。上述のミシンの事例では、足湯の現場でつぶやきの記録によって把握されたニーズが参加者によって共有されることで、即座に解決に向けてのアクションにつながった。それが可能だったのは、救援物資についての情報を持っている人がその場に居合わせたからである。つまり、解決能力を有した人が居合わせることが重要なのである。

こころの問題や身体的な健康に関する話は、専門家へつないでいく必要がある。モビリアの場合、仮設支援連絡会で保健師や生活支援相談員との関係ができているため、こうしたルートでつなぐことが可能となっている。今後、足湯の振り返りの場やあるいは足湯そのものに専門家が同席することで、更なるニーズの拾い上げや問題解決への道筋ができるかどうか、東大支援ネットと八起の間で検討中である。上述の七ヶ浜同様、モビリアにおいても常駐型の支援団体がしっかりと現場の状況把握を行っていることで、つぶやきからの問題発見、問題解決へのしくみが整いつつある事例であるといえる。

4　足湯のガイドブックづくり

気になるつぶやきを現場につなごうと画策し、足湯ボランティア活動の現場での様子を調べているうちに、足湯ボランティアやコーディネータが抱える一つの悩みに気づかされることとなった。それは、「気になるつぶやき」と一口にいっても、具体的にはどんなつぶやきが出たら専門家につなぐ必要があるといえるのかという問題である。足湯ボランティアは学生だったり、広く公募されて集まった人だったりで、特別な専門的知識や技術を持たない人たちの集まりである。コーディネータについても、某かの専門家の資格を持った人が任に就いているというわけではない。

気になるつぶやきは、その内容次第でつなぐ先の専門家にはいくつかの領域があると考えられる。主なものとしては健康問題の領域があり、これは医師や看護師、保健師、カウンセラー（臨床心理士）などが具体的な対象である。ほかにも、介護等の福祉領域、財産問題等の法律領域などが挙げられるが、今回の取り組みではまずは緊急性を要すると考えられる身体の健康やこころの問題に照準を合わせることとした。健康問題については阪神淡路大震災の避難所や仮設住宅でも様々な指摘があり、取り組みがなされてきたところではある。実際、専門家は発災後の早い段階から被災地に入り、避難所や仮設住宅などで診療や健康相談を実施している。だが、身体や精神に関する健康についてのニーズを被災者が専門家に積極的に語るとは限らない。実際には健康上の問題点があっても我慢してしまうということはよくあることで、医者などに診せるのは症状が随分と進行してしまってからになりがちである。とりわけ、こころの問題については、自分から進んで専門家に相談しようとはなかなかしないものである。

仮に専門家に相談することになったとしても、専門家が関心を持つのは「異常な」状態である。身体的なことにせよ、精神的なことにせよ、専門家は常に「正常」と「異常」の区別を行い、そのうちの「異常」の側しか対象としない。専門家は「異常者」の発見のためのチェックリストのようなものを持っており、これを用いて判定（スクリーニング）を行う。けれども、とりわけこころの問題に関しては事は単純ではない。東日本大震災のような大災害においては、多くの人が亡くなっている。自分の家族や親族、親しかった人などを失っている被災者も大勢いる。そうした人たちの悲しみは当然のものであって、これ自体は「異常」でも何でもない。ところが、いつまでもその悲しみを引きずってしまい、なかなか前向きになれないということもしばしば生じる。そのことが時には自らが生き残ったことを後悔するような気持ちを生み出したり、時には自暴自棄な行動に至るまで自らを追い込んでしまうこともある。こうなるともはや「異常」の範疇といってよい。つまりは、「正常な」悲しみは時には「異常」の予備軍だったりもするのである。

そこで足湯のつぶやきである。足湯のつぶやきは、もしそれが心身がふと緩んだ時に発せられる自然体の本音のことばであるのならば、そこに健康状態の「異常」の予兆となることばが含まれていてもおかしくない。実際、つぶやきが気になるというのは、そのような危険信号が含まれているのではないかという、聞き手（読み手）の疑いの感覚である。とはいえ、上述のように、足湯ボランティアは素人である。本当に「異常」へとつながりうる危機なのかどうか、それを判断する能力は持ち合わせていない。では、どうしたら気になるつぶやきのうち、真に専門家につなぐべきケースを素人が判別できるようになれるのだろうか。

これは素人だけで解決できる問題ではない。そこで専門家の協力を仰ぐべく、東京大学医学部精神健康学領域の川上憲人教授のグループにコンタクトをとり、足湯ボランティアのための「ガイドブック」作成の共同作業を開始することとなった。川上教授のグループとは、最初にミーティングを開いて足湯ボランティアとつぶやきについての問題共有を図った上で、実際のつぶやきを材料としたワークショップを実施した（二〇一三年三月）。作業内容は以下の通りである。

第一に、一万六〇〇〇のつぶやきからランダムに五〇〇〇のサンプルを抜き取り、これを手分けして全員で読んだ。そして第二に、ここから健康やこころの問題に関連しそうなキーワードやフレーズを全て拾い出し、カードに印刷した。第三に、健康領域の素人（ＲＯＡＤプロジェクトの足湯事務局のスタッフやつぶやき分析を行っている東大ネットのメンバー）と専門家（看護師、保健師、臨床心理士などの有資格者）とが組みになって、前に作成した一五〇〇のカードを用い、似た内容のものを集める方法（ＫＪ法）で分類作業を行った。こうして、一〇の大分類と五六の小分類を作成してそれぞれの分類の意味ごとに呼称をつけた上でコード番号を振り、「『つぶやき』こころの健康の分類」を完成させた（表２：「つぶやき」こころの健康の分類）。この作業により、つぶやきにはこころの問題に関連する内容が実際に多く含まれていることが確認された。

表２「つぶやき」こころの健康の分類

A　ストレス
1. 家族間のストレス
2. 仮設（避難所）の環境がストレス
3. その他人間関係のストレス
4. 気を遣うより一人がいい（非交流的）
5. イライラ

B　健康問題
1. 不活発（することがない・活動低下）
2. 不眠
3. 治療・病気
4. 身体の痛み
5. 食欲不振・体重増減
6. 精神不調
7. 疲れ
8. 飲酒
9. その他体調不良

C　将来不安
1. 漠然とした不安
2. 住まいの不安
3. 仕事上の不安
4. 経済上の不安

D　こころの痛み
1. 自責感
2. もうたくさんだ
3. すまない・申し訳ない
4. 死んだほうが良かった
5. やる気減退
6. 無力感
7. 個人を悼むことができない（宗教感）
8. 喪失
   8-1. 家族・大切な人
   8-2. 自宅・財産
   8-3. 仕事・その他
9. 涙
10. 諦め

E　やりきれない（無理解・不平等）
1. 理解されない苦しみ
2. 不平等感
3. 怒り・不満
4. 人への不信
5 惨めさ

F　被災
1. 被災体験
2. 被災による怖さ
3. フラッシュ・バック
4. 回避（拒否／思い出したくない）

G　つながりの欠如
1. 孤独
2. 家族
3. 友人・コミュニティ

H　楽しいつながり
1. 家族
2. 人間関係
   2-1.. 仮設
   2-2. ボランティア

I　希望へのあしがかり
1. 活動・趣味・楽しみを見つけている
2. 感謝
   2-1. 現状への感謝
   2-2. 人への感謝
3. 自分も役に立ちたい
4. 何かをして気を紛らわせている
5. 願望・したい事（生活・家族関係・家など）
6. 希望の芽を見つけた
7. 意欲
8. 立ち直りの一歩

J　頑張らなくちゃ
1. とりあえずポジティブ、頑張る
2. 生き残れたのだから生きなくちゃ

表３　こころの健康の「ガイドブック」キーワードと例文（抄）

《ストレス》

10　家族間のストレス	
言葉	例文
落ち着かない	（家族のことで）落ち着かない
あたってしまう	あたる　夫や息子にあたってしまう
けんか	姉ちゃんとけんかしてる
しゃべらない	家で誰もしゃべってくれない
子どもの心配	
ストレス	
介護	おばあちゃんを家で介護するのが大変
トラブル	仙台の娘のところにいたけど大変だった

20　仮設（避難所）の環境がストレス	
言葉	例文
プライバシー	
寂しい	
仕事がない	
食事	食事があわない（避難所）
きゅうくつ	
暑い	仮設は暑い
狭い	仮設は狭いので息が詰まる
気を遣う	声を出すと隣りの部屋に聞こえて気になる
うるさい	テレビをかけていると隣りから壁を叩かれてうるさいって合図されてそれが一番辛い

30　その他人間関係のストレス	
言葉	例文
寒い	
神経をつかう	
ペット	
仲間はずれ	仲間はずれがつらい
人間関係	
がまん	
よそ者	
ねたみ	周りの妬みとかもあったりする
みじめ	友だちと離れてしまった
	相談できる場所がない
	女性ばかりで入りづらい（集会所）

40　ひとりがいい	
言葉	例文
気づまり	親戚の家に避難したけど、気づまり
気を遣う	人の集まるところは、本当は苦手なの

50　イライラ	
言葉	例文
イライラ	ストレスがたまる

さて、この分類作業を踏まえて、今度は専門家抜きで次の作業を実施した。まず、これまでの逆の手順を踏んで、こころの健康の分類から元のつぶやきに戻り、それぞれの原票にコード番号を転記した。これによって、一つのコードに含まれる複数のつぶやきを直ちにリスト化して並べて読むことが可能となる。このリストから、キーワードとなりそうな語や典型的な例文を拾い出すことを行った。この結果、心の健康の分類の一つ一つの項目ごとに、キーワードと例文を対応させることができた（表3：こころの健康の「ガイドブック」キーワードと例文）。「ガイドブック」で求められているのは、つぶやきを聞くことで、そこにある種のことばや言い回しが登場したときに、これは危険信号かもしれないとボランティアが感じ取れるヒントを作ることである。だからこそ、被災者のこころの健康状態を示唆するようなことばやキーワードや典型表現を、実際のつぶやきの中から探し出してくる必要があったのである。

次に、作業で見えてきたこころの問題とつぶやきの表現の対応関係を表にまとめ、現場をよく知る数名の足湯コーディネータに見てもらった。そこから、彼らが実際に体験した事例を想起して記述してもらい、典型的な事例集を作成した。今度は、この事例集を災害看護、臨床心理、宗教者といった専門家に見てもらい、専門的見地からどのように対処すべきと考えられるのかを伺った。現場のコーディネータがここに挙げられた典型的事例に遭遇した場合に、専門家につなぐべきなのか経過観察にとどめるべきなのか、つなぐとしたらどのようなつなぎ方が考えられるのか等についての意見を示してもらうことで、今後の足湯コーディネータの判断材料にしてもらうためである。ここまで来てようやく、被災者の発したどんなつぶやきがこころの問題につながりうるのかを、事例集というリアリティをもって語ることが可能になったのであり、専門家が監修した対処法も併せて示すことができたのである。

「ガイドブック」は二〇一五年六月にいったん完成となるが、もちろん、常に現場で発生した事例からフィードバックさせながら、内容は随時改訂されていくことが想定されている。時の経過とともに充実したガイドブックになっていくことであろう。現地で足湯を支えるコーディネータがこれに目を通すことで、被災者の発する危険信号を受け止める心構えを少しでも身につけることができるようになれば幸いである。

5　つぶやきを分析することの意味

ここまで、本章ではつぶやき分析の経緯とその一つの成果となる「ガイドブック」作成について紹介してきた。まとめとして、つぶやきを分析することが有する意味について論じて、章を閉じたいと思う。

(1)　被災者への貢献

今回、つぶやきの分析から見えてきたのは、つぶやきの中には被災者の体や心の健康に関する事柄が多く含まれているということである。これまで述べてきたように、特にこころの問題についてはつぶやきの分析に端を発して、現場で専門家につなぐしくみづくりが進んだり、「ガイドブック」による危険信号の察知のしくみなどが始まってきた。これらは間違いなく被災者支援の動きである。

一方、ここではまだ分析できていないが、今後の復興のあり方や仮設住宅の環境改善、ニーズの汲み取りなど、さらなる分析を試みることで被災者の声を聴き取り、政策や支援のあり方につないでいくことは十分可能であると思われる。このように、被災者に対する具体的な支援につなげていけるというのが、つぶやき分析の一つの意義であろう。

(2)　足湯ボランティアへの貢献

足湯が被災者に役に立っていることがつぶやきの分析からはっきり見えてきている。つぶやきカードの備考欄（ボランティアがその時の様子を記述）からは、家族や近隣の人に言えない話を遠くから来た外部のボランティアだからといって語る様子がしばしば書かれているが、このような内容を話せる場を提供しているということは、それだけで被災者の気持ちを和らげる効果を持っているといえる。また、足湯への感謝の多さ、リピーターの多さ、また来て欲しいという言葉、これらは足湯が癒やしにつながっていることの証にほかならない。足湯をやってよく眠れるようになったとの声も、健康面での効果が確実に存在していることを裏付けている。

つぶやきを聞くことや記録することによって、このようなことが明らかになる。つぶやきを分析してわかったことをボランティアにフィードバックすることで、ボランティアの足湯への取り組みがまた一段と熱心になる。ボランティアの足湯交流会の場においても、実際にそのような声がボランティアから聴かれている。

（3）一般ボランティアと専門職との協働

阪神淡路大震災で注目され、すっかり定着した災害ボランティアは、がれき撤去やどろ掻き、家の片付けなどの俗に「ガテン系」と言われる作業をこなしてきた。ほかにも避難所の設営や運営に関する手伝い、救援物資の仕分けや配布など、人手が必要なところに外部支援の一般ボランティアが入って活躍する様子は、今では見慣れた光景である。その特徴は、誰でも支援の志があれば現場に入って手伝いができるということであり、特別の技術や知識を必要とはしない。

その一方で、阪神淡路大震災で必要性が指摘されるようになったのが専門職ボランティアである。専門職ボランティアは、職能を持った人たちがその専門的技術や知識を被災地などで発揮するボランティアとして、医療や福祉、建築、法律など、多様な分野に渡って存在している。

これまで、被災地においては一般ボランティアの活動と専門職ボランティアの活動とはあまり交わることがなかった。専門性を有する問題については一般ボランティアの出る幕ではないとされたし、専門性を有している人はその専門性を活かした活動をすべきであって、誰でもできる一般ボランティアの仕事をやっても仕方がないというわけである。暗黙の内にこの境界ができているように思われるが、足湯のつぶやきを介した健康問題へのアプローチは、一般ボランティアと専門職ボランティアとの協働といえる数少ないケースである。つぶやきのような本音は専門家では逆に聞き出すことが難しい話であり、それぞれの長所をつなぐことで成立する支援であるという点に注目すべきであろう。

(4) ボランティアの後方支援

従来の災害ボランティアのイメージは、被災地の前線に出向いていって、そこでのニーズに対応することで被災者の支援を実施するというものであった。その際に、ボランティアの基地が必要になったり、ニーズとボランティアとを結びつけるコーディネートが重要な役割を果たすといったことは、実践的な課題としてこれまでも議論されてきた内容である。

けれども、ボランティアが前線で安定的に活動を展開するためには、ボランティア自身に対する精神的なケアが必要なことが、今回のつぶやき分析の過程で見えてきた。ボランティアは被災者と直接向き合いながら様々な話を聴いている。その中にはかなり悲惨な被災体験談も含まれるし、ボランティア個人の力では解決のしようもない被災者の置かれた厳しい現実を知らされることもある。そのような時、ボランティアは被災者に過度に同化してしまうことがある。そして自身の無力さを実感し、ボランティア自身も傷つくのである。燃え尽き症候群(burnout syndrome)ということばがある。仕事などに熱心に打ち込んだ後、急に意欲が減退し、感情が失われたようになって、自責の念を誘発するような症状を指す。災害ボランティアも、被災者のために必死に活動する傾向が強いため、この燃え尽き症候群にかかりやすいといわれている。

要するに、ボランティアもまた傷つきやすい存在なのである。だからこそ、そうしたボランティアに対する精神的なケアは重要である。重い話を聴いて、一緒に暗くなってしまったのでは、被災者の自立支援どころではなくなる。ボランティア個人個人に対して、そこまで重い荷物を背負う必要がないことを的確に伝えなければならない。このことは、ボランティアが個人で全てを引き受けるのではなく、集団化し、複数化することに意味があるのだということを示唆している。ボランティアの後方支援体制をいかに確立するかというテーマは、従来は組織論的な観点からの議論しか存在しなかったが、今後はもっと様々な形で前線のボランティアを支える議論を組み立てていく必要があろう。

※本稿のもととなる研究の一部はＪＳＰＳ科研費２４５３０６１３の助成を受けている。

［文献］

似田貝香門編（2008）『自立支援の実践知』東信堂

2 いっとき傍らに立つ

つぶやきから見る被災者の苦闘と足湯ボランティアの意義

三井さよ

1 「被災者」の前に固有の人として

足湯ボランティアの書き留めた被災者のつぶやきは、いわゆるインタビューデータとは異なり、足湯を受けながら被災者が語るともなくつぶやいた言葉である。

その内容は非常に多岐にわたる。今日の天気に言及されたり、避難所や仮設住宅の環境について触れられたり、被災した人自身の生活史、ボランティアと共通の関心事や趣味、あるいは現状の生活への不満など、挙げればきりがない。たとえば足湯ボランティアにも関心を向け、「息子の嫁になってもらえないかしら?」（2011/4/11 郡山六〇代女性 1781）と誘うものもあれば、「人生は階段のようなものだ。男も心で選ばないとだめだ」（2011/5/21 郡山〔年齢不明〕男性 3312）、「人生の勉強をしていきなさい」（2011/8/30 山元町七〇代女性 5764）と人生訓を話すこともある。そして、ほとんど話さずに帰っていくこともある。

こうしたつぶやきの数々を読んでいると、「被災者」などという人はどこにもいないのだと痛感する。確かに被災はしており、そのことが生活に大きな影響を与えている。だが、この人たちは「被災者」である前に、固有の人である[1]。自分の人生を生き抜いてきて、他者とかかわり、ときに怒り、ときに相手を思いやり、毎日を生きているのである。単にケアされるだけの受け身の存在ではなく、自らの生活を再建する主体であり、足湯ボランティアを気遣う主体でもある。

私自身、当初はつぶやきから被災者のニーズを読み取ろうとしていたのだが、読み続けるうちに、それができなくなってしまった。非常に多彩なつぶやきを読むうち、そのような姿勢が傲慢なものに思えて維持できなくなったのである。

このことは、実は足湯ボランティアの意義を考える上でも決定的に重要な点である。足湯ボランティアには、まず、足を温めるということ自体に東洋医学的に意義がある。そして特につぶやきに関するものとしては次の二つがよく指摘される。第一に、足湯を受けながら被災者がふと洩らすつぶやきから、被災者のニーズが見えてくることがある。第二に、被災者が自らの心情を話し、それをボランティアが聴くということ自体が、簡易なカウンセリングとして機能することがある。

ただ、これらの意義だけでは足湯ボランティアの意義は捉えられない。たとえば、それぞれの意義を追求しようとすれば、東洋医学の専門家や、医療・福祉や心理学の専門家の方が、より高度なケアや支援を提供できるように見える。だが少なくとも、足湯ボランティアの派遣・受入を行うコーディネーターたちは、そのようには考えていない。足湯ボランティアが事前に受ける研修を高度化しようという議論が持ち上がったこともないわけではないが、コーディネーターたちはそうしようとはしなかった。おそらく、個別の意義に還元できないような、もう少し根底的な意義があると捉えられているからである。

従来のケア・支援論――それも特に医療・看護・福祉などの文脈における――では、まず相手のニーズを判断することが重視される。発見されたニーズによって、素人ができるもの（がれき撤去など）や専門家が対応しなくてはならないもの（精神医学的な問題など）に分けられ、それぞれに応えていけばいいとされる。カウンセリングについても、ただ耳を傾けることの重要性が強調されることも多いが、それでも専門家は常に相手の状態について推し量り、ニーズを探っている。

足湯ボランティアがこれらのことと関係していないわけではない。だが、これら従来のケア・支援論では捉えきれない地平に、足湯ボランティアがなしていることがある。

本章では、足湯ボランティアの意義を、ニーズ発見や簡易カウンセリングなどの意義に還元するのではなく、考えてみたい。そのためには、足湯に訪れた人たちのつぶやきとは何か、そこから何がかいま見えるのかを考える必要がある。

2 〈思い〉をつぶやく／全身で聴く

(1) つぶやかれる〈思い〉

まず確認したいのは、足湯に訪れる被災者たちが洩らすつぶやきとは何かという点である。先に述べたように、つぶやきからは、人生を生き抜く主体としての人々の姿が見えてくる。だが、だからといって、その人たちが無傷であり支援を必要としないということにはならない。つぶやきから同時に見えてくるのは、「つぶやく」という形で吐露されるような〈思い〉は、確かに残されているということである。

端的な例として、いわゆる喪失体験にかかわるようなつぶやきについて考えてみよう。II部1章でも指摘されているように、震災・被災体験や喪失体験に言及するつぶやきが現れる率は、月ごとに見ても二年間でさほど大きな変化は見られない。もちろん、初めて会うボランティアに自己紹介代わりに震災時のことを話すということも考えられるのだが、実際に一つ一つのつぶやきを確認してみると、ほぼ毎月のように、決して自己紹介程度に話したとは思えないものが出てくる。

まず、多くの被災者が避難所で生活していた時期のものから取り上げてみよう。

あなたの手、温かいわね。今なんでもないことで涙がこぼれて……（隣の女性が「娘なくしたんだもの当然よ……今まで忙しすぎて泣く暇もなかったのよ。」）（2011/5/5 石巻六〇代女性 1505）

何もかも流されて、もう海には戻らんね。他の人は分からんけどオレはもういい。兄弟がまだ見つかってない。もうバラバラだろうなぁ。手とか足とか見つかればいいんだけどな。娘は四月六日に見つかった。三キロ離れたガレキの中だった。初めは見つからなかったけど、重機が入ったら、出てきたそうだ。まだ顔が分かったから良かったよ。氷づけにするのがかわいそうで盛岡まで運んで焼いたよ。やっと最近涙が出るけど、もう海には戻らん。他の家族も海には行ってほしくない。（2011/6/21 釜石五〇代男性 3227）

あまりにもいろいろありすぎ、心がついていかない。季節の移り変わりにも実感わかない。おばあちゃんが津波に流されてしまった。旅行に行っていていずれ帰ってくるような気がしてしまう。こんなことが本当にあるのかという感じ。（2011/7/7 陸前高田五〇代女性 4452）

津波で家内を亡くしてね。あのときは、金融機関が一五：〇〇まででしょ？　手続きサ行ったらその時に揺れてネ。まだ最後まで終わらないうちに家サ戻ったんだども、家サ行ったら家内が寒いって言ってネ、毛布とかかけてやったら大津波の警報来て……家内は障害あるから逃げられないでしょ。あっというまに家も家内も流されてしまって……すみません（涙を流されていた）。私も震災後右足がしびれあったりして大船渡病院サ行ったけれども、いろいろ思い出があるでしょ。思い出してしまって。家内が脳外科サ通ってたから、

（死亡の）報告をしたら先生になぐさめでもらって、泣いてしまった。すみません。すみません。（2011/7/29 陸前高田八〇代男性 4721）

仮設住宅へ移転し、生活が一定程度安定してからは、もう少し震災当時を別の視点から振り返るものが出てくる。特に、そのときの自らの判断をそれで「よかったのか」と悔やむものが目立つ。

少し高いところに住んでいて、津波が来たときは、とにかく下の人を助けなきゃいけないと思って走り回った。何軒も行ったけど、中には助けられなかった人もいた。一緒に目指した避難所が流されていて驚いたし、そこでもまた避難所にいた人を助けようとして必死だった。助からない人もいたので、そのような行動でよかったのかどうか悩んだ。消防の人たちなどがいなかったので、自分の考えで必死にやるしかなかったけど、今でも考えてしまう。（2011/10/19 遠野七〇代男性 7307）

八ヶ月たって、落ち着いてきて、今が精神的に一番辛い。人がいれば、集会所に来るようにして、明るく振舞うけど、本当はすごく辛いんだよ。津波が来て、妻と二人で山に逃げたけど、そのあと二ヶ月たって、亡くなった隣の人の息子さんに「なんで母親に声かけてくれなかったの」って言われたのが一番辛いね。（2011/11/18 石巻 60 代男性 7718）

こうしたつぶやきは、時間が経っても目に見えて増減しない。二〇一一年の末になっても、二〇一二年に入っても、やはり現れ続ける。

まさかこうなるなんて思わなかったわ。誰も思ってなかったでしょう。津波の時、家にいたの。子供が新しく高台に家を建てて、私たちは二人で家にいたんだけど、子供が書類忘れたって戻ってきたの、それで車で助けられたの。家にいたらねえ。いろいろ思い出すのよ。あの時死んでいたら子供孝行だったのかしらとか思って。（2011/12/25 七ヶ浜七〇代女性 13612）

弟は一〇日後にみつかった。必死で探して、安置所を無我夢中で回って自分で遺体を確認したけど、今になって悔しくて。（義理の）妹は、福島のいわき沖で見つかって、四月一〇日に見つかってたらしいけど、ＤＮＡ鑑定で分かったのは八月三〇日。もう火葬されていたから、何もしてあげられなかった。一生ひきずるんだろねぇ。（2012/1/20 山元四〇代女性 8900）

津波で家族五人いなくなっちゃったからねえ…娘は優しい子でね。色んな人に言われるのよ。今日は私誕生日なんだけど、いつもは娘が祝ってくれてたんだけどねぇ……母の日も近いでしょ。だから一緒にやってたんだ。やっぱり夜はさみしいね。一人でいると。泣ける日もあれば泣かない日もあって、この一年は早かったね〜。もうこの歳だし、先のことなんて考えられないんだ。最近になって、娘や孫が死んだって思えるようになってきたんだ。（2012/5/12 石巻七〇代女性 11749）

今がね一番辛い時期なの。仮設のみんなが感じてることね。物資は行きわたってる、住むところもある。でも一年以上経って、心の問題ね。それがとっても深刻。話す相手もいないし、話す場所もないし。こうやってさ、向き合って聞いてくれるところもないし。（2012/6/23 石巻三〇代女性 12276）

震災から時間が経つにつれて、被災地であっても、震災について、あるいは喪われたものについて語る機会は減ってきているだろう。だが、それは喪われたものへの〈思い〉が薄らいだということを意味するわけではない。明示的に「語る」ことは少なくなっていたとしても、足湯を受けながら、ふと「つぶやく」ことはある。つぶやきは、こうして洩らされるものである。

ここではつぶやきに表れている被災者の心情を、感情としての名前を安易に付与できないことから〈思い〉と総称することにしよう。一方では悲しみでもあり、ときに怒りでもあり、苦しみでもあり、また悔悟の念でもある。ふとしたつぶやきの中には、これらには区分しきれない〈思い〉がこぼれている。また、〈思い〉は言葉にすらならないときもある。つぶやきデータには原則として言葉にされたものしか残されていないが、備考欄での記述他から浮かび上がるのは、言葉にならない〈思い〉もまた、吐露されていることである。終始黙っていた人、ただ「ありがとう」しか言わなかった人、ぽつりぽつりとしか話さなかった人、その人たちからもボランティアは言葉にならない〈思い〉を受けとめている。

(2) 足湯ボランティアの聴き方——専門職との違い

足湯ボランティアは、これらの〈思い〉を、全身で聴く。足湯ボランティアの書き取ったつぶやきカードを見ると、中にはびっしりと書き切れないほどの量を書いている人がいる。被災者の〈思い〉をそのままに受けとめてしまい、それをとにかく何とかしたくてひたすらに書いたように見える。

逆に、足湯ボランティアに行ったことがあるという学生から、「実は、聞いたことの半分も書いていない」と言われたこともある（コーディネーターからは「つぶやきは可能な限り書き取ってほしい」と依頼されているのだが）。足湯を提供しながら話を聴くときは、そのことに手いっぱいで、後から思い出そうとしても断片的にしか思い出せないこともあるという。また、「僕だから話してくれたことだと思うと、とても書けなかった」こともあるという。

こうした聴き方は、いわゆる医療・福祉専門職（あえて極端な像を描くが）による聴き方とは少し異なるものである。医療・福祉専門職であれば、「病気」あるいは「異常」などの状態になっていないかをまず確認し、そこにニーズがないかを探ろうとする。そして、より望ましい方向へと方向づけようとする。専門職として教育・訓練されるということは、素人には見抜けないニーズを見抜けるよう、常にアンテナを張り、望ましい方向へ向かう道筋を探るようになるということでもある。

だが、足湯ボランティアの多くは全くの素人であり、支援活動に携わった経験すら持たない人も多い。そのため、その人のニーズを読み取ろうとするより、ただひたすらに、その人の苦しみや悲しみ、葛藤などの〈思い〉を、それとして受けとめてしまう。だから一方ではびっしりと書き切れないほどの量を書くのであり、他方では書けなかったり、あえて書かなかったりするのである。

そして、実はこうした聴き方に、それとして意義があるのではないか。先にも述べたように、ニーズ発見やカウンセリングとしての機能を足湯ボランティアに求めるのであれば、こうした点は是正されたほうがいいということになるかもしれないが、少なくとも足湯ボランティア派遣を企画・運営するコーディネーターたちは、そうしようとはしない。たとえばニーズの発見を念頭に置くなら、聴きだすべきポイントがいくつか出てくる（たとえば「寝ていない」「食べていない」「風呂に入っていない」など）。だが、これらについても、つぶやきとして洩れてきたら報告してほしいと依頼するに止めており、足湯ボランティアからの質問は原則としてしないことになっている。同様に、足湯ボランティアが実質的にカウンセリング的な機能を果たしていることは繰り返し指摘されており、カウンセリングの簡易研修を受けたほうがいいかという話が出たこともあったが、コーディネーターたちはそれを採用しようとはしなかった。

もともと、足湯においては、つぶやきは副産物である。まずなされるのは足湯の提供である。つぶやきが重視されるようになったとはいえ、あくまでも副産物として出てきたつぶやきが重要なのであり、つぶやきを聴き取ることが主目的ではない。つぶやきを聴き取るのが主目的になってしまえば、いまは話したくない被災者や、黙って足湯だけ受けていく被災者に、無用な質問をするような場面も出てくる。それでは、足湯という時空間の性格が変わってしまう。コーディネーターたちはそのように位置付けている。

では、ニーズを発見して応えるという発想ではない聴き方をしているのだとしたら、それがいったいどのような意義を持つのだろうか。この点について考えるためには、まずつぶやきに示される〈思い〉の内実に踏み込まなくてはならない。

3 周囲との関係の激変

次に、つぶやきの中に示されている被災した人たちの姿に目を向けていこう。つぶやきで示される〈思い〉は先述したように実にさまざまだが、膨大な数のつぶやきから見えてくるのは、被災が、さまざまな人やモノとの関係が激変させられるという経験だということである。自然物や世界、あるいは身近な人たちとの関係、そして生活のありようや生き方などとの関係が、震災や津波、原発事故とともに激変している。

(1) 自然・世界との関係の激変

まず挙げたいのは、自然や世界との関係の激変である。つぶやき全体の中で突出して多い表現のひとつが、「流された」というフレーズである。「家が」「土地が」「家族が」という言葉と結びついていることも多いが、「全部」「何もかも」という言葉と結びついて出てくることが多い。これは、具体的には家や土地、家族など流されたという意味だろうが、おそらくそれだけではなく、それまでその人がその土地や自然物との間に築いていた関係が丸ごと変わってしまったことを意味しているのだろう。

その他にも、「自然の力ってのには人間はかなわないよ」（2012/1/15 気仙沼〔年齢不詳〕男性 9499）「ほんとに自然は恐ろしいねぇ。あんなにきれいなのに、元旦の初日の出とか、それなのにまぁ、恐ろしいねー」（2012/1/7 岩沼七〇代女性 9426）といったつぶやきも多くみられる。「海が汚くなっちゃって、あんなの女川じゃない」（2011/6/16 石巻六〇代女性 3908）と、以前から慣れ親しんでいた自然や世界との断絶に対する〈思い〉が吐露されることもある。

このように自然や世界との関係が激変してしまうと、「景色」も違って見えてくる。それは生活そのものも変化させてしまう。

> 毎日新聞見るしかなくて、歩くことが極端に減った。散歩するにも、景色もあんなだし、おっくうになってだめだ。坂道を歩くのも非常に辛い。震災当時、おれは三階に逃げて、自衛隊のヘリで助かったけど、ヘリから降りて避難所に行く間の道で遺体を見てしまい、普段なんともなかった坂道で三回も休憩してしまった。その時のことを今でも思い出してしまう。悲しいというより、なんとなくなくなってしまったという感じ。
> （2011/5/11 遠野六〇代男性 1659）

「景色」が激変してしまい、また震災当時の記憶が蘇るため、散歩も「おっくうになって」しまったという。その〈思い〉は、「悲しい」と名付けられるほど単純なものではない。ただ「なんとなくなくなってしまったという感じ」と述べられるだけである。

（2）家族や友人との関係の激変

被災は、身近な他者との関係も大きく変化させた。実に多くの方が亡くなられた。つぶやきの中でも、多くの家族や知人を亡くしたという言葉が頻出する。その方たちへの〈思い〉が震災から二年間が経ても、変わらず残り続けていることは、先述したとおりである。

そして、身近な人を亡くしたことは、その人自身の生活も大きく変えていく。次に挙げる男性のつぶやきは、そのことをよく示している。

俺も震災で友達七人亡くしちゃってさぁ。そうすると自分が友達の家に訪ねていく日が七日間なくなって、友達が自分の家に訪ねてきてくれる日が七日間なくなっちゃって。合計二週間そういう日がなくなっちゃうわけよ。（震災でなくても）歳をとるたびに、周りの友人が亡くなっちゃっていって。年寄になるとそういう悲しみが増えるよね。（2012/3/17 石巻七〇代男性 10976）

身近な他者との関係の変化は、その後の避難生活の中でも生じうる。避難所は集団生活であり、認知症や障害を持つ人たちが暮らすのは容易なことではなかった。そのため、「認知症のおばあちゃんはよそで預けてるよ。一緒じゃ生活できない」（2011/4/18 石巻四〇代男性 716）とあるように、同居できなくなってしまったこともある。また、仮設住宅は、ケースにもよるが、狭くて大家族で同居することができないことも多かった。「家族九人は全員無事。仮設だと一緒に住めないのが大変（二ヶ所にわかれている）」（2011/8/19 気仙沼八〇代女性 1425）という人もいる。

そして、避難生活の中で家族関係が悪化してしまうこともある。「震災後に主人の実弟宅に世話になったが途中で出て行くように言われ、それまで仲の良い兄弟が喧嘩状態になってしまった」（2012/9/23 釜石六〇代女性 14554）と、避難生活の中での家族関係の変化に触れられていることもある。知人との関係についても、「これまでいろいろあったけど、今回の震災で親しかった人も信頼できなくなってしまった。もう信用することはないだろう」（2011/5/6 石巻六〇代男性 1539）と述べる人もいる。

（3）仕事がない＝することがない

被災は多くの人から仕事を奪った。被災地のお年寄りの多くは無職の隠居者ではなく、現役の農家だった。その畑が津波や放射能もれ被害によって失われてしまった。それが生活に激変をもたらしている。「今まで畑仕事をしてきた。野菜を育てると、育てる楽しみもあるし、食べる楽しみもあるからいい。だけど、もう全部流されてしまった」（2011/6/14 陸前高田七〇代女性 2932）と洩らす人もいれば、「昔は農家やってたんだ。今は放射能のやつで作ってないけど昔は色々作ってたよ。毎日暇だよ。本当だよ。何もすることがないんだもん。仕事もなくて、作られたもの食べてただけだからね」（2011/8/28 郡山八〇代女性 6245）とつぶやく人もいる。

こうした言葉が頻出するようになるのは、二〇一一年夏に仮設住宅に移転した頃である。生活が安定してから、かえって「することがない」現状が浮かび上がってくるのだろう。同じ頃、震災以前の生活といまを比較し、将来への不安を口にするつぶやきが増えてくる。「命が助かったのは嬉しいが、生きていても地獄と感じる時がある。寝て、起きると仮設の天井が見えた時に、夢じゃないんだと思う。まだ受け止められない現実がある。これから先が本当に不安」（2012/7/21 釜石五〇代女性）と述べる人もいる。

そして、仕事を失うことは、それまでの生き方を失うことでもある。「仙台いちご」の農家だった人は、次のように述べている。

四〇代、五〇代になって新しく仕事をやりだすことは難しい。この辺は「仙台いちご」が有名で、いちごの団地がいっぱいあったが津波で流された。植えて収穫するまで一年。休める日は年に三日だけ。いちご農家の友達に、よそで獲れたいちごを持ってきてくれた方がいた。でも、友達はいちごを見れないといった。それを聞いたとき、胸がざわっとしたよ。いつか自殺者が出るよ。(2011/6/25 亘理六〇代男性 3685)

仕事を失うことによる生活の激変は、その人の生きるということそのものを侵食するようなものにもなりうるのである。

このように、被災という体験は、自然や世界、人々、あるいは生活全体との関係を激変させられるという体験でもある。そして、具体的な激変のありようは、人によって実にさまざまである。海に戻りたいという人もいれば、二度と海にはかかわりたくないという人もいる。家族を失った人もいれば、家族とのつながりが強まった人もおり、残された家族同士の関係が悪くなってしまった人もいる。仕事を失うことの捉え方もさまざまである。それまでのその人の人生やそれらとの関係のありようによって、また震災のときに被った被害によって、激変の仕方もさまざまなのである。それぞれがそれぞれの関係の激変の只中で、葛藤したり、怒りを覚えたり、悲しんだり、さまざまな〈思い〉を吐露している。

4 関係の再編に向けて

だが、日々は続く。「こんなはずではなかった」「以前はこうだったのに」「これからどうなるのか」という思いを抱きながら、それでもまた日々を生きていかなくてはならない。だから、被災した人たちは、その人たちなりに関係を再編したり、新たに構築したりしようとする。失われた人間関係を取り戻せないのなら、いまそばにいる人たちと新たに関係を作ろうとする。失われた自然や世界、仕事との関係を取り戻せないのなら、新たにまた住む場所を探し、生活を再建しようとする。

つぶやきの中からは、そうした関係の再構築に向けて、被災した人たちがさまざまに努力していることがうかがえる。そして同時に、それが必ずしも容易なことではないこともよく見えてくる。

（1）人間関係の再構築とその困難

たとえば人間関係については、時系列でとらえると明確に一定の流れが見えてくる。避難所に入った当初は、避難所内での人間関係についてこぼしているものが散見された。たとえば「みんなピリピリして言い争いが多い。この間もケンカするなって止めた。こんな状態じゃしょうがない」（2011/5/11 郡山六〇代男性 1797）とあったり、「私ね、避難所に九〇日間いたの。痴呆のばあば抱えててね、おむつ変えるときに、周り八〇人くらいいるんだけど、いじめられたわ」（2011/8/31 山元五〇代女性 5832）と述べる人もいる。

だが、二〇一一年五月頃になると、むしろ避難所で出会った人たちとの関係を「家族のよう」と述べるようになる。「今は少人数でとても仲が良くなったのに仮設住居でバラバラになるのが怖い」（2011/5/17 女川〔年齢不明〕女性 2020）「避難所に二月も一緒に住んでいると、家族のような感じになる」（2011/5/21 石巻五〇代女性 2320）などの言葉が挙がるようになる。被災した人たちが、新たな環境の中で人間関係を編みなおしていることがうかがえる。

ただし、「家族のよう」になったからといって問題がなくなるというほど単純ではない。人間関係はもう少し複雑である。たとえば五月になっても、「家族のよう」になっていると言いつつ、「避難所の中は、家族を亡くした人に気を遣って、色々と、ちょっとしたことで、諍いが起きたり、一言一言がずっと突き刺さってくる。気晴らしに歌うしかない」（2011/5/20 気仙沼八〇代男性 2484）という人もいる。

そして、避難所はあくまでも一時的な住処である。二〇一一年の夏頃には、仮設住宅への移転が始まった。仮設住宅への移転は、ときに、再構築した人間関係がもう一度バラバラにされることを意味した。東日本大震災では、これまでの震災での経験から学び、部落ごとの入居となった地域も多かったのだが、それでもすべての仮設住宅で徹底できたわけではない。「避難所では近所の知り合いがいたからまだよかったけれど、仮設に入ってからは知り合いが全くいなくていつも一人でＴＶばかり見てたけど、足湯がきっかけで外に出られてよかった」（2011/7/19 亘理六〇代女性 4290）と述べる人もいる。

だが、数ヶ月をかけて、徐々に人間関係が育まれていった。つぶやきからもそのことはうかがえる。「今日役場でまた物資があるって聞いたからこれから行ってくるの。あそこにいる人と。全く知らない人だったんだけど友達になったのよ。ここは知っている人いなかったから……」（2012/2/19 山元八〇代女性 9701）、「地震や津波では皆、恐い思いをしているよ。ここで、皆で泣いていたよ。でも集会所で集まるようになってから皆明るくなってきたよ」（2011/11/12 七ヶ浜六〇代女性）といった言葉が洩らされている。

それでも、人間関係は一律に育まれるようなものではない。多くの人がいれば、自然と内部で集団も複数生まれる。集会所が重要な機能を果たすのは先に挙げたつぶやきに示されているとおりだが、集会所を使うのも特定のグループになる傾向が出てくる。「一年以上過ぎて集会所に集まって来る人も同じ方ばかり、いつものメンバーが集まって話をしているとその輪の中に入りにくい感じがする」（2012/9/13 山元七〇代女性 14661）。

これらのことを、被災者＝住民だけで変えていくのは容易なことではない。寄り添って生きる人たちだからこそ避けられない対立や葛藤もある。こうした声が出てくると、被災地に常駐する支援団体は生活支援員と協力し、別の集まる場所を紹介して利用できるようにするなど、個別具体的な対応を重ねたようである。

身近な人たちとの関係が激変する中、多くの人達がその人たちなりの形で人間関係を再編、あるいは新たに構築していった。ただ、一律に人間関係が再編・再構築されたからよかったといえるほど単純な話ではなく、苦闘の中でさまざまな〈思い〉を抱えてもいるのである。

（2）生活の再建とその困難

つぶやきからは、生活の再建に向けても、被災者たちがそれぞれに細やかな工夫をしながら取り組んでいることがうかがえる。避難所の中でも、風呂に入れない中で足湯を活用し、栄養のバランスに欠けた食事に耐え、手洗いで洗濯し（足湯では手を揉むので、手荒れについての言及が多く、そこから洗濯の話になることがある）、夜眠れない生活にも耐え、人に気を遣い、日中は家の片づけをしたり、仕事に行ったりしている。仮設住宅でも、決して住環境がいいとは言えず、狭い、暑い／寒い、湿気がたまる環境のようだが、こぼしながらも生活を続けている。「バスタオルをまいて風呂のフタを半分して入ると温かいのよ」（2011/11/22 七ヶ浜六〇代女性 8719）と工夫を重ね、病院に通うのにも苦労しながら、それでも何とか生活を続けている。

ただ、今後生活をどう再建していくかというときには、実は多くのことが一人では決められない。たとえば、将来的にどこに住みたいかということもそうである。なぜなら住むということは共同行為だからである。「家も二階は残ってたから建て直して住もうと思うんだけど、周りに何もないのも怖いから、みんなが帰るときに一緒に帰ろうかと思って」（2011/8/26 山元八〇代女性 5596）、「自宅一階がダメでリフォームしようと思ったが周りも引っ越したり、小学校も四校のうち二校がダメ。別に家をとなると、二重三重のローンを抱えることもできないし……考えてしまう」（2011/10/30 山元三〇代女性 7893）というように、たとえ家が残っていたとしても、近隣に誰もいなければ住むことはできないし、小学校がなければ子どもの通う先も遠くなる。家や土地は個人の資産とされるが、「住む」ということは単独で成立することではないのである。

仕事もまた、いかに探したとしても見つからないこともある。「前は温泉で受付してたんですけどねー。二週間位して連絡取れるようになったら、次の仕事探して下さいって言われて。税金も最近上がるって言ってたでしょ? 不安ですよねー仕事もなかなかみつからない。明日（町の）臨時職員の試験なの。緊張するわー」（2011/11/14 亘理四〇代女性 8025）とつぶやく人もいる。また畑をやりたいと思っても、仮設住宅のそばでは土地が見つからないということもある。

そして、本人の気持ちもある。

水産加工工場で仕事してたけど全部流されちゃって。また始まるからどうする?っていわれたんだけど、なんか今はやる気にならなくて。一日やること九時には終わっちゃって、テレビを見るしかなくて。毎日なんか震災のことやってるからつい見ちゃうけど。嫁さんには見ない方がいいんじゃないの、って言われるんだけど。この仮設は知らない人ばかりでなんかね。震災直後より今の方が、またいろいろ思うね……。足湯気持ち良かった。ありがとうね。（2011/9/24 石巻六〇代女性 6731）

このように、生活の再建に向けて、被災者たちはそれぞれ努力しているのだが、それでもやはり困難は多く、ときに「今はやる気にならなくて」という〈思い〉に囚われる。確かにその人ごとに日々を工夫し、生活を再建しようとしているのだが、それもまた何度も壁にぶつかりながらのことである。

5　ケアや支援の基盤となる関係性――いっとき、苦闘する人の傍らに立つ

では、そうした被災者の姿に際して、足湯ボランティアには何ができたのか。つぶやきから読み取ってみよう。

（1）ネガティブな〈思い〉とポジティブな言葉

まず注意したいのは、つぶやきの中でもっとも多いのが、足湯への言及であり、またその多くが感謝だということである。そしてさらに注目したいのは、同じつぶやきの中に、苦しみや悲しみなどのネガティブな〈思い〉への言及と、お礼や感謝などのポジティブな言葉が、同時に入っていることである。いくつか例を挙げよう。

三〇年畑を、九年漁業をやってきたけど、全部ながれちまって、何も残ってない。死ねば良かったのに、生きてしまったからなあ。生きてて良かったのかなあ（繰り返す）。母ちゃんがいるから、まあ、なあ。（足湯が終わってから）元気になった。マラソン出られるかも（笑顔）。（2011/4/6 七ヶ浜七〇代男性 1460）

「生きてて良かったのかなあ」と〈思い〉を洩らしているのだが、足湯が終わるころには「元気が出た」「聞いてくれて有り難う」という。〈思い〉を聴き、受け止める人がいることが、この方にとって何かの意味を持っていたことが示されている。

次に挙げるつぶやきでは、（　）内がボランティアの言葉だったようで、ボランティアとのやり取りの中から〈思い〉を整理していった様子がうかがえる。

ずっと畑とたんぼやって来たから、働いていればよかったんだけど、今度全部流されて無くなったでしょ。皆いろいろしてくれてあれもこれも持って行けって言ってくれるけど、人からもらった事ないから、もらえないの（私も誰かにしてもらっているから、してあげるの全然いいんです）そーだね、順番にみーんな人にしてもらって、人にしてあげるんだよね。今度よくわかったの。今までテレビ見ても、あんまり気にしてこなかったし……。でも、畑なくなって一日が長くってね。ずっと外で働いてたから……（2011/8/3 陸前高田八〇代女性 4892）

このように、当初は「人からもらった事ないから、もらえないの」と言っていたのが、ボランティアと話すうちに、「順番にみーんな人にしてもらって、人にしてあげるんだよね」とつぶやくようになっている。

ボランティアが何か特別なことをしたわけではない。ただ足湯を提供し、被災者がつぶやくのであればそれを全身で聴いていたというだけである。それでも、そのことに対して被災者がこれほどまで明確にポジティブな言葉を述べているのである。

もちろん、ボランティアへの気遣いもあるだろう。たくさん話した後で、ふと相手を気遣うことはよくあることだ。だが、気遣いをあえて示したいと思えること自体に、被災者が何かを得ていることが示されているのではないか。

（2）いっとき、苦闘する人の傍らに立つ

では、そこで何がなされているのか。ここで、足湯がなされる時空間とは何かを考えてみよう。足湯ボ

ランティアは、足湯を提供するという意味ではケアを提供している。そして相手が被災者だという前提でボランティアは訪れており、何かを提供したいと思うからこそ訪れている。だが、それだけである。つぶやきは、そうしたケア行為を超えて、いわば偶然の産物として生まれるものである。

逆に言えば、足湯に訪れた被災者は、足湯を提供されるという意味ではケアされる側になっているが、それ以上についてはほとんど規定されていない。喋りたければ何を喋ってもいいいし、喋りたくなければ喋らなくてもいい。たとえば、傾聴という場であれば自分の思いを何らかの形で話さなくてはならないし、カウンセリングを受けるなら悩みを打ち明けなくてはならない。医療・福祉・法律などの相談という場であれば相談事を言わなくては始まらない。それに対して足湯という時空間では、足湯以上には何も規定を受けない。

足を湯につけて一〇分間ほど、手をマッサージされながら、被災者は日々の苦闘からいっときだけ身を休めることができる。ときに自らの苦闘を振り返るだろう。あるいは特に何かを考えるわけでもなく身を任せているかもしれない。そこで、被災した人たちは、自分自身の〈思い〉をそれとして吐露することができる。何かに特化した心情や相談事ではなく、〈思い〉をそのままにつぶやくことが可能になる。

まして、足湯ボランティアは、たまにしか来ない存在であり、それゆえの気楽さもあるだろう。人間関係の再構築などは、日常的な付き合いのある人たちには言いにくいものだろう。住まいのことはお互いの利害関係にもつながるし、仕事のことも相手を選ばなければ言えないこともある。大切な人を失ったことや自然・世界との関係が激変してしまったことも、同じ被災者の間であるがゆえに言えないこともある。「みんなで辛い体験をしてるから仮設ではこうゆう話ができない。不幸自慢でどんどんどろどろになっちゃうから」(2011/9/1 山元三〇代男性 5871) と述べる人もいる。足湯ボランティアはそのようなしがらみがあまりない相手である。それでいて、普段付き合いのある団体からの紹介なので、信用はできる人たちに見える。だから、被災者たちも、比較的自由に自らの〈思い〉をつぶやくことができる。

だからこそ、つぶやきから見えるのも被災者たちが自分なりに生活や関係を再編していく姿なのだともいえる。話す内容等について場から強い規定を受けないがゆえに、しかしそれでも被災者として配慮されることが前提になっている場でもあるがゆえに、震災を契機にした関係の激変と、関係を再編していく苦闘についてつぶやくことができるのである。

そしてそのとき、ボランティアの多くは、被災者が洩らすそれぞれの〈思い〉を全身で聴く――全身で聴く以外になすすべがないのだろうとも思う。苦闘する人たちの姿に圧倒され、ただその〈思い〉を受けとめようとする。

ひたすらに〈思い〉を聴こうとするがゆえに、ボランティア自身も葛藤し、言葉にならぬ思いを備考欄に書き残している。たとえば、あるボランティアは被災者のつぶやきについては「津波が渦巻いてたんだよ。夫ももってっちゃった」(2011/6/2 陸前高田七〇代女性 2858) としか書けず、備考欄に「家が流されたことやご主人さんが亡くなったことを明るく話されていて、返す言葉が見つからなかった。私に明るく話すことで前に進んでいこうとしている気がした」と記している。別のボランティアは「四人で住んでて、嫁と娘は助かったんだけど、おばあちゃんは水死しちゃって。嫁と娘も水飲んで最初は弱ってたんだけど、おばあちゃんが助けてくれたんだと思うんだ」(2011/6/19 気仙沼四〇代男性) という被災者の言葉を書き取りつつ、備考欄に「おばあちゃんが亡くなって悪いことをしたと何度も言っていて反応に困ってしまった。はい。としか言えず、心残り」と書く[2]。

このようにボランティア自身もさまざまな〈思い〉を抱いているのだが、実はこのこと自体が、決定的に重要な意味を持つのではないか[3]。こうしたボランティアの姿は、被災者の苦闘をそれとして尊重することにもなる。「返す言葉が見つからなかった」「反応に困ってしまった」は、一見するとスムーズなケアがでていないようにも見えるが、他方で被災者の苦闘に対して評価を下すことなく、ただそれとして尊重しているのだともいえる。

そして、そのように葛藤し、混乱し、言葉を失い、さまざまな〈思い〉に囚われること自体が、実はボランティアと被災者を近づけるのではないか。なぜなら、誰よりも葛藤し、混乱し、言葉を失い、さまざまな〈思い〉に囚われているのは、被災者自身だからである。

その瞬間、被災者にしてみれば、ボランティアが「助ける強者」（森反 1997）というよりも、ある意味ではとても「弱い」、自らの傍らに立ち、〈思い〉を必死で受けとめようと寄り添う存在に見えてくるのかもしれない。それが、足湯のつぶやきでこれだけの感謝の言葉が溢れ、また被災者がネガティブな言葉を述べつつポジティブな言葉も洩らしていくということの背景にあるように思われる。さらにいえば、冒頭で述べたように、足湯ボランティアを気遣ったり、人生について語ったり、被災者がいわゆる「被災者」像にとどまらない言葉をかけるのも、そのためではないか。なぜなら、これらは被災者がボランティアを生身の人として受け入れる過程だともいえるからである[4]。

そもそも、ケアは、医療・福祉的なニーズの発見とそれへの対応にせよ、カウンセリングにせよ、ケアする主体だけで成立することではない。ケアされる側がそれを受け入れるかどうかによっても左右される。このことは、阪神・淡路大震災でも発見されてきたことだった。阪神・淡路大震災で問題になった「孤独死」も、単に訪れる人がいないから起きたのではない。本人が訪れてほしいと思う人が訪れないから起きている（三井 2008）。また、阪神・淡路大震災でボランティアたちがこだわったのは、被災者の生の「固有性」だった（似田貝編 2008）。その人たちの固有のありように即したケアがなされなければ、その人たちはケアを受け入れず、ケアがその人たちに届くものとはならないからである。

言い換えれば、ケア提供する側が何を提供したかがもっとも重要なことではない。そこでお互いがどのような存在として立ち現れたかが重要なのである。その関係性のありようによっては、ケアされる側はケアを受け入れないし、いかにケアする側が努力しても、ケアはその人に届くものとはならない。

足湯という時空間において、被災者は単にケアの受け手というだけでなく、自らの生活を再建しようと苦闘する人たちとして浮かび上がる。またボランティアは、被災者の〈思い〉に圧倒されるがゆえに、葛藤し、混乱し、さまざまな〈思い〉に囚われる——そしてそのような意味において、少しだけ被災者に近づき、その人の傍らに立とうとする存在として浮かび上がる。そのとき、被災者もまたボランティアを生身の人として、自らの傍らに立つ人として、受け入れるのだろう。こうした関係性は、ケアを受ける側がケアを受け入れなければケアが成立しないことを踏まえれば、ケアや支援が成立する前提であり、基盤であるといえよう。

だからこそ、足湯から個々のケア提供の可能性が生まれるのでもある。傍らに立ってくれる人だからこそ話せることがあり、それによって簡易カウンセリング的な機能も果たせる。またそこでこそ言えることが重要なニーズとして発見されることもあり、被災地に常駐する支援団体や生活支援員につなげられることで、重要なニーズの発見と対応につながる。

だが、個々のケア提供につながらなければ意味がないということにはならない。足湯がもたらすお互いの関係性の契機は、ケアや支援が成立する前提であり、基盤である。そのこと自体に大きな意義がある。

震災からの復興は、本来、被災した人たち自身の自然・世界や家族・友人との関係が再編され、生活が再建されることを指すはずである。ならば、足湯のように、その人たちを苦闘する主体として浮かび上がらせ、ボランティアがそれに圧倒されるがゆえに少しでも被災者に近づき、傍らに立とうとすることには、それとして意義がある。なぜなら、復興支援とは、他の誰でもない、まさにその人たちの苦闘を支えることなのだから。

6　おわりに

本章で述べてきたことを、従来の支援・ケア論との関係で改めて整理しよう。冒頭で述べたように、医療・看護・福祉などの領域で支援やケアが論じられる際には、どうしても相手のニーズを起点にして議論が展開される。まずはニーズを明確化し、それに対して応えることが必要であるとされる。そのこと自体が間違っているわけではないが、この図式では、被災者が自らの生活を再建する主体であるという視点がしばしば見失われてしまう。

どのようなケアや支援も、それを受ける人あってのことである。だとすれば、ニーズ発見の前に考えるべきことがある。足湯は、その人を苦闘する主体として浮かび上がらせる。そしてその苦闘をいっとき止め、声高に語らないけれども残されているような〈思い〉を吐露する機会となる。ボランティアはそれを全身で聴くことによって、被災者からすれば傍らにいっとき立つ存在となりうる。このような関係性は、具体的なニーズ発見と対処の起点となりうるだけでなく、ケアや支援が受け入れられる前提であり基盤だという意味で、それ自体として意義のあるものである。

このように、足湯ボランティアの意義は、従来のケア・支援論とは異なる地平に成立している。ニーズの発見以前のものとして、いわば個別のケア行為や支援行為以前のものとして、ケアや支援の基盤となる関係性を生み出すところに、足湯ボランティアの意義がある。

なお、本章からの知見として、もう二点挙げておこう。第一に、「自立」と「依存」の関係についてである。被災地支援の文脈では、被災者や被災地の「自立」が最終的なゴールだといわれてきた。本章で述べてきたとおり、被災者は自ら激変した関係を再編する主体であり、それ自体は間違っているわけではない。だが、「自立」をゴールとする議論でしばしば前提とされてきたのが「依存」と「自立」の二項対立である。ここには、震災直後から始まる、被災者自身による長く険しい再建に向けた苦闘があることが見失われている。

今日一日を生きていくことも、関係が激変したことを考えれば、小さな苦闘であり、「自立」である。震災直後から「自立」はすでに始まっている。だからといって、そこに支援が必要ではないということにはならない。小さな苦闘は何度も壁にぶつかるからである。「依存」もある時点でなくなると簡単に言えるようなものではない。〈思い〉がいつも残されていることを考えるなら、「自立」と「依存」は二項対立というより、常に同時に生じるようなものとして捉えられるべきだろう。

第二に、ケア・支援の網目や広がりについてである。阪神・淡路大震災以降、被災地への支援活動が長期的な視野のもとになされることの重要性は繰り返し指摘されてきた。ただそのことはしばしば、すべての支援者が長期的にかかわることが必要だという誤解にも結び付いてきたように思われる。特に東日本大震災のときにはむしろ、短期でしか行けないのであれば安易にボランティアに行くなという言説すら生まれていた。

だが、いっときのかかわりにも意義はありうる。もちろん、いっときのかかわりをどのような時空間において成立させるかという工夫は必要だが、いっときだからいけないということにはならない。足湯ボランティア派遣活動は、足湯という時空間の特性を最大限に活かすことで、いっときのかかわりの持つ意義を最大化しようとした試みだともいえる。ケアや支援は、被災地に常駐する団体や生活支援員だけでなされればいいというものではない（逆に言えば、足湯であれば本章で述べたようなことが可能になるということでもなく、コーディネーターと受入団体の工夫が必要だった）。個別のケアや支援を断片的にだけ捉えるのではなく、網目や広がりの中で捉えかえしていくことが必要である。この点については本書の他の章も参考にしてほしい。

足湯ボランティアは、被災地で支援活動を続ける人たちが、模索の中から編み出した手法であり、長年の支援活動の一つの結実である。そこには、従来の支援・ケア論には欠けがちな、ケアや支援の前提や基盤となるような関係性を生み出す仕組みがある。このことに注目したとき、私たちは改めて、復興とは何か、そこへの支援とは何かという点に、立ち返らされるのだともいえる。

[註]

1　それでもこの言葉をまったく用いないで表現するのも難しいので、本章では必要に応じて「被災者」という言葉を用いている。

2　これはある種の二次受傷（Figley 1995）につながる可能性をはらんでいる。医療・福祉専門職であるなら、事前研修等によって対応することになるが、足湯ボランティアはむしろここにこそ力があるともいえ、単に二次受傷を避ければいいということにはならないだろう。むしろ、受けとめてしまう〈思い〉を活かしていく方途を探ることが重要である。発見されたニーズを支援団体や生活支援員に伝えていくことはそのための一つの方途であり、本書もまた、そのための試みの一つである。

3　たとえばA・クラインマンは、病いの語りにそれとして耳を傾けることが、治療者を「倫理的証人 moral witness」にするという（Frank 1995=2002）。また、鷲田のいう「聴くこと」（鷲田 1999）もこのような瞬間を記述しようとしてきたものだといえよう。ただこれらの議論は基本的に、ケアする側の姿勢と立場について述べている。それに対して本章で捉えようとしているのは、両者の関係性である。足湯ボランティアがただ傾聴的であればいいということではなく、ボランティアもまた、葛藤し、混乱し、さまざまな思いに囚われるという意味で、ボランティアと被災者が傍らに立つ存在になることが重要なのである。

4　もちろん、すべてのボランティアが葛藤し、混乱し、さまざまな〈思い〉に囚われるわけではないし、すべての被災者がそのようなボランティアに近しさを感じるわけでもないだろう。ボランティアが葛藤し、混乱しなければ、被災者と近しくなれないということでもない。いっとき、苦闘する人の傍らに立つような関係性が生まれるかどうかは、かなり偶発的なものである。ただ、こうした関係性がケアする側とケアされる側と明確に規定された中での出会いではなかなか生まれにくいこと、足湯ボランティア派遣の仕組みがこうした関係性を比較的生みやすいものだったことは否定できない。偶発的だといっても、それが生まれる可能性を高めることは可能なのである。

〔文献〕

Figley, Charles, R. eds., 1995, *Compassion Fatigue: Coping with Secondary Traumatic Stress Disorder in Those Who Treat the Traumatized*, Psychology Press.

Frank, Arther, 1995, *The Wounded Storyteller: Body, Illness and Ethics*, The University of Chicago（＝〔2002〕鈴木智之訳『傷ついた物語の語り手――身体・病い・倫理』ゆみる出版）

似田貝香門編（2008）『自立支援の実践知――阪神・淡路大震災と共同・市民社会』東信堂

三井さよ（2008）「『人として』の支援――阪神・淡路大震災において『孤独』な生を支える」崎山治男・伊藤智樹・佐藤恵・三井さよ編『〈支援〉の社会学――現場に向き合う思考』青弓社、pp.89-113

森反章夫（1997）「ボランティアの挽歌」栗原彬編『講座　差別の社会学４　共生の方へ』弘文堂

鷲田清一（1999）『「聴くこと」の力――臨床哲学試論』ＴＢＳブリタニカ

3 「身体の声」を聴く

足湯での被災者の「つぶやき」分析から

似田貝香門

1 実践としての「つぶやき」の分析

(1)「つぶやき」の分析の研究態度

二〇一一年夏、「東京大学被災地支援ネットワーク」(以下単に「東大ネット」と略す)[1]は、思いがけず、「震災がつなぐ全国ネットワーク・日本財団ROAD」(以下単に「震つな」と略す)が、被災地で延べ二〇〇〇人の足湯ボランティアが書き取った被災者の「つぶやき」(現在一万六〇〇〇ケース)の、分析を依頼された[2]。「つぶやき」とは、被災地の支援の中で被災者が足湯ボランティアの身体的サービスを受けながら、ごく自然にこぼす発話の言葉群である。

依頼内容は、「避難所、仮設にある問題を、政治・行政につなぎたい。そのためのニーズを、「足湯の『つぶやき』から拾いたい」。それが、最初我々に寄せられた依頼であった。しかし受け取ったものの、この「つぶやき」のデータは社会学的な組織されたデータではなかった。どのように異なるのか。社会学にはヒアリングという手法で記録されたデータがある。それは、調査者と被調査者との対話(双方向的コミュニケーション）を概ね前提としている。そして調査者が主として研究目的の内容を中心として対象者に質問し、その回答を聞き取る。

ところが、「つぶやき」が採取された場所は、任意に設定された足湯活動現場に限られ、たまたま足湯にくる被災者（概ね高齢者で女性が多い）である。すなわちデータとしては、偏りがある。社会調査の原則である統計的にサンプリングされた標本調査でもなければ、構造化された調査票によるものでもない。かつボランティアが聴き取り書き取った「つぶやき」の文章も、記入者の個性が入り込んでいる。

したがって、「つぶやき」の記録＝データが、被災地の被災者の典型的「声」であるとは、なかなか言いにくい。持ち込まれた「つぶやき」データは、こうした意味で非設計的なデータである。社会調査のデータと異なる。こうした事情から、私たちは、このデータの取り扱いに戸惑いを感じ、先の分析依頼の要望に応えることはできない、と感じた。

このような戸惑いを強く感じつつ、ともかく「つぶやき」をPCへ入力・分析することにした。被災者の「つぶやき」を資料として記録し、これを分析するということは、恐らくこれまでの災害記録でまれなケースであるだろう。私たちは、記録した足湯ボランティアの努力に報いるためにも、何とかしてこのデータの分析方法を考えようと思った。

二〇一一年の夏休みを利用して、支援しようと応じてきた「東大ネット」のメンバーは、一万六〇〇〇もの「つぶやき」のPCへの入力作業を少しずつ始めた。ところが、この入力作業途上で、余りにも多くの被災者のこころの苦しみの吐露ともいえる「つぶやき」に出合うことになり、驚きを隠せなかった。入力作業者は、足湯活動の現場で「つぶやき」が発せられた日時と、データを入力し分析している日時の隔たりに、一種の焦りを感じた。被災者の苦しみを、至急に緩和させる何かしらの現場対応が不可欠、と思った。

そこで私たちは、直ちに「つぶやきを聞いた以上は、応えられる部分はすぐに応答する必要がある」という基本方針を確認した。我々は、最低限、足湯ボランティアが被災者に対して聞くべき質問事項（「眠れているか」等）を決めておくこととし、その場で問題が確認されれば、そこから専門家につなぐ、という流れを定めた。この方針を「東日本大震災仮設支援連絡会」事務局[3]に伝えた。

他方で「つぶやき」を分析する私たちは、分析・研究方法の姿勢、結果への〈応答責任〉の取り方をどのようにとるべきか、という問題にぶつかった。社会学的に通常行うニーズ調査と異なり、「つぶやき」の分析は、被災者の〈こころの問題〉を扱わざるを得なくなる。社会学においては、具体的な人間を研究対象にした場合、そこで明らかになった未解決の課題・テーマ内容に対しての、直接的〈応答責任〉は、なかなか議論になりにくい現実がある。しかし、被災地で調査を行い、被災者と関わりを持つ以上、原則として研究者は〈応答責任〉を負う必要があるのではないか。我々はそう考える。それほど「つぶやき」の内容は切実だったのである。

（2）分析結果は活動現場へ

入力された「つぶやき」の分析に先だって、「つぶやき」のなかで語られる「ことば」（名詞）の登場する回数の頻度を調べた。多い順に、避難所・仮設住宅生活、家族・知人、足湯、避難・仮設、被災、社会生活・地域社会についての、苦しみ、哀しみ、心配等が多く語られている（表1参照）。

「つぶやき」二五分類の第一次分析結果として、私たちは、概略、以下の点に注目した（この分類による詳細な分析は、第Ⅱ部第1章清水論稿「つぶやきの分類とその特徴」参照）。「つぶやき」の分類による大きな特徴は、〈こころの問題〉と私たちが一括した内容について、一年六ヶ月という時間の経過があるにもかかわらず、さほど変化がないという点である。普通、社会調査のアンケートではニーズ変化等がみられる

表１　16000ケースの「つぶやき」のなかに語られる「ことば」（名詞）の登場頻度〔回数〕

《避難所・仮設住宅生活》6,672
　仮設住宅（2,644）、風呂（847）、自宅（556）、住宅（445）、生活（427）、集会（382）
　ご飯・お握り（355）、部屋（349）、お金（279）、電気（196）、お茶（192）
《家族・知人》4,601
　息子・子供（1,974）、友達（572）、家族（513）、お父さん（465）、おばちゃん（393）
　おじいちゃん（236）、お母さん（231）、知り合い（217）
****
《足湯について》4,532
　足湯（2,914）、ボランティア（828）、マッサージ（502）、お湯（288）
****
《避難・仮設について》4,021
　仮設（2,644）、避難（1377）
《被災について》3,826
　津波（2111）、地震（831）、震災（697）、被災（187）
****
《社会生活・地域社会について》3,461
　仕事（1480）、学校（898）、病院（621）、医者（247）、手術（215）

のが一般的だが、足湯ボランティアの書き取った、被災者の「つぶやき」分析の最も大きな事実である〈こころの問題〉が、かくも長きにわたって、被災者のこころに閉じ込められて、癒やされていない。

この点を少し掘り下げてみよう。

「つぶやき」を概括すると、以下の二点が特徴的である。

①足湯サービスや足湯ボランティアへの感謝、謝辞の「ことば」の現出頻度が第一位である。

②被災者の苦しみ、孤独、寂しさ、悲しみについて「語る」内容は、震災後一年半という時間的経過にもかかわらず、変化することなく持続されている（一二六ページ図7参照）、という事実である。これは私たちの予想外のことであった。

被災者の「つぶやき」は、以下の事実を物語っている。地震津波による、家屋、財産、生産現場の流失、多くの肉親や親しい方々を喪うという、途方もなく大きな喪失感、そしてそれが被災者に苦しみや精神的ダメージを与え、震災後一年半癒やされることなく、被災生活を送っている。私たちは強烈なショックを受けた。

被災者の生きようとする決意も時に崩れ、悲しみの気分や感情、悲嘆の反応が、怒り、事実の否認、後悔や自責の念として表現されている。そして、時には不眠や食欲不振という体調不調を伴う落ち込み、落胆、他者への羨望などが、絶えず心の中で大きく揺れ動き「こころ」の葛藤に苦しんでいると推し量ることができる。

被災者の苦しみ、心の問題の悩みが、被災後一年半を経過しても、確実にかつ堅固に存在している。そして「つぶやき」は、依然としてこのような苦しみからの解放や癒やしに十分な対応がなされていないという事実を語っている。

そこで私たちは、心の問題をかかえた被災者の「つぶやき」に分析のフォーカスを据えるべきと判断した。つまり「つぶやき」分析の実践的な主要課題は、被災者の苦しみ、悲しみが解放されておらず、癒やしの対応が十分でない現場へのケア活動の充実だと判断した。「つぶやき」の内容から、ケアの実践課題を分析しようと考えたのである。ちなみにケアの専門家は、阪神・淡路大震災でＰＴＳＤと診断された多くの被災者に対し、七割が自力で回復していける、と論じている（加藤寛〔兵庫県こころのケアセンター〕「心のケア　阪神・淡路大震災から東北へ」）。

自力といっても、多くのきっかけがあったろう。そのなかには周囲の多くの働きかけがあったと思われる（中井久夫編『一九九五年一月・神戸「阪神大震災」下の精神科医たち』）。早くそのような被災者を見つけ、専門家につなぐことができるなら、治療によって回復を早めることができる。またそのように診断される前に、外部の支援者や周囲の人々が、被災者の心を開き、悩みを少しでも解決できるような、生活環境の安定に心がけるなら、回復も早く、ＰＴＳＤになることもないだろう。

そこから私たちは、足湯が提供される場面で、心の負担を感じている被災者を発見し、できるだけ早く、専門家につなげ、早期に手当ができるように現場で工夫できないか、ということが実践的テーマとして大切と考えるようになった。こうして足湯活動現場に、分析結果を実践テーマとして提示し、ケアの仕組みづくりとその条件整備をすることが緊要な課題になったのである。この結果を、「震災がつなぐ全国ネットワーク」のなかの部会「仮設支援連絡会」に報告し、対応を求めた。そして「仮設支援連絡会」が推薦した足湯ボランティア活動現場の宮城県七ヶ浜（「レスキューストックヤード」）、岩手県陸前高田市モビリア仮設住宅団地（「陸前たがだ八起プロジェクト」）で、ケアと仕組みの可能性を探る調査を行った。

同時に、臨床心理士などのケアの専門家から学ぶとともに、足湯ボランティア活動へのケア専門職の協働可能性を相談することにした[4]。この相談の結果、後にふれるように、「つぶやき」からケアの対象者を見つけ、ケア可能な専門家につなぐことを可能にする素材として、心の問題に関する「ガイドブック」を作ることを決意した[5]。

（3）足湯ボランティアの役割——第一次的癒やし・ケアとしての足湯活動

「つぶやき」の第一次分析で示された二つの概要から、私たちは〈「つぶやき」という独自の発話の形式〉に深い関心を持つに至った。その入り口として、「つぶやき」二五分類の分析結果で概括した、①足湯サービスや足湯ボランティアへの感謝の「ことば」、謝辞の現出頻度の圧倒的高さ、について少し立ち入って分析してみよう。

足湯ボランティアへの感謝の「ことば」が多いという事実は、②苦しみや、悲しみを「つぶやく」という事実と、深い関係がある。①の「ことば」グループと②の「ことば」グループは、他の「ことば」より相関性が高い。

足湯といういわば東洋医学的（整体、気功、足湯など）な身体的サービスを受けていると、自然に心が解けてきて、他者に「つぶやく」という発話行為が可能となり、その結果、②のような苦しみ、悲しみ、悲哀を内容とする「つぶやき」が語られる、と考えられる。つまり、足湯ボランティア活動と被災者の「つぶやき」という発話行為は、二者関係の特異につくり上げられた空間の中で生まれたのである。ゆえに、このボランティア活動によって被災者の発話行為が生み出されたということは、事実上、この二者関係によって、被災者への癒やし、ケア（第一次的癒やし・ケア）の役割を果たしている、という可能性が極めて高いと思われる。足湯ボランティア活動は、事実上の傾聴ボランティアの役割を果たし、結果として、被災者の心が癒やされる、という予期せぬ効果を生み出している。

「つぶやき」というデータの特異性の第一次分析によって、被災者の苦しみ、悲しみ、悲哀が、なお深く解き放たれず、留まっているという事実が確認された。そして、足湯とボランティアによる身体的サービスを受け取ることによって、「つぶやき」という発話が可能な対話空間が生み出され、それが事実上の、第一次的な癒やし・ケアを生み出している、と結論できる。このような特異なデータの読み方、関心、基本視点、すなわち〈こころの問題〉をかかえた被災者の「つぶやき」に分析のフォーカスを据えるという選択を行った背景には、以下のようなわたしたちの経験があった。

それは、一九九五年の阪神・淡路大震災の際の、これまでとは異なる新しい活動・運動の実践と、それを生み出しつつあった支援者の実践思想に学んだ、という経験である。それは、「たった一人を大切に」、「最後の一人まで目線を向ける」（村井雅清）、「最後の一人まで見捨てない」、「最後まで生ききること・自立」（黒田裕子）に「こだわる」（村井雅清）、といった、いわば自立支援の新たなる実践思想である。こうした被災者各自の生命＝生活にこだわる思想は、アーレントの生命＝生活の「他ならなさ uniqueness」という視点に一致する。私たちは、このような支援の基本思想を、〈生の固有性〉へこだわる実践思想と呼ぶことにしてきた（似田貝香門編 2008『自立支援の実践知——阪神・淡路大震災と共同・市民社会』東信堂参照)。

「つぶやき」という特異なデータを分析する(データを読む)基本視点を、一人一人の被災者の〈声〉を、文章化されたテキストから読みとることに置くべきだと考えた。「つぶやき」という特異な資料(データ)を、どのように学問的かつ実践的に使用できるか、また被災者自立に関する生活支援のテーマとそれを解決する諸主体への働きかけをどのように行うか。その交叉点として、私たちは、足湯ボランティアと被災者に関わる専門職(職能者)との協働関係の仕組みを何とか実現しようと考え始めた。

2 「つぶやき」とは何か

足湯ボランティアが聴き取った「つぶやき」とは、何であろうか。先に私たちは、〈「つぶやき」という独自の発話の形式〉への関心、について触れた。この点について少し論じよう。

「つぶやき」が発せられる足湯活動の場とは、いかなる特徴を持つのであろうか。なぜ、被災者はボランティアに「つぶやく」のであろうか。それは「つぶやく」被災者にとっていかなる発話行為なのであろうか。足湯ボランティアは、被災者の「つぶやく」という発話行為からいかなるインパクトを受けるのであろうか。そしてこれらを通して、私たちは被災者の「つぶやき」をどのように理解すべきなのであろうか。

こうしたことを解き明かし、「つぶやき」の分析を通じて、足湯ボランティア活動の社会的意義と、被災者の「つぶやき」の内容理解を捉えたいと思う。

(1) 他者との出会いの場、歓待(hospitalité)の場を生み出す実践空間としての足湯活動

「つぶやき」が発せられる足湯活動は、いかなる場としての役割を果たしているのだろうか。足湯ボランティア活動とそれに喚起されて「つぶやき」が発せられる場は、次のような実践空間が生み出された、と考えられる。

ボランティアは、足湯を希望した被災者の足を湯につけ、そして手の指を一本一本もむ。そして手のひら全体をもみほぐす。前腕、上腕をもみほぐす。被災者にとっては、ボランティアという他者の足湯サービスを、〈身体として受け入れる場〉である。それが足湯活動の場である。

被災者が、自らの身体を他者に〈触れさせる〉ことによって生ずるであろう、身体感覚の解放感、安心感は、心に深く閉ざされていたのであろう苦しみを、他者に「ことば」として発する。こうした発話行為が、「つぶやき」である。この「つぶやき」を、足湯ボランティアが、〈聴く〉という応答を行う。そこに、双方に応答関係、すなわち〈「語る」―「聴く」〉という心のコミュニケーションが形成される。

その瞬間に、被災者は単なる匿名の被災者多数の一人として扱われているのではない、と感ずる。被災者は、各自固有の名前を持ち、これまで生きてきた個人として、かつ今回の災害に遭ってしまい、苦しみを背負ってしまったそのような〈生の固有性〉をもつ、一人の人としての被災者である。このような状況を、他者たる足湯ボランティアに少なからず理解され、そのような自分を「受け入れられて

被災者が、自らの身体を他者に**〈触れさせる〉**

↓

身体感覚の解放感、安心感

↓

心に深く閉ざされていた苦しみを、言葉となって打ち明ける

↓

発話行為「つぶやき」

図１　身体の「触れ合い」による発話行為「つぶやき」

足湯ボランティアが「つぶやき」を聴く

↓

両者に**〈「語る」－「聴く」〉という心のコミュニケーションの形成**

図２　足湯ボランティアが、〈聴く〉という応答

いる」、と実感するのだろう。

このような意味で、足湯の場は、被災者にとってボランティアという他者との〈出会い〉の場となる。と同時に、ボランティアにとっても、一人の苦しみを背負った人（他者）との〈出会いの場〉[6]である足湯ボランティアが、被災者の「つぶやき」を〈聴く〉という応答関係が生成されて初めて、お互いに〈生の固有性〉をもつ、一人の人間として関係が生成される。そのような場が足湯の場なのだろう。そこでは、ボランティアと被災者は一般的な、相互匿名的な関わりでなく、足湯の場は文字通り、〈歓待hospitalité〉として生み出されている[7]。

こうして、足湯ボランティアの活動の場は、支援の〈根拠地としての空間〉たり得る。「つぶやき」を被災者の〈声〉として受けとめ、そして被災者の〈声〉を最大限に受け入れる場所となり得るならば、足湯ボランティアはより多くの支援活動を引き込むきっかけとなる。「つぶやき」を、被災者の〈呼びかける声〉として了解し、支援者と被災者が向き合って、自然言語の対話（parole）を限りなく受けとめるという関係性が生成される実践空間こそが、〈歓待 hospitalité〉の場といわれるべきである。足湯ボランティア活動は、従前の支援論やボランティア論に多くの実践的・理論的な可能性を創設したといえよう。

（3）身体の「触れ合い」から〈こころの自律〉へ[8]

身体感覚のこころの動きである、解放感、安心感とは何であろうか。足湯活動を受ける被災者にとって、どのようなこころの変化が起こるのであろうか。まず注目しておきたいことは、足湯の場に来る被災者は、他者であるボランティアが、自らの身体に触れる、ということを承知している。その前提で足湯という活動を受け入れている。つまり、他者の身体的サービスを受け入れるというふるまいは、一時的にせよ、他者との関わりという関係性の「受け入れ可能性（acception）」（J.Derrida 1997=2004）を、潜在的可能性として持っている、ということである。先にふれたように、この可能性は、実践理論的には、足湯の場が、〈歓待〉の場所としてつながっていくことを意味している。

こうした他者のサービスを受け入れている被災者にとって、他者による身体の「触れ合い」という関係性は、自らの身体を、ありのままの人間（「人間的自然」）として解放する効果やきっかけを生み出すのではなかろうか。

ボランティアは足湯の場で、「手の指を一本一本もむ。そして手のひら全体をもみほぐす。前腕、上腕をもみほぐす」。こうした身体的「触れ合い」は、発達心理学のハーローの実験[9]や、動物行動学のローレンツの「共感の整体学」（K. Z. Lorenz, 1966）を引き合いに出すまでもなく、生命活動を呼び覚ます基礎である。

足湯による被災者の自己変化に注目したい。身体に「触れる」という行為は、生命活動を呼び覚ます基礎である。足湯は、触れ合いによって、生命活動のリズムを作り出す。「被災者である自分」と「そうではないはずと思う自分」があり、そこにこころの「ゆらぎ」が生じる。身体に「触れる」という行為から生まれるリズムの中から、「ゆらぎ」の解放が起こる可能性が生まれる。それが「つぶやき」ではないだろうか。

すなわち、足湯活動（他者による身体の「触れ合い」）→被災者の奮う生命「内部生命」・生命活動の賦活[10]→少なからず自己変化を呼び起こす、という一連の相互行為の現れが実現されうる（図3参照）。

避難所や仮設住宅で、哀しみ・苦しみを誰にも語れず、また誰も聴いてくれないが故に、深くこころに閉じ込めてしまった被災者の中に、ボランティ

足湯活動（他者による身体の「触れ合い」）

↓

被災者の生命活動の賦活

被災者の奮う生命（「内部生命」）

↓

少なからず生ずる自己変化

図３　身体の変化：身体の「触れあい」と〈こころの自律〉

ア〈他者〉の足湯による身体的「触れ合い」によって、〈身体のなかの微妙な変化〉が生まれるのであろう。この変化は、震災前の自己と、3・11後の自己との大きな隔たりと、現実の自己の状態の確認でもある。こうした〈身体のなかの微妙な変化〉を、A・ネグリの用語を借りて「身体の声」と呼んでおこう。

「つぶやき」は独り言から始まる。事実、つぶやきの中には、自己の内からの叫び、うなり、擬態語が多く見られる[11]。それは、震災の受難、苦しみの「ことば」として発せられ、その意味では、いわば受け身の「ことば」である。しかし、そこには、被災者自身への関心（自己の状態確認）が表現されている。自分が自分に関心を持つ。それは、身体内の対話である、といえば良いだろう。「つぶやき」はこうした「身体の声」の自己内への叫び（叫び声、泣き声、うめき、笑い等の擬音語を伴った）であり、自己ないし他者に発することばとなって放たれる。こうした意味で、「つぶやき」は被災者の〈受動的主体性〉[12]の「声」といえよう。

野口体操で有名な野口三千三（野口1996）は、「身体と言葉」の関係を探りながら、ことばの本質は独り言（内言）であるという。〈身体の変化〉により、そのことを表す「初期情報」が「ことば」だという。私たちは、「つぶやき」の分析から、「身体の声」の初期情報が「つぶやき」である、と考えている。そこから、そのような苦しみを被った自分は他者から無視されたくない、という思いが生まれる。その思いをつなぐのが、「つぶやき」である。まず被災者は自らの「身体の声」を聴き、それが「つぶやき」（発話行為）となって、寄り添っている眼前の他者（足湯ボランティア）への語りかけとなる。

哀しみ、苦しみを受けたという状態を事実として受けとめる、というこころの変化に敏感に反応する形の一つが、「つぶやき」である。それは、現に在る自己の存在状況を、自己にそして傍らにいる他者に、ことばとして発話 parole する行為である。それは、3節でふれるように、少なからず、対自関係として、のこころの動きであるとともに、対他関係のふるまいの萌芽といえまいか。

「つぶやく」という行為は、ボランティアの身体的「触れ合い」に触発されて、被災者が、自らの身体の差異を感じ取り、まずは自己に発話parole するという〈こころの自律性〉の前兆ではないか。

このように考えると、哀しみや苦しみのなかにある被災者の社会的な自立・再生の前提は、何より被災者が、身体的な感性を取り戻し、そのことによって人としての〈こころの自律力〉を回復することが大切なのではなかろうか。もし〈こころの自律力〉が回復し、わずかでも、受難した過去を圧縮し、現在と未来を見通せるようになると感じたとき時、人の内には「生きる時間」が生まれてくる、と思われる。

3 身体への「声を聴く」——感性の回復から「共感」へ

(1)「共感」という方法

足湯での「つぶやき」という事象は、感性（身体）間の対話が基礎的である、ということを私たちに教えている。人間にとっての本当の「力」とは、感覚が豊かであること、体のなかの微妙な差異を感じとることができること、そして自己をしっかり捉えるという動きの微調整を行えることである。それが自己再生の一つの原型と考えられる。このような感性を基にして方法的に高められてきたのが「共感」という方法である。

「共感」とは、自己の内部感覚としての「触」の感覚へまで立ち返って、対象との関係を直接に捉まえる認識の方法である。「共感」を深める、広げるとは、自己の内部的な「人間的自然」を解き放ち、自己の根源を直接に実感する営みのことである。それは、出来事や他者との出会いによる、自己内部感覚での自己の差異に敏感に反応するとによって生ずる、こころの「ゆらぎ」、不安定さからの解放の行為である。したがって「共感」が成り立つのは、何よりまずはこのような自己への関心である。こうした対自関係を、かつて花崎皋平（花崎 1981）が、「共感と自己への関心とは表裏一体のものである」（p.54）、と指摘した理由もこのような行為を指しているからであろう。

自己への関心とは、別言すれば、他者からの関心（共感）を得たい、ということである。自己と異なる他者が、己の現に置かれている状態を認識し、自己の状態への関心という同一化の精神的作用を期待することである。それを引き出したのが、ボランティアの身体への「触る」癒やし行為である。この行為が、それを受けた被災者の「内的生命」の揺り動かしたといえよう。

このような対象の差異の同一化という関係性を促す場に、「つぶやき」を聴き、受けとめているボランティアが傍らに寄り添っている。足湯活動の場はそのような関係空間である。足湯という特異な空間は、被災者にとっては、自己関係と他者関係が同時相即的に形成される場である。

このような傍らの他者を被災者が見いだしたとき、自分は他者から無視されていない、無関心にされていない、見棄てられていない、と感ずる。それが、足湯活動が第一次的なケアの役割を担っているゆえんであろう。何よりも傍らにいるボランティアの活動によって、被災者のヒトとしての〈こころの自律〉が回復するのである。こうした自律性を引き出す力、それがケアなのではないか。

ヒトとしての回復、主体再生の瞬時とは、このようなこころの「ゆらぎ」、不安定性から、次なる自己の有りように向かっての、バランスの調整、が必要とされるときではないか。「つぶやき」が発せられるのはまさにこのような瞬時である。それは、こころの「ゆらぎ」、不安定性からの「解放」と、ヒトとしての次の「動き」を結びつける可能性をもっている。その動きこそ、〈こころの自律〉から〈社会に向かっての自立〉という、主体回復の道程であろう。足湯活動が第一次的なケア行為となりうるのは、こうした自立への前兆として、〈こころの自律〉がまがりなりにも再生しつつあるときである。

「つぶやき」は、ボランティアの身体的「触れ合い」によって触発された被災者の身体に現に起きつつある、自己への関心（「共感」）を、更に自己を対象化し、他者に向かっての、自己説得的に語られる「ことば」、といえよう。

能動的な活動たる足湯活動をしているボランティアにとっては、足湯活動の結果、思いがけず被災者の「つぶやき」聴く（傾聴）、という受動的な立場に置かれる。被災者の「つぶやき」を、その人の苦しみの、人生の痕跡の「声」として聴く。その結果、被災者と自己との〈隔たり〉の大きさを知るに至り、自己が自明と思っていた現存在の平穏性を認識する（自己への関心）。改めて苦しみの中にいる被災者との差異を認識する（他者への関心）。そこから、被災者のおかれている状況への「同一化」という最初の情動が生まれる。それはいわば、自他未分の精神状態の精神作用といえる。

こうして、ボランティアは、「つぶやき」を発する被災者の「身体の声」を読み取り、了解しようとする。その方法が「共感」（他者への共感能力）という方法である。この方法は、被災者の「つぶやき」や身振りからの作用から、その当事者たる他者へ関心を高めていく。それは同時に共感能力を取得することであり、それを瞬時に駆使して、「身体の声」を聴き届けようとする方法である。

したがって、ケアとはこのように、相互的行為が生まれたとき、有効にその作法が作用するといえよう。こころの通う相互行為は、身体的「触れ合い」と「つぶやき」を通して、ヒトが次をめざして立ち上がる前兆としての、自律の根源を相互に呼び出す。

足湯ボランティア活動は、被災者の身体を「触る」という行為を介して、被災者への〈癒やし〉の行為をしている、と考えられる。それは、被災者にとっては、生命の活動を呼び覚まされる引き金（trigger）である。被災者の奮う生命、生命活動の賦活を呼び起こす、それは生活意思を回復し、持続しようとする意思を復権させることにつながる。

不幸、受難、苦しみのどん底にあるとき、ヒトとヒトとがじかに身体的に「触れ合い」、ヒトとしての生命活動（の回復）を伴う、本源的な意思疎通（交信）となり得る、「つぶやき」（ことば）が、生み出される、といえるだろう。

（2）「共感」から社会の分析と社会の仕組みづくり（実践へ）

被災者の、対自関係（自己への関心）、人に関心を持ってもらいたいという「共感」、更に他者への関心という「共感」と、ボランティアの他者への関心（共感能力）の二つの関心が交信（コミュニケーション）されるとき、「自立とは支え合い」という共感に基礎づけられた、同意の思想の共鳴盤が形作られる可能性が高まる。

次をめざす行為対象が、ボランティアと被災者とが、ヒトとしての自立、地域としての自立という目標に、このような双方向的な「共感」に基礎づけられ、同意したとき、ヒトとしてもつ共通のビジョン、価値理念、プログラムの共鳴盤が生み出される。それが復興思想と呼ばれるべきものである。

しかしその途は単純ではない。二つばかり指摘しておこう。

第一に、「共感」という内面的、精神的世界のみで、被災者の自立を妨げている現実世界を変えることはできない。価値理念を、社会の仕組みとして、現状分析とその可能性を条件分析によるプログラムを構想実践するのが、社会科学である。価値理念や倫理的人間で社会は構成されていない現実から出発しなければならない。

すなわち現実世界は、人間を「共感」のみを前提にして成り立っていない。自己への関心（対自的関係）と他者への関心（対他的関係）のダイナミズムとしての「共感」という内的・精神的世界をてことして、それを現実世界のあり方がなぜ、人々の自立を可能とする社会になっていないのか。どうしたらその可能性を手に入れることができるのか、という社会機構、制度のあり方への「分析」という別様の方法を考えねばならない。

第二に、ボランティアの「共感」能力がどのように高くとも、あらゆる対象に普遍的に適用可能とするのは、誤りである。〈個の有限性〉、ひとの弱さ（可傷性 vulnéabilité）、それが故にひとは「弱い存在」[13]であることも、リアルに認識できなければならない。

（3）暫定的総括――明らかになった二つのテーマ

想えば、阪神・淡路大震災時に自然発生的にはじまった足湯ボランティア活動は、足湯活動をする側の報告が多かったように思う。無論、活動側の「被災者に勇気づける」という意義と、被災者が足湯サービスを受けることによる東洋医学的な効果、そしてその結果としての精神的効果の意義についても十分に認識されていた（第Ⅰ部「足湯ボランティア活動とその足跡」参照）。しかし、能登地震・中越沖地震から、東日本大震災にいたる活動の経験から、次第に、足湯サービスを受ける被災者の「つぶやき」から、被災状況、潜在的ニーズを読みとろうとした姿勢は、足湯ボランティア活動にとって大きな変化である。私たちの「分析」は、こうした活動団体の意図を可能な限り引き継ぎ、「つぶやき」からその内容を読みとり、そして「つぶやき」という発話の意味を問い、最終的には足湯活動そのものの意義について明らかにしようとしてきた。

この「つぶやき」分析から生成された、明らかになったテーマは、二つある。

一つは、足湯活動そのものが、十分に被災者の〈こころの問題〉のケア行為を担っていることである。哲学者のヴィトゲンシュタインは、「苦しみを人に伝えることは困難である」という。ケアの専門家にしかひとの苦しみを理解し、緩和することはできない、と思われている。

足湯活動は、その活動途上で、意図せざることではあるが、被災者の「つぶやき」を聴聞することになる。足湯活動は、被災者の苦しみを聴きだしている。自然な、発話としての「つぶやき」を引き出ている。足湯にはその力があることを、私たちは改めて確認した。

もう一つは、「つぶやき」という発話行為が、足湯活動の中で得られるということは、〈こころの自律〉につながっているのではないか、ということである。被災者が身体的な感性を取り戻し、そのことによって人としての、「自存力 conatus」[14]、自律力を生み出す、きっかけになり得ている。いわばこころの「自律」の前兆のきっかけである。

被災者の「つぶやき」という発話行為は、自身の内発的な力が、引き出され、掘り起こされる、きっかけとなり得る。こうして、足湯は、被災者への癒やしの行為といえる。もっと敷衍すれば、実は、生命の活動を呼び覚ます引き金となっているのではないか。ここでいう生命活動とは、生活意志の回復や、それを持続しようとする意思のことである。

もしそうであるなら、「つぶやき」の内容分析からは、被災者の根源的な自立論の条件が読み取れることになるだろう。そのような自立の条件を高めるための、足湯ボランティア活動の社会的仕組みづくりを、私たちは模索しなければならない（第Ⅲ部　足湯活動の到達点参照）。

〔註〕

1　東京大学被災地支援ネットワークの活動は、http://www.l.u-tokyo.ac.jp/utshien/Project.html　参照。

2　「つぶやき」の聞き書きは、東日本大震災後、日本財団ＲＯＲＤと震災がつなぐ全国ネットワークによる、延べ二〇〇〇人の足湯隊（二〇一一年度～二〇一三年度）が書き取った一万六〇〇〇のケースである。依頼された「東京大学被災地支援ネットワーク」は、ＰＣへの入力作業を支援し、分析を行った（参加は、震災がつなぐ全国ネットワーク事務局、清水亮〔社会学〕、三井さよ〔社会学〕、似田貝〔社会学〕、市野川容孝〔社会学〕、川上憲人〔医学部」研究室」）。報告書は、日本財団ＲＯＲＤ＋震災がつなぐ全国ネットワーク編（2012, 2013）。

3 「東日本大震災仮設支援連絡会」は、阪神・淡路大震災を機に誕生したボランティア団体の連携組織「震災がつなぐ全国ネットワーク」（三二団体、一八個人）の内部組織として、東日本大震災の仮設住宅住民を支援するボランティア団体の参加をえて組織化（二〇一一年七月二一日）。東日本大震災の仮設住宅住民を支援するため、被各地で支援する団体間の情報共有と仮設住宅の住環境の改善やコミュニティづくりを支え、住民の声を政策提言に結び付ける活動を目的としている。

4 「つぶやき研究会」をつくり、宮本智子（臨床心理士）二〇一二年九月六日　日本財団、吉椿雅道（被災地ＮＧＯ協働センター）二〇一二年一〇月一二日　日本財団、川上憲人（東京大学医学研究科精神保健学分野・教授）、関谷裕希（同・特任研究員／臨床心理士）二〇一二年一一月二九日　東京大学弥生総合研究棟３階　都市災害復興プロジェクト室、などの報告を受けた。

5 震災がつなぐ全国ネットワーク『足湯の気になるつぶやき――ボランティアと専門職の連携のためのガイドブック』（二〇一五年五月）

6 〈出会い rencontre〉とは、人が思いがけなく新しい課題、テーマに邂逅し、それを受け入れ、迎え入れる経験。こうした経験によって、ひとは外部に自己を開く（似田貝 2008,2011a,b）。

7 よく言われるように、主（ボランティア）が客（被災者）を一方向的に「受け入れ」るのが〈歓待 hospitalité〉なのではないと思う。客が主のサービスを潜在的「受け入れ可能性」を持っているから、あるいはそれが形成されるから、初めて〈歓待 hospitalit 氏 r のいう関係性が成り立つのであろう。双方向的な「受け入れ」が成り立つことが大切である。この数年、「受援力」ということばが生まれたが、〈歓待 hospitalité〉の論理からの検討が急がれよう。

8 社会科学及び社会学では、「自立」という用語を、主として社会的場での活動として使用する。本稿では、この方法と区別するため、こころの活動を想起する用語として〈自律〉という用語を使用する。

9 ハーロー（H.F.Harlow）は、赤毛猿の実験により「愛着」は授乳による欲求充足よりも、むしろ「やわらかい感触・接触」によって形成されることを明らかにし、「スキンシップ」の重要性を指摘した（エイマール, S. 1966）。

10 ここでいう、奮う生命・「内部生命」・生命活動の賦活とは、〈生活意思の自覚的回復とその持続〉の意味である。かつてわたしは、支援者黒田裕子さん（二〇一四年九月逝去）の実践のエピソードを例示しながら、以下のように指摘した。「生活を整える」という支援の実践は、被災者の生活意思の持続を自覚的に回復させる（これが自立）にある。〈生の固有性〉に関わる自立への支援とは、こうした支援者（他者）による、被災者の「内部生命 inner life」（西田幾多郎）としての自己への働きかけを、意味する。そこには〈生の固有性〉のというかけがいのない生命＝生活こそ、人を人ならしめる、という生命の思想が根底にある（似田貝 2008）。

11 つぶやき」は、自己内への叫び（叫び声、泣き声、呻き、笑い等）の擬音語、唸りという擬態語や、自己ないし他者に発する「ことば」となって放たれる。「つぶやき」のデータでは、被災者の「ことば」として発せられたのは、「うー」「あー」「ああ」「あっ」という擬音語、擬態語、感動語の頻度が高い。これらも、明らかに〈身体の変化〉に伴う初期情報＝「つぶやき」（「身体の声」）である。

12 私は、阪神・淡路大震災の支援論をテーマにしたときから、現代における主体論は、苦しみ pathos を受ける「弱い存在」の主体化、つまり〈受動的主体性〉をテーマにすべきである、と考えている。「近代社会」の主体論の前提であった能動的主体像を「強い存在」と考え、これ対し、「弱い存在」の主体像を、〈受動的主体〉とし、むしろここから主体像を立ち上げるべきと考えている。〈受動的主体性〉とは、自立困難な出来事をめぐって〈出会う〉他者との関係性のなかで、否応なく被る〈可傷性 vulnérabilité〉と、それによって〈働きを受ける主体の感性〉を介して、〈自己自身に働きかける力能〉によって立ち上がる、と考えている。つまり否応なしに他者からの働きを受けつつ、他者と自己自身に働きかけるという力能。要は、従来のような、受動性／能動性の二分法的考え方でなく、その同時性、複相性がこの概念のテーマである。〈受動的主体〉というこの主体の変化は、外部からのインパクトにより、感性等を通じて、したがって身体を介して主体が変様（アフェクチオ）する（似田貝 2008 参照）

13 詳細は似田貝（2008）参照。

14 「自存力 conatus」という概念は、スピノザ（Spinoza）の用語で、人の自己保存力の意義を論じている。

［参考文献］
内田義彦（1967）「日本思想史におけるウエーバー的問題」のなかの Rousseau と Smith（『日本資本主義の思想像』岩波書店
中村雄二郎（1999）『死と生のレッスン』青土社

野口三千三（1996）『原初生命体としての人間――野口体操の理論』岩波現代文庫
似田貝香門（2008）「市民の複数性－現代の〈生〉をめぐる〈主体性〉と〈公共性〉」（似田貝香門編『自立支援の実践知――阪神・淡路大震災と共同・市民社会』東信堂
――（2009）「コミュニティ・ワークと〈実践知〉」コミュニティ・自治・歴史研究会『ヘスティアとクリオ』No.08号：5-17
――（2012）「ボランティアと市民社会――阪神・淡路大震災と東日本大震災からの問題提起」『震災学』vol.1 東北学院大学：シンポジュウム「東日本大震災と学生ボランティアの役割――大学間連携による取り組みとその課題」144-155
――（2013）「被災地支援の社会学　東日本大震災の支援のネットワーク」山本泰・佐藤健二・佐藤俊樹編著、新世社、300-314
――（2013）「『つぶやき』分析のまとめと今後の課題」日本財団ＲＯＡＤ＋震災がつなぐ全国ネットワーク編『寄り添いからつながりを　震災がつなぐ全国ネットワーク　東日本大震災支援活動記録２』31-37。
花崎皋平（1981）『生きる場の哲学――共感からの出発』岩波新書
エイマール，S.（1966）『霊長類』宮地伝三郎訳、ライフ・ネーチュア・ライブラリー、時事通信社
K.ローレンツ（1966）『人イヌにあう』小原秀雄訳、至誠堂
Antonio Negri, Job, La Force de L' Esclave.traduit de l' italien par Judith Revel,Bayard 2002（邦訳『ヨブ』84）
Jacques Derrida, Adieu- a Emmanuel Levinas,Galilee, 1997（1997=2004　邦訳：45）

コラム　被災者の声とは

黒田裕子

1　災害看護の立場から

阪神・淡路大震災から二〇年目、東日本大震災から四年目を迎えたことになる。筆者は阪神・淡路大震災時の被災者である。いま、ここに二本の両足で立てていることが不思議である。避難所生活・仮設住宅生活をしている中で、被災者の生の声を聞くことは日々胸が締め付けられる思いであった。「何故、ここに自分が生き残っているのか」「これで良いのか」と自己に問いかけること度々であった。多くの命が一瞬に亡くなり、残された者の多くが自己に「これで良いのか」と問いかける姿を目にした。

生き残った者の罪責感があった。

「二〇一一・三・一一東日本大震災」においては、情報が飛び込んできた時、思考はストップした。会議中であったが、映像を通して被害状況を目の前にし、震源地が分かった時には体が動いた。心も東北に飛んでいた。そして、あくる日は宮城県に入り対策本部で話を伺い、避難所対策を依頼されていたところであった。こうして筆者の東北での活動が始まるのである。

足湯は阪神・淡路大震災の時は、ずいぶん後であった。足湯と筆者の出会いは、能登半島地震の時であった。筆者は体育館（避難所）の中で活動をしていた。そこに一本の電話があった。神戸のM氏から「そちらのどこかで足湯をさせてもらえないか」という話であった。この時、被災者の多くは、悲嘆にくれていた。足湯を通じて、心のケアが出来ないかと考えた。そして、保健師さんに「避難所の中には、様々な問題が山積している。その問題の一端を解消する為に足湯を通じて他者（支援者）と触れ合っていただいてはどうか」と、併せて「お風呂に入れない。眠れないと言っている人が多いため、足湯ボランティアを採用しては如何か」と投げかけ「もし、良かったら来て下さるとおしゃっているので是非に」と働きかけた。

寛大なるこの保健師さんは、「では、来てもらいましょうか」と行動に移して下さった。被災者の心に柔軟性のある保健師によって生ききる力が湧いた。足湯をしながらの「つぶやき」は日々の暮らしを支えることが出来る。また、健康問題についても考えさせることが出来る。会話を通じて声が出る。発話することで、風邪を引いている時などは、痰の喀出が良くなり、肺炎予防にもなる。会話をすることで一人ではないという確信が得られることもある。仲間が出来ることで、生ききる力と同時に何かをしようとする意欲が湧いてくることは、心の問題・悲嘆ケア・健康維持増進・体力低下予防・食欲増進に少しでも近づけることが出来るのではないかと考える。コミュニケーションも図れることからコミュニティ作りにも繫がっていく。

今後は、被災時だけでなく日常的に地域の特性を捉えながら、また、くらしに視点を当て、日々の生活の中に当たり前のようにこの足湯が普及するならば、「足湯」の効果は更に上り、減災につながることが期待できる。

（黒田さんには、能登半島地震〔二〇〇七年〕から足湯活動の支援をいただき、「つぶやき」の分析や「ガイドブック」づくりにも協力・助言をいただいた。二〇一四年六月に打ち合わせをし、その三ヶ月後の九月、突然ご逝去された。この稿は絶筆である。ご冥福をお祈りします。編者・似田貝香門）

2　つぶやきは「声」になりたがっている

関　礼子

■割り切れない思い

「(家が) 何ともないから、癪にさわる。いっそ、さっぱり流されてしまえば良かった」。二〇一四年四月。避難指示解除準備区域になっている双葉郡楢葉町が、帰町時期の判断に先立って実施した町政懇談会終了後、洗面所で言葉を交わした高齢の女性のつぶやきです。避難生活も三年を過ぎると日常です。再建した生活をリセットして町に戻ることは難しいとはいえ、それでもなお町に戻りたいと思うやるせなさが、口をついて出たのでしょう。

直近に実施・公表された「楢葉町住民意向調査」は、避難解除後に「すぐに戻る」が八・〇%、「条件が整えば、楢葉町に戻る」が三二・二%、「今はまだ判断ができない」三四・七%、「戻らない」が二四・二%という結果を示していました (復興庁・福島県・楢葉町 2014『楢葉町住民意向調査 調査結果 (速報版)』八頁)。

でも、人の心は数字が表すようには簡単に割り切れません。戻れないし、戻らない。でも戻りたい。どうどうめぐりです。だから、「できる限り、家の管理だけはしたい」とか、「楢葉の家は別荘だと思うことにする」という言葉も聞こえてきます。離れて家を管理することなど困難だと承知のはずなのにです。

家を解体すれば諦めがつく、新たな家を構えれば人生に前向きになれると、一歩踏み出した人でさえ、「正解は〝神のみぞ知る〟」、「家が出来たからそれで (避難という「旅」の) 到着なんだとも思えません」と語ります。

■戻る家

いったい、避難指示が解除されて、どれだけの人が帰町するのでしょう。楢葉町のご自宅に招いてくれた男性は、「戻れるようになったら戻る家は、見てわかる」と教えてくれました。戻る意思がある家は、片付け、手入れがなされてきたと言います。なるほど、その男性の家は快適で、見事な庭を眺めていると、そこが避難指示区域であることを忘れてしまいます。実際、楢葉町が生活の拠点になりつつある、という気持ちでいる人も少なくないとのこと。彼もその一人です。

別の男性も、「休日に楢葉の自宅に戻るのが息抜きだ」と言います。彼の家にも寄せていただいたことがあります。除染作業が始まった頃でした。大きな窓から見えたのは、一面に黄色いセイタカアワダチソウ。居間にあるスタイリッシュな薪ストーブは、放射能を凝縮してしまうため薪を燃せず、将来的に子供たちが町に戻るかどうかもわからないと聞きました。淡々とした語りに、返す言葉はありませんでした。あの窓から見えた風景は、除染後、どう変わったのでしょう。そして、これからどう変わっていくのでしょう。

■戻らない人生

一通り除染が終了したとはいえ、楢葉町の放射線量は国の基準値を下回っていません。町政懇談会終了後、楢葉町は、心身の健康や生活基盤など避難の長期化で失われるものも大きいという点に鑑み、フォローアップ除染をしながら、二〇一五年度春以降の避難指示解除を目指すと表明しました。放射線による健康リスクか、避難生活による震災関連死のリスクか。究極の選択です。避難指示解除とは、「復興」という耳触りの良い言葉で括ることができない意味を持つのです。

戻る、戻らない。どのように決断しても、かけがえのない人生に降りかかった被害をゼロにすることはできません。原発事故でねじ曲げられた人生の原状回復などありえないし、被害をなかったことにすることもできません。だからこそ原発事故は「罪つくり」なのです。

福島第一原発から二〇キロ圏。つぶやかれる言葉は苦しみを露わにし、理不尽な状況を伝えるための「声」になりたがっているかのようです。二〇一四年七月現在、「戻る家」は、いまだ除染廃棄物が高く積もる仮置き場の風景に圧倒されて、私にはまだ十分に見えていません。

3　石が叫ぶ

川上直哉

「宗教者」として、被災者の声とは何かを考えてみる。

「宗教者」として、という。それは、他とは違う立場で、ということを意味するだろう。

「学者」は、真理を探究する。それは異論を歓迎し、論理的整合性を求める。

「政治」は、正義を実現する。それは白黒・勝敗を明らかにし、決着をつける。

「ビジネス」は、利益を求める。それは損得を論じ、生存競争にいそしむ。

「メディア」は、秘密を暴露する。それは混乱を恐れずに秘密のベールをはぎ取る。

では「宗教者」は、何をするのか。我々宗教者は、祝意を以て調和を生み出す。本コラムでは、そういう「宗教者」として、被災者の声について、考える。

筆者は、被災地に立つ宗教者である。被災地で最初に取り組んだのは、犠牲者の弔いであった。それは、突然近傍のものを喪った生存者の人生に、調和を生み出す作業であった。そして、最後まで残されてゆく課題は、放射能禍であろう。我々は今、見えない不安に分断される被害者の間に調和を求めて四苦八苦している。

二〇一四年七月二日、南太平洋のタヒチで、一つの催事に参加した。核実験場となった太平洋で、多くの人々が被曝した。その犠牲者の声は聞こえてこない。その痛みを現地の石に託し、タヒチに集める。その石を囲んで、声なき声に耳を傾ける。そうした催事に、「フクシマの石」を持ってくるように、との要請を受けたのである。

催事は歌によって彩られた。南の島の、太鼓のリズムに刻まれる歌声。そのハーモニーは、分断される全ての思いを一つにし、そこに生まれる倍音が声なき犠牲者の声となる。その催事の中で、「フクシマの石」は贈呈された。それは、南相馬の海岸の砂と、川内村の山の砂で作られた、二つのガラス玉であった。不条理に分断され砂粒のようになっても、私たちは調和し輝くことができる。そうした思いが、そこに込められた。

調和はどうやってもたらされるか。それは、被災者の声を聴くところから始まる。傾聴ということ。それは active listening と呼ばれる。調和を目指して能動的に聴くこと。そこに静かな能動性がある。おのずから調和が生まれるように、能動的に静まる。それは、「石」のイメージと符合する。

太平洋の人々は、「石」に豊かな含意を見る。石は動かない。動かないことによって、架橋する礎石となる。静かに踏みしめる力を発揮する。漬物も作り出す。大地を堅固にもする。疲れた人は、そこに座る。そこに重荷を下ろす。傾聴する人が、悩む人の心の重荷を、ひと時、引き取るように。

石は黙っている。しかし、石には何かが凝集している。それは苦しみかもしれない。叫びかもしれない。しかしそれは、凝集しすぎて、現れ出ない。それが重みとなる。そうしてそこに、圧倒的な存在感が生まれる。声なき被害者・被災者の声は、このイメージと重なる。

聖書の故事を思い出す。古来、社会の不条理が吹き溜まり世間の矛盾がしわ寄せになる場所で、人々は、世直しを求めた。二〇〇〇年前、イエスの周辺でも同様であった。イエスはそれを拒むが、最後にその願いを聞き容れる。子ロバに跨り、首都へと進む。数千の名もなき群衆に囲まれ埋もれるようにして。巨大なデモンストレーション。イエスはさながら礎石のように。その礎石を踏みしめて、名もなき人々は、熱狂する。声なき痛みの声が顕在化する。無秩序が想起される。良識ある人は諌めようとする。すると、イエスは、おそらく顔を輝かせながら、こう答える。「この人たちが黙すれば、石が叫ぶだろう！」。

被災者の声とは何か。宗教者は、調和を求めてそれを聴き出す。新しい調和を生み出すために。それは平和によって矛盾を超克する道となる。宗教者は、自らが礎石となり、石のように沈黙する被災者・被害者の声を解き放つ。そこに、新しい世界を望見しながら。

「宗教者」にとって、被災者の声を聴くとは、おそらく、如上のような事柄だと思う。

4 被災者の声に耳を傾ける──宗教者（僧侶）の立場から

伏見英俊

震災後、初めて石巻市に入ったのは平成二三年四月二日のことでした。瓦礫で道が塞がれ、通行できる道を探すのに難儀した末、自衛隊のトラックの後をついて何とか目的地に到着。被災した寺院では、すでに住職と副住職が黙々と津波の後片付けをしていたので、作業を手伝いながら瓦礫の山と化した被災地の惨状を目の当たりにすることに。頭上を自衛隊のヘリが飛び交う中、寺には町内に住む家族の安否を尋ねに来る人が後を絶たず、津波被害の凄まじさを思い知らされました。このような惨状に対し、宗教者にいったい何ができるのか、宗教者は何をすべきなのか。

画像は目的の寺院に向かう途中立ち寄った葬祭会館で撮影したもの。自分は宗教者であってジャーナリストではない。そんな思いから撮影することに後ろめたさを感じ、この画像を最後に二ヶ月間カメラを封印する。この種の葛藤は多くの専門家も経験したようで、被災地を調査した文化人類学者も、当初、被災現場での聞き取りには戸惑いがあったといいます。

石巻での支援活動以来、震災の犠牲者に対して、そして生き残った人々に対して、宗教者としてどのように関わっていくかが私にとって大きな課題となりました。五月には土葬遺体の掘り起こし作業の開始に伴い、火葬場での読経ボランティアに参加し、その後原発被災寺院への支援にも関わる。転機が訪れたのは、さまざまな宗教者が傾聴に取り組む「心の相談室」活動への参加でした。

仮設住宅の茶話会で被災者と接した時、多くの人は、震災直後の話になると堰を切ったように生々しい震災体験を語り始め、ひとりひとりが震災で心に大きな傷を受けたことがわかりました。石巻の仮設住宅では、津波襲来時にやっとの思いで中学校に避難し、暖房も食料もない中、不安な一夜を過ごしたというAさんの震災体験を聞く。今までにない津波の恐怖を体験しながらも命拾いするが、彼女を待っていたのは過酷な現実であったというAさんの語りから、心の傷の深さが窺われるのでした。大槌町のBさんからは、津波ですべてを失った悲しみの中、ひと針ひと針に親戚の犠牲者への追悼の思いを込めながら刺し子を作っているという話を伺いました。

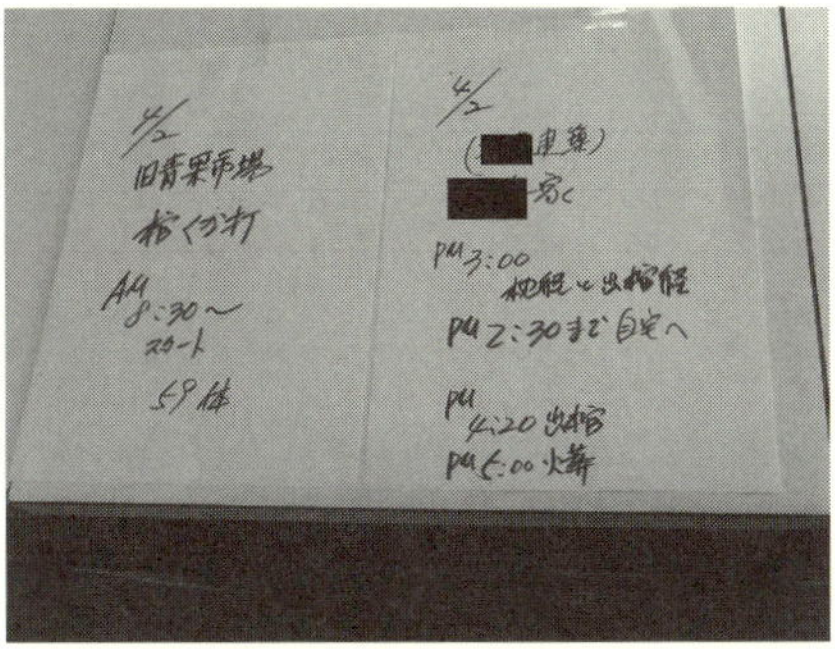
当時、土葬と火葬が並行して行われていたことを示す画像

いずれの場合も、じっと被災者の声を聞き、時には涙を浮かべながら寄り添いながら共に祈る以外何もできませんでした。

震災後二年間ぐらいは、強烈な震災体験、津波襲来時の恐怖、喪失感、原発事故による避難生活の過酷さなどの話題が多かったのですが、震災から二年が過ぎた頃から、津波被災地では新しい生活についての不安・不満を口にする人が増え、原発事故の被災地では未だ先の見えないことへの悩み・苛立ちを耳にするようになりました。石巻の仮設住宅では、仮設を出て家を建てる人と仮設に残る人の間に、以前のような心の温もりが感じられなくなったというCさんの話を聞く。お互いに励まし合ってきた仲間同士の心の壁は、彼女にとって堪え難いものだったに違いありません。富岡町から避難しているDさんは、定年後、終の住処として温暖な海沿いの町を選んで移住したのに、避難の途中、妻は病院を転々としている間に死亡。原発事故ですべてが狂ってしまい、将来のことを考えるととても不安だと語ってくれました。これらの声は時々刻々変化する復興過程の中で、今を生きる人々の真実の悩み・苦しみと言えるでしょう。

被災者の声の中には、ひとりひとりの震災の語りが存在し、それを通じて初めて死者への祈り、生者への祈りが可能になると私は思います。震災の語りを通じて被災者に寄り添うことが宗教者の「なすべきこと」であることに異論はないでしょうが、それは自己実現的であり、かつ無量無辺のあり様をしているのかもしれません。

5 被災者の「声」を本当に理解するために

川上憲人

被災者の「声」を聴くことは、被災者を支援するために大事なことです。しかし被災者の声を単純に、そのままにとってしまうことには注意が必要です。ここではこのことについてお話したいと思います。

「声」は、しばしば本当の被災者の気持ちを代弁していないことがあります。人が何かを語るときには、その状況に合わせて表現を選びます。日本人ではこの傾向は特に顕著です。「いろいろあって大変ですね」と同情して話す相手（複数）の中で語るような状況では、しっかり生きておいでになる方の場合でも、相手の期待に合わせて困っていることを、それがどんなに些細であっても思い出して話しやすくなります。「声」はその断片ではなく、「声」によって表現されたその人全体を理解しようと努めない正しく理解することができません。

「声」は、その人がして欲しいことと違うことがあります。私は最近、被災地での調査をしていました。調査を分析したところ、現在の仮設住宅にいろいろな不具合や問題があって、お住まいの方が困っているという結果がでました。そのことを、結果説明会で、住民の方にお話すると、意外な意見がもどってきました。「今の仮設住宅にも困ったことはあるけど、それよりも仮設住宅から公営住宅に移ってからの方が心配なので、今のことより、むしろ先のことに支援やサービスがちゃんと受けられるようにして欲しい」ひとは今困っていることよりも、別のことを大事と考えている場合があるのです。

「声」は、しばしば「声」だけでは意味を持ちません。「もう死にたいくらい」という「声」は。いろいろな意味を持ちます。困難が大きいけど乗り越えたよという結果報告とも、しかたないことはあきらめて先に進もうという前向きな姿勢とも、（死にたいくらい）とてもつらいことがあるという意味にも、また本当に死にたいと考えているようにもとれます。「声」がどんな意味をもっているか判断するには、そのひとがどんな話し方をするのか、どんな話の流れの中でその言葉を話されたのか、そうした状況を加味して判断しなくてはなりません。状況に関するデータのない時、「声」を文字通りにとらえていいのかどうか、よく考えることが大切です。

「声」は、しばしば被災者に本当にしてあげるべきことにつながらないことがあります。ひとは困難にあたったとき、本当はそれをしていると回復が遅れるのに、ついついそれにはまってしまうという状態がおきやすくなります。これを「回避」と呼び、ある種の脳の働きによっておきてきます。例えば、ゆううつだからとお酒を飲んでいたり、気が乗らないからと外出を控えることは、かえってゆううつな気分を増やし、気力を低下させますが、そのサイクルに入ってしまうと、「お酒を飲むしかない」とか「自宅にいるしかしょうがない」と思うようになります。こうした「声」を聴いてそのままにとらえてしまうと、元気になってもらうために本当に提供すべきものを見失ってしまうことになります。最近、仮設住宅で「ボランティアでイベントしてくれる頻度が以前よりもずっと少なくなって寂しい」という声をよく聞きます。こうした「声」を聞くたびに、寂しい気持ちに共感すると同時に、仮設住宅の人たちも、自ら呼びかけてボランティアに来てもらったり、イベントを企画することを考えることが本当の復興のためには大事な一歩ではないかということも考えたりします。

被災者の声を聴くことは大事なことです。しかし被災者の声をそのままにとらえてよいのかどうかについては気をつけることが必要です。被災者の声を聴いたなら、そのことを自分がどうとらえたのか、その声から自分がどうしようと考えたかを、もういちど被災者に話してみることで被災者が本当に語りたかったことかどうか確認することが大事だと思います。支援者がひとりよがりにならないために、相手に本当に役立つ支援をするために、自分の考えが正しいかどうか、相手に思いきってたずねてみる勇気が大事なのだと思います。

6　語らせることについて

加藤　寛

被災者の声を聞くことは、時としてリスクを伴う。被災者体験を早い段階で語らせることが心理的苦悩を軽くするのに役に立つ、と言われることがある。確かに、あふれ出てくる不安や恐怖感、あるいは悲嘆を受け止め共感することは、無力感と絶望に押しつぶされそうになっている人を支えるだろう。カタルシスという言葉があるように、苦悩を吐き出すことによって、満足とはいえないまでも、重苦しさを軽減できる場合もあるかもしれない。しかし、体験や感情を無理に聞き出してはならないというのが、災害心理学の最近の常識になっている。

阪神・淡路大震災当時に流行った心理学的介入法に、デブリーフィングというものがある。これは、もともとは軍や消防などで、一つの任務を完了した後に行うミーティングを指す言葉であった。その後、一九八〇年代後半になって、トラウマ体験をした直後に行う心理学的介入法として発展した。具体的には、七二時間以内に同じ体験をした人を集め、体験や気持ちを語り合い、対処法について学ぶという内容である。当初は、消防隊員などの災害救援者に対して用いられていたが、徐々に被災者に対しても試されるようになった。早い段階で、語らせることによって、PTSD（心的外傷後ストレス障害）の発症を予防できるのではないかという期待があったからである。阪神・淡路大震災が起きたとき、被災者に対する介入をどのようにするか、まったく知識のなかった日本の専門家の多くは、この技法を使えないかと考えた。私自身も、避難所で何人かの被災者に集まってもらい試そうとしたが、乗ってくる人は少なく、日本人は気持ちを言葉にするのを避ける傾向があるからだろうと、文化の違いを理由にして、使うのをやめてしまった。その後、欧米で行われた詳細な研究では、デブリーフィングの予防的効果は否定され、むしろ悪化させるリスクがあるという指摘がされた。一時期は破竹の勢いだったデブリーフィングの開発者たちが、学会のパネルディスカッションで、こてんぱんに批判されるという現場を見たのを鮮明に覚えている。

激しい議論が行われていた二〇〇一年に、世界中を震撼させた同時多発テロが起きた。テロの後、欧米の専門家が一堂に会し、どのような介入法が適切かを話し合った。その議論をもとに、提案された早期の心理学的介入マニュアルが、サイコロジカル・ファーストエイドである。そこで強調されているのは、当たり前の配慮と、現実的な支援を優先する重要性である。たとえば、関係づくりに有効なのは食料や水を提供するなどの現実的支援であること、介入にあたっては被災者の負担にならないことを最も重視すべきこと、などが基本的方針として挙げられている。そして、避けるべき態度として、「何があったか尋ねて、詳細に語らせないでください」と、デブリーフィングへの批判を踏まえた留意点が強調されている。新たなテクニックを学ぼうと期待して読むと、肩すかしを食らわされるように感じるかも知れないが、そこに書かれているのは、われわれが阪神・淡路大震災などで被災者に接した経験から、辿り着いた実感と一致するものであった。すなわち、心理的回復のためには、生活の再建と人間としての尊厳の回復が基礎となり、そのためには現実的な被災者のニーズに応え、専門家は黒衣（くろこ）に徹することが重要であるという、われわれの実感である。

足湯は、足先を暖めることで得られる体感が自分の存在を確認することに役立つだろうし、何より優れているのは、害をおよぼす可能性がほとんどないという点だろう。支援者が足下に身をかがめて、自分の凍えた足に気を配ってくれるという体験は、過酷な避難所の環境では、最上のおもてなしになるに違いない。その際、自然に語られた言葉には、被災者の苦悩や本音が混じるだろうが、間違ってもそれを聞き出そうとしてはならない。このことだけは、こころのケアに携わってきた者として申し添えたい。

7　佐用町の経験を災害人類学の立場から

浅野壽夫

「世送り」という言葉があります。「世送り」とは、先達から受け継いだ経験や知恵を人々が共有し、時代に合わせて人々のより良い営みを培うことです。

被災者に対する足湯活動は、被災者が蒙った「こころ」を癒す効果があると言われています。被災地での様々なボランティア活動の中で、足湯活動は一見、地味にみえるが、子供からお年寄りまであらゆる年齢層に対して「こころ」の重しを一時的にも取り除き、「世送り」の実践につながります。更に、被災直後の避難所生活から仮設住宅への転居、新しい棲み家への移転と目まぐるしく変化するだろう生活環境のなかで、継続的に、また定期的に足湯を通じて、非日常的世界から新たな日常的世界の構築過程を通じて、「こころ」のゆとりを取り戻す契機を被災者に提供できるものと考えます。

神戸学院大学でも学生を中心に兵庫県佐用町での足湯活動を行っています。佐用町は二〇〇九年八月の台風九号により町全域にわたり甚大な被害を蒙りました。その被災集落での足湯活動をここ数年継続して実施しており、この活動を通じて足湯活動の意味を考えて見たいと思います。

足湯活動は二つの意味合いを持っているのではないでしょうか。

一つは足湯活動そのものから引き出される効果です。足湯活動は、学生ボランティアにとって、数回の指導を受けることで、誰もが容易に取り組むことができる活動です。足湯に浸かりながら、手や肩を擦る身体的接触を通じて、被災者の「心の扉」を被災者自身が開き、「想い」を発する、いわば「問わず語り」が展開されていきます。また、被災者は、自分自身を語るのみではなく、足湯を施す側に対しても、気を配り、自分の置かれた立場とそれを理解する立場を行き来します。互いに「人に寄り添う」感情が醸成され、足湯以上の「温もり」を相互に心に感じるでしょう。最近では、足湯活動の展開は災害被災者に対する活動に留まらず、コミュニティでの一人暮らしのお年寄りに対しての対応といった、より広い範囲の対象や場所の展開が進められており、人々の繋がりの形成手法として、大きな効果をもたらしています。

二つ目は、足湯を通じて発せられる人々の「つぶやき」とその内容の理解と発信です。

足湯は実際の活動の効用もさることながら、足湯を通じて、足湯を受ける人々からのポツリと発せられる「つぶやき」に人々の生活経験や意識を読み取ることができます。人には人生を一瞬のうちに変えざるを得ない絶望の淵に立たされた悲惨な体験を固く口をつぐみ、また誰にでも進んで話したくなるような喜び、誰かに話して自分自身を納得させるなど、つい「問わず語りのつぶやき」は、人生経験から絞り出された「想い」の発露でしょう。他者はその「つぶやき」に耳を傾け、それを発した人と自分を重ね合わせることで、「共感」を感じます。

その「共感」は、「世送り」をしていくべき重さを持っているのではないでしょうか。

そのためには、「つぶやき」の一つひとつを時系列的に、関心事別に検証していくことが必要性です。そして、そこから引き出される知恵と教訓を次世代に繋ぎ、共有していくことであります。社会にとって、また人々にとって、変えてはいけないものと変えなければならないもの、更に、伝えなければならないものと伝えなくてもよいものを峻別するのです。

阪神淡路大震災から二〇年になろうとしている今、行政では、被災当時の支援に関わる膨大な文書資料の保存が進められています。これらは、復興計画案から避難所の配給品リストや配給時間までの文書が含まれているとのことです。

他方、被災者自身の経験や知恵は、「語り部」という手法で伝えられていますが、被災者総体としての時系列的な経験や知見も記録し、今後に活かされるべきでしょう。

いま、私たちは、災害に立ち向かうため、被災された人々の問わず語りの「つぶやき」を丁寧に集め、それらの中から、「世送り」すべきものを見出し、今後の災害に立ち向かうヒントを次世代への伝言とする、被災地の慣習、価値観、考え方を含めた文化を研究目標とする「災害人類学」としての意義を見出すことができるのではないでしょうか。

第Ⅲ部　足湯活動の到達点

1　ケア活動のひろがりと実践理論としての足湯活動

似田貝香門

1　足湯ボランティアとケア活動の新しい広がり

(1) こころの問題の「ガイドブック」づくりをめざして

足湯ボランティアは、「つぶやき」を通して、〈こころの問題〉を抱えている人々とであうことがある。健康、精神面での健康、こころの平安や、魂の救済といったケアを、足湯活動の現場で、可能ならば直ちに〈専門家につなぐ〉ことが必要とであると痛感した。

後にふれるように、足湯活動は第一次的ケアの役割を果たしていることが、今回の「つぶやき」分析で明らかになったが、それらの人々の〈こころの問題〉がより深刻化しないように、あらかじめケア職能者につなぐ必要がある。

ボランティア活動とケア職能者の連携という実践的テーマをどのように展開していくか。私たち「東京大学被災地支援ネットワーク」(以下、単に「東大ネット」と略す)は、「震災がつなぐ全国ネットワーク」

との点について何度も話し合い、「つぶやき」分析からより実践的な課題をすすめることとなった。

ボランティア活動とケア職能者の連携を可能にするには、以下の二つの点について検討が必要である。①ボランティアが、〈こころの問題〉を抱えている被災者を、足湯場面で発見する手段と方法の確立、②もしそのような対象者を発見したら、できるだけ早くケア職能者につなぎ早期にケア活動ができるような、現場での仕組みづくりの組織化を図る、である。

一九九五年の阪神・淡路大震災では、救助されても医療を受けられないまま災害死に至った方々が五〇〇名近くとされている。後にこの不幸な事象は、「避けられた死」「失われなくともよいいのち」と呼ばれた。専門家の縦割り構造が引き起こした問題として鋭く批判されるべきだろう。官僚機構だけが縦割り構造なのではない。日本の「いのち」に関わる職能集団もまた、縦割りなのである（似田貝 2015）。同じように、ボランティア活動にも問題がある。阪神・淡路大震災ではボランティア数は、延べ約一六八万人（一九九七年五月三一日現在）で、発災から三ヶ月間で一三六万人ものボランティアが支援に駆けつけている。しかし、発災から三ヶ月後、外部ボランティアほとんどは引き上げてしまった。その後、二〇〇名以上の「孤独死」という事態が起こってしまった。レスキュー段階にボランティア支援活動はあるが、復旧・復興段階では外部ボランティアは事実上いなくなったのである。当時の阪神大震災地元NGO救援連絡会議代表の草地賢一は、「わが国のボランティア活動はいまだに入門段階である」（草地 1995, 2011 ヒアリング）と嘆いた。

東日本大震災の支援活動でも、ボランティア活動はがれき処理と受けとめられていて、生活支援というボランティア活動は、全体として定着していない。だれが隙間を埋めるのか。行政を含めた専門家か。隙間だらけの支援を、ボランティアと職能者は連携して埋めなければならない。

まず私たちは、①の課題のために、足湯ボランティア及び足湯活動のコーディネーターが携帯する、できるだけ簡便な《こころの問題のガイドブック》（以下、単に「ガイドブック」とよぶ）を、足湯ボランティア支援団体、ケア職能者と、後方支援を行う「東大ネット」とが連携して作成、編集する作業を始めた。

（2）〈こころの問題〉に関する「ガイドブック」を作成する意義

一九九五年阪神・淡路大震災以来、被災地で活動する職能者のガイドブックがつくられるようになった。例えば災害看護の場合、災害時の備えの具体的な項目があげられ、そして、被災者の災害時の心身反応、健康状態等のチェック方法、病気の悪化の予防策、更に災害看護ボランティア活動の心構えや活動方法等が記載されている。

しかしながら、ボランティアは専門職能者でない。「つぶやき」のなかに、〈こころの問題〉を抱えている人を最初に発見することができる可能性がある以上、その手段と方法は、「つぶやき」から作成するしかない、と私たちは考えた。

「ガイドブック」作成には、以下のような意義がある。

第一に、「つぶやき」を聴いて、ケアを必要としているのではないかと足湯ボランティアが判断した対象者を、専門家につなぐ指針としての役割をはたす。

第二に、足湯ボランティアは、被災者の〈こころの問題〉の重い話を聴くと、精神的な負担を抱え込むこともある。ボランティアや支援者がＰＴＳＤにかかる、いわゆる「第三次被害」となりうる可能性も少なからずあると、指摘する専門家もいる。このような精神的負担を、ボランティアやコーディネーターが抱え込む訳にはいかない。「ガイドブック」に記載されているように、ある特定の「つぶやき」が発話されたらケア職能者につなぐということができれば、精神的負担を抱え込まなくともすむ。こうした意味で、「ガイドブック」は、ボランティア自身のケアの役割も果たすことができる。

この役割は、支援者の支援、支援者のケアという被災現場で支援する人々の精神的負担を軽減するものである。東日本大震災以降、少しずつ実践に移されようとしているが、まだ十分な議論や実践には広がっていない。

私たち「東大ネット」の仕事の一つに、こうした〈支援者を支援する〉後方支援のあり方を考えることが必要であると、この作業を介して強く思うようになった。この点は、後に「東大ネット」も呼びかけ人となって組織した、臨床心理士、災害看護師、宗教者、福祉関係者、社会学者が集まって組織された「出会う会」について述べる際に改めてふれることとする。

第三に、ボランティアの足湯支援活動のアイディンティティ確立に係わる問題である。足湯ボランティアが聴き記録した「つぶやき」のデータが、どのような方法で分析され、また支援活動全体にどのように役立っているのかという関心に答えることができる。

ボランティアが記録した「つぶやき」から「ガイドブック」が編集され、それが足湯の場で活用されていることを知ることによって、記録するという行為の意義が理解できる。「ガイドブック」の編集は、支援活動のアイディンティティを向上させることが期待できる。

(3) 精神健康学領域との協働作業 〈こころの問題〉の分類カテゴリー作成作業

「東大ネット」及び「日本財団ROAD・震災がつなぐ全国ネットワーク」(以下、「震つな」と略す)は、「ガイドブック」作成の基礎となる、〈こころの問題〉に絞り込んだ「つぶやき」の分類カテゴリー作成を始めた。被災地の宮城県山元町で支援している宮本智子(臨床心理士)氏、陸前高田市消防団・消防署員の支援活動をケアしている「東大ネット」メンバー東京大学医学部精神健康学領域の川上憲人研究室グループとの意見交換を行い、〈こころの健康のガイドブック〉作成への共同作業者となってもらった。

①〈こころの問題〉に絞り込んだ分類カテゴリー作成作業

〈こころの問題〉に絞り込んだ「つぶやき」の分類カテゴリー作成は、東京大学医学部精神健康学領域の川上憲人グループの主導で行われた。「つぶやき」から、こころの健康に関連があるキーワード・フレーズを抜き出す作業を、私たちと、この作業のために募集したボランティアとともに、ワークショップ形式で行った（二〇一三年三月九日〜一〇日　東京大学医学部三号館N一〇一）。この作業の基本的方針は、（i）精神保健の観点から支援が必要な方を把握する、（ii）活動地域での心の健康を経時的に把握する、というものであった。

保健・医療・心理の専門家（学部教育を受けた者と有資格者）七名と人文社会学の研究者七名がそれぞれ二人一組となり作業を行った。

「つぶやき」（一万六〇〇〇ケース）から、健康や精神に関わるケースを抜き出し（三七八〇件のつぶやきをレビュー）そこから一五〇〇サンプルを抜き出した。そしてこのサンプルから、「つぶやいている」本人の現在のこころの問題に関する状態（気分や気持ち）、行動（とじこもり、無為、お酒、争いやけんか）、身体症状（だるい、耳鳴り、不眠など）について、ネガティブ・ポジティブに表現している文体の意味を、書き出しまとめた。その数は一〇〇五。作業参加者全員による、ワークショップを行い、似た内容を集合し、まず手始めに五六に分類し、更にこの分類をより大きく分け、結果として一〇に分類して、それを「こころの問題の分類カテゴリー」と呼ぶこととした（一三七ページ、表2参照）。

②「ガイドブック」（案）作成作業：〈こころの問題〉に係わる「ことば」の分類と例文作成

「東大ネット」と「震つな」は、この「心の問題の分類カテゴリー」作業に引き続き、〈こころの問題〉に係わる「ことば」の分類と例文作成作業を行った（二〇一三年五月、二〇一四年七月）。分類カテゴリー

表1

390　涙	供養・葬儀の時に涙が出る	お父さん（ご主人）が流された時苦しかったんだろうなと思うと、涙が出る
390　涙	涙は枯れた	最近はすっかり涙も枯れてしまった
390　涙	気の毒で涙が出る	他の被災地のニュースを見ていると、気の毒で涙が出る
390　涙	勝手に涙が出る	
390　涙	毎日泣く	仕事を再開するまで毎日泣いていた
390　涙	思い出して涙が出る	よその家にお世話になっていた頃を思い出すと涙が出る
390　涙	泣けない	みんなの前では泣けなかった
390　涙	泣きたくない	

に基づいて内容別に三〇〇〇ケースを分類し、これを資料として、改めて被災者やその周辺で〈こころの問題〉があり、専門的なパーソナル・サポートが必要と思われる内容が語られるケースを見つけ、そのつぶやきの「ことば」を抽出し、その「ことば」が出てくる典型的な出来事の例文を同一分類の中から選択した（詳細は第Ⅱ部第1章「つぶやきの分類とその特徴」参照）。

「ことば」と例文をセット（以下、「つぶやきことば　例文」と呼ぶ）にするという作業によって、〈こころの問題〉を抱える被災者の具体的内容や出来事を全体として知ることができる。

しかし、〈こころの問題〉に関わる一つの「ことば」や、そのことばを含む内容をつぶやいたとしても、直ちに〈こころの問題〉を抱えた人というわけにはいかない。専門家の話でも診断は結局、総合判断であるという。恐らく「つぶやき」の複数の中身が問題なのであろう。

「涙が出る」というつぶやきでも、その「ことば」の内容は上の表のように、さまざまな背景を持っている。「涙が出る」だけでなく、もっと複数の哀しみや、苦難をことばとして出しているであろう。つまり、被災者それぞれの全体の「つぶやき」や、身体的、行動的振る舞い方等を総合的に勘案する必要がある。

そこで、足湯ボランティア活動の場で、常に被災者と伴にいる、熟練した地元の足湯ボランティア・コーディネーターの方々に、これまでの経験で取り扱った〈こころの問題〉を抱えた被災者のケースを列挙してもらい、「つぶやきことば　例文」一覧を参考に、該当項目を選択してもらい、私たちと一緒に、「つぶやきことば　例文」から典型的な例文を作成することにした。

こうして、活動現場の経験と「つぶやきことば　例文」を総合したデータを、「ガイドブック」素案とすることにした。それを、災害看護系（酒井明子）、臨床心理士（園田由紀、林田みか）、被災者の心の平安、魂の平安を導こうとしている宗教家（金田諦應）等にチェックしてもらった。内容によって対処の仕方（例えば要観察、専門家の助言が必要など）の監修をしてもらった。

二〇一五年五月には足湯ボランティア・コーディネーター用の「震災がつなぐ全国ネットワーク編集『足湯の気になるつぶやき——ボランティアと専門職の連携のためのガイドブック』」、足湯ボランティア用の「パンフレット」が完成した。「つぶやき」から分析・編集された〈こころの問題〉の「ガイドブック」、「パンフレット」が、ボランティアとケア職能者を結びつける役割を果たすことができるのか。その試みは今後、足湯活動の場で試されることになる。協力をしてくれる足湯活動の場は、岩手県陸前高田市「陸前たがだ八起プロジェクト」、宮城県七ガ浜町「レスキューストックヤード（ＲＳＹ）」、足湯隊を組織化し活動している東北大学学生ボランティア支援センター、東北学院大学学生ボランティア支援ステーション等である。

2　大学足湯隊とケア職能者との連携をめざして

（1）大学足湯隊との連携

東日本大震災で足湯を行ってきた大学関係の団体は、大阪大学（学生ボランティアグループ「from HUS」）、長岡技術科学大学（「VOLT of NUTS」）、神戸大学、神戸学院大学、金沢大学（「灯」）、東北福祉大学、北海道医療福祉大学、山形大学、福島大学、YOUTH FOR 3・11などである。NGO、NPO関係では、「日本財団ROAD・震災がつなぐ全国ネットワーク（震つな）」、「レスキューストックヤード」、「栃木ボランティアネットワーク」、「高野山足湯隊」、「中越・KOBE足湯隊」、光明寺（宮崎）、（吉椿雅道（被災地NGO恊働センター、CODE海外災害援助市民センター」二〇一二年一〇月一二日　第二回つぶやき研究会「足湯ボランティアの傍らで〜足湯ボランティアの変遷〜」資料から）である。

最も大規模であった「日本財団ROAD・震つな」が全国からボランティアを募集し実施した足湯活動は、一三〇クールのべ二〇〇〇人の足湯ボランティアを集め、足湯を行った被災者は約一万人と報告されている。この足湯隊は、二〇一二年度でその役割を終えた（二〇一一年度〜二〇一二年度）。終えたといっても、足湯のニーズが被災地からなくなったわけではない。日本財団の助成金のルールが二年間助成ということである。

私は、このようなルールを、災害時に機械的に適用することに賛成できない。被災地で必要とされるニーズに対応して柔軟に助成活動を行うべきであると思っている。災害からの再生、支援に関わる財政的支援は、一旦始めたら、その支援の終わりをどこで行うかを、きちんと考えるべきである。

阪神・淡路大震災でもこの点が大きな課題となったが、東日本大震災においても、災害支援のボランティア活動が、何を基準に、どの時期に撤退すべきか、という大切なことがまだきちんと考えられていない。非常時に平時の官僚主義的なルールを適用する行政と同じような振る舞い方を、民間の「中間的組織」である支援団体は行うべきではない。

こうした事情で、二〇一三年以降、私たちの計画した足湯ボランティアとケア職能者とが連携した足湯隊は、大学を中心とするそれに期待せざるを得なかった。

私たちはまず、これまで主として足湯隊を受け入れていた被災地で支援活動するNGO、NPOを訪問し説明して計画の受け入れを希望した。それらの団体と場所は、「レスキューストックヤード（七ヶ浜）」、「陸前たがだ八起プロジェクト」（陸前高田市　モビリア）、「ADRA　JAPAN（山元町）」である。

他方、大学の足湯隊がケア職能者と連携しながら活動するという計画については、東北学院大学ボランティアステーションが七ヶ浜で、また東北大学は以下二つの単位で対応に応じてくれることになった。①東北大学文学部寄附講座実践宗教学運営員会は、足湯ボランティア隊に宗教者（「臨床宗教師」を試みる）が加わることは賛成であり、今後は人材として、この講座の前身であり現在も活動している「心の相談室」から人材を選びたい。またできれば被災者のため専門家がワンストップで相談等にのれる仕組みも考えてほしい。②東北大学学生ボランティア支援室は、震災後半年で、いろいろな事情があり、学生ボランティア活動は停滞化した（学生ボランティアの内部分裂やボランティアのPTSD）。二〇一三年から、マイナスからのスタートを切った。これから大学として再生していくため、学生ボランティアをできるだけ被災現場へ連れて行くようにしたい。周辺の大学にも声をかけて、仙台足湯隊を作りたい。また「つぶやき」カードは、東京大学被災地支援ネットワークへ送りたい、と極めて意欲的であった。事実、同年度から、岩手大学、神戸大学ボランティアバス、福島大学や被災地周辺大学等が連合しながら大槌、釜石、陸前高田と活動をしている。

(2) ケアの支援に関わる職能者との連携

「つぶやき」の分析の結果、以下二つの実践的テーマを試みることとした。第一に、被災者自立に関する生活支援のテーマとそれを解決する諸主体への働きかけをどのように行うか、第二に、「ガイドブック」の作成過程で痛感した、被災者の重い「つぶやき」を聴くことになったボランティアのケアという文援活動である〈〈支援者の支援〉〉。

私たちは、足湯ボランティアと被災者に関わる専門家（職能者）との協働関係の仕組みを何とか実現しようと決断した。そして、足湯活動現場で〈こころの問題〉を抱えた人をできるだけ早くケア職能者につなぎ、早期にケア活動ができるような仕組みづくりと、〈支援者の支援〉というテーマについて以下のようにすすめた。

二〇一三年度末、先に触れたように、このテーマや試みについて、災害看護系の山本あい子（兵庫県立大学看護学部地域ケア研究所長）、黒田裕子（NPO法人災害看護支援機構理事長）、酒井明子（同副理事長　福井大学医学部）、臨床心理士の園田由紀（PDS総合研究所）、林田みか（同）の方々と話し合い、今後、協力を得ることになった。いずれの職能者も、被災者の〈こころの問題〉を抱えた人を発見してケアを行うことには、関心と熱意がある。その意味で、「ガイドブック」編集やボランティアと一緒に足湯活動に参加することには協力的であった。

ただ、気になることが一つあった。「つぶやき」分析で、明らかになったことの一つは、多くの〈こころの問題〉を抱えた人々のみならず、平常者のこころが極めて多く損傷されていると推察できることであった。足湯活動は、被災者のいわば潜在的な〈こころの問題〉の領域に結果として関わり、多くの場合、第一次的ケアの役割を果たした。現時点で〈こころの問題〉が顕在的に現れていない人々への予防的なケア活動を誰が見守るのか？

専門職は、自己の専門領分というべき職分の分担の境界線をかたくなに守ろうとする性分がある。またそれがプロフェッショナルだと考えられている。私たちは「つぶやき」を分析して、専門職が立ち入らなかった〈隙間〉に遭遇した。

そこで、〈こころの問題〉が顕在的に現れていない人々への予防的なケア活動への関心があると思われる宗教者と連絡をとり、この新たな活動への協力依頼を行った。「東北ヘルプ」（川上直哉牧師・三枝千洋牧師）を介して東北大学文学部に二〇一二年に創設された寄附講座実践宗教学の運営委員会（川上直哉委員長、谷川洋三准教授）にも今後、現場での活動の協力を含めて、協働関係を持ちたいと双方で話し合いを行った。新たに宗教的ケア、スピリチュアル・ケアの領域をこの試みに加えたのである（表2）。

その活動の一つが、ケア職能集団との連携「出会う会」（宮城県仙台市）の結成である。「出会う会」については、大学院医学研究科川上憲人研究室グループとの協働分析作業や、最終報告を書き上げるころ同時に行われた、「東大ネット」の第三回報告会（二〇一三年三月）に出席した「東北ヘルプ」と話し合った。二〇一三年六月には、宮城県臨床心理士会（高橋典子会長）、東北大学寄附講座「実践宗教学」運営委員会「こころの相談室」、支援者の支援ＴＯＭＯＮＹ（小澤義春共同代表、みやぎ生協等）との連携を図り、組織化された。職能者によるケアの連合、ケアする支援者へのケア活動を将来的に行うための実践をめざした研究組織である[1]。

東日本大震災において宗教団体が、宗教的ケア活動、スピリチュアル・ケアを中心とする超宗派的な被災者支援を積極的に行うには、それなりの背景があった。

支援論の中に占める宗教者による支援の意義については、いずれ稿をあらためるので、ここでは簡単な紹介だけしておく。

被災現場における宗教者の職能的支援のきっかけは、以下のようなものであったという。避難所から緊急医療チーム「国境無き医師団」が撤退するときのことである。避難所の人々は、パニックになりながら、なお一層の滞在を涙をもって訴えたという。

その光景に、たまたま物資配給のためにその避難所に訪れていた曹洞宗僧侶・金田諦応師は、ショックを受けたという。医療者は被災地で、人々にとってこのように必要とされている。それに対し、宗教者は

表２　足湯ボランティア活動とケア職能者との連携についての動き

2013 年	
2 月 17 日（日）～ 2 月 18 日（月）	宮城県七ヶ浜町足湯ボランティア「つぶやき」調査、東北学院大学へ足湯隊組織化依頼（七ガ浜町）
4 月 11 日（木）	臨床心理師との相談（園田由紀〔PDS 総合研究所〕、林田みか〔PDS 総合研究所〕）
4 月 15 日（月）	蒲生哲、中西朝子〔陸前高田八起プロジェクト〕（陸前高田モビリア仮設住宅；陸前高田市）足湯ボランティアとケア職能者との連携の説明・討議
4 月 25 日（木）	東北大学文学部寄附講座実践宗教学運営員会（宮城県仙台市）川上直哉（運営委員会委員長）、谷川洋三准教授、東北大学学生ボランティア支援室（藤室玲治ボランティア・コーディネーター、米村法学部教授）、「復興支援奥州ネットホーププラザ奥州」（岩手県奥州市）いずれの団体にも足湯ボランティアとケア職能者との連携の説明・討議
5 月 2 日（木）、 5 月 13 日（月）	兵庫県立大学地域ケア研究センター（山本あい子センター長）
6 月 14 日（金）	TOMONY（小澤義治　tomony 共同代表　みやぎ生協）、東北大学学生ボランティア支援室、第１回「出会う会」（仙台市）
7 月 24 日（水）	第２回「出会う会」（仙台市）
8 月 29 日（木）	足湯ボランティア講習会 in 岩手大学（足湯隊組織化）〔岩手大学・東北大学・神戸大学・岩手県立大学〕
9 月 5 日（木）	第３回「出会う会」（仙台市）
10 月 3 日（木）	第４回「出会う会」（仙台市）
11 月 28 日（木）	震災がつなぐ全国ネットワークとの連携で足湯ボランティア＋ケア専門職との合同の活動の説明と打ち合わせ（東北大学学生ボランティア支援室）第５回「出会う会」（仙台市）
12 月 7 日～ 8 日	第５回全国足湯ボランティア交流会 in 岩手　岩手県教育委員会 協力：被災地 ＮＧＯ 協働センター、東京大学被災地支援ネットワーク 参加校；神戸大学 / 大阪大学 / 金沢大学 / 北陸学院大学 / 東北大学 / 福島大学 / 東北学院大学 / 石巻専修大学 / 宮城教育大学 / 岩手県立大学 / 盛岡大学 / 富士大学 / 岩手大学
12 月 21 日～ 23 日	東北大学・岩手大学連合足湯隊（陸前高田モビリア仮設住宅）
2014 年	
2 月 17 日（月）	渡辺日出夫（ADRA JAPAN）原宿中央教会　宮城県山元町足湯ボランティアとケアについて相談
3 月 19 日（水）	神戸　黒田裕子〔日本災害看護支援研究機構〕 足湯ボランティアとの災害看護系のケア活動の協働について相談）
3 月 22 日（土）	宮城県山元町 ADRA JAPAN 足湯視察

必要とされているのだろうか。

「つぶやき」の分析でも判明したように、被災地では、亡くなった人ばかりでなく、現に生き残り、多くの近親者を喪った悲しみに陥った被災者の、こころの平安、魂の救済が求められた。社会学風に言えば、被災者は、切迫した事態、望ましい結果を選択し得ない（行為の不可能性）なるが故に、強烈な願いや癒やしを求めている状態であったといえよう。宗教者はそのような事態へ、職能的なまなざしと行為を深く要請されていたのであろう。そこから、弔いやボランティア・物資配給のボランティアに加え、仮設住宅を訪問し傾聴喫茶を行う事業が開始される（「こころの相談室」の前身）。

私たちは、こうして心理臨床系、災害看護系という職能者だけでなく、宗教的ケアの職能者とも出合ったのである。

3　実践理論としての足湯ボランティア――こころの自律への足がかり

(1)　生命活動の賦活、奮う生命

足湯ボランティアによる被災者の「つぶやき」の分析を通じた最も重要な発見は、悲しみや苦しみの〈こころの問題〉を抱えた被災者の再生の前提は、何より、被災者が自らの身体的な感性を取り戻すことであり、そのことによって人としての自律力を生み出す、ということであった（本書第Ⅱ部、「被災者の『つぶやき』分析」第3章「『身体の声』を聴く」参照）。

二〇〇〇名の足湯ボランティアが聴き取り、記録した一万六〇〇〇の「つぶやき」の分析から浮かび上がってきたテーマは、被災者の〈こころの自律〉である。

被災者の社会的自立にさきだって、〈こころの自律〉が最も大切である、ということを改めて確認する

こととなった。足湯ボランティアが身体をさすり、もむという「触れ合い」によって触発され、被災者の〈身体の変化〉が起こる。そして〈こころの変化〉が起きる。私たちはこれらの一連の変容を、〈生命活動の賦活〉、〈奮う生命〉の呼び戻し、と表現した。

ここでいう生命活動とは、単に物理的、医療的な次元にとどまらず、人としての〈こころの活動〉まで広げて考えている。被災者の自立への立ち上がりという視点で言えば、〈こころの活動〉とは、生活意欲あるいは生活意志の持続への動機付けである。よって、それを自分の意思で「つぶやく」という出来事を、私たちは、被災者の自律（能動性）の兆しとも、考えるようになった。

一九九五年の阪神・淡路大震災の支援活動の特異性は、被災者の〈生の固有性〉に関わる自立への支援であった（似田貝編 2008a）。〈生の固有性〉への支援は、「かけがいのない」生命＝生活こそ、人を人ならしめる、という生命の思想を根底にもつ。当時、「エンパワメント（empowerment）」という用語がよく使われるようになったが、この用語はまずはこのような生命思想として理解すべきであろう（P・フレイレ 1979）。

こうして、「つぶやき」という発話行為は、被災者の〈こころの自律（能動性）〉の兆し、と見ることができよう。〈こころ（精神）の自律〉と社会の中での〈自立〉との弁別の必要性と、そして被災者の生活の再生は、これらの一体性、複相性が回復のテーマとなる。このことを、足湯活動の「つぶやき」の分析によって、理解することができた。

（2）ボランティアと被災者の新たな関係の形成

阪神・淡路大震災や中越沖震災での足湯ボランティア活動は、被災者に勇気をあたえたといわれる。つまり、ボランティアの能動性の視点が、そこでは強調されていたのである。これに対し、「つぶやき」を記録としてとり始めた東日本大震災では、被災者が自分の意思で目の前のボランティアにこころの内を発話する（「つぶやく」）行為に焦点があてられた。いわば被災者の自律性、能動性に目をむけたのである。

このような視点の移動・転換は、足湯ボランティア活動史で大きな意味をもつだろう。ボランティア活動の能動性の強調は、おのずと被災者を受動性の視点で捉えることになる。ボランティアの能動的活動が、被災者の能動性を引き出す、という視点に着目することは、ボランティアの能動性を一旦括弧に括り、新たにボランティアの媒体者としての役割を引き出すことに着目することになった。それとともに、ボランティアと被災者との双方向的な新たな社会関係の形成への期待が、支援活動上の課題として浮かび上がってきた。

このようなボランティアと被災者との間での異なる役割の移動・転換は、再生の次のステップのテーマや課題へと進むことができる。この点を後に改めて足湯活動の場における、ボランティアと被災者との間に生まれる、双方向的な「共感」的視点で論じよう。

（3）第一次的なケアの役割をはたす足湯活動

「つぶやき」の経験的分析によれば、最も〈こころの問題〉を「つぶやく」グループと、足湯ボランティア活動へのお礼・感謝を述べたグループとの相関性は非常に高かった。ここから、足湯ボランティアの活動は、第一次的なケア行為の役割を果たしている、と推測できる。

ここであえて、〝第一次的〟と表現するのは、以下の理由からである。被災者が、全くの他者でかつ非専門職のボランティアに向かって、〈こころの問題〉を「つぶやき」、それを目の前のボランティアが聴いてくれることによって、少なからず〈こころの均衡〉がとれた、と思われているからである。それが最も〈こころの問題〉を「つぶやく」グループの、足湯活動に対する、お礼・感謝の頻度の高さになって表現されている。被災地では、ケア専門職になかなか被災者が近寄らない。いわんや、〈こころの問題〉を話しづらい。電話相談関係者、弁護士等々の専門職のところに足を運ぶには、よっぽどの覚悟がいる。これら専門職は、経験から、仮設住宅の集会所等の「お茶っこ」などでの、自然な会話の中で、クライアントを見つける、という。

足湯ボランティアは、傾聴を活動の主目的にはしていない。足湯は、ポカポカと温かく身体を緩め、被災者の心身の緊張を和らげることが目的である。社会調査やソーシャルワーカーやケア専門職のように、被災者の希望、悩み、ニーズを聞き出しているのではない。

しかしボランティアが、手のひらをもみ、上腕をもみほぐしてしているうちに、被災者の気持ちが和らぐと、「私は……」、「本当は……」、「実は……」と、自然に「つぶやき」そして語り始める。ボランティアは、被災者の語る「つぶやき」に、ただ耳を傾ける。それは、いわば自然体としての傾聴と言えよう。

一九九五年阪神・淡路大震災で精神科救急に当たった医師や看護師らの、地震発生から五〇日間の手記をまとめた精神科医中井久夫（中井 1995）は、このような状態を、傍らにいるだけでピアサポートになる、と指摘した。足湯活動を始めた一人である吉椿雅道も、足湯を「寄り添う」行為として捉え、「『ただ、そっと、そばにいる』（コ・プレゼンス）だけで特別な感想や助言は言わないピアサポート」と、表現する（本書第Ⅰ部第1章「足湯ボランティア」）。

このような意味で、これらは、足湯ボランティアがごく自然に被災者の「つぶやき」を傾聴したという関係性によって生み出されたケア行為といえる。足湯活動の意図せざる効果といえよう。

（4）共振と共感──「つぶやき」分析から得た「共感」という方法

今回の「つぶやき」の分析は、この足湯活動のもつ、第一次的なケア行為の役割を発見、確認した。しかし私たちの分析は、足湯活動のボランティア側からの視点だけでなく、被災者側に焦点を据えることも行った。その視点から、ボランティア・被災者という関係性の中で発話される「つぶやき」とは一体何か、それは被災者のいかなる行為なのか、またその発話を傾聴するというボランティア行為によって、ボランティア側に何が生ずるのか。そうした足湯活動とは何かを、捉えなおすことにしたい。

ごく自然に被災者の「つぶやき」を傾聴したという指摘は、ボランティア側からの視点である。「つぶやき」を発した被災者とボランティアのあいだに、結果としてピアサポートが成り立つ関係性はどのように形成されたのであろうか。おもうにそれは、両者の間に特異的な関係性が生まれたのであろう。

本書第Ⅱ部第3章「『身体の声』を聴く」で、身体の「触れ合い」は、生命活動の賦活、「奮う生命」の鼓動が動き始めるという生命の再生に深く関わる、ということを指摘した。ピアサポートが成り立つ関係性を理解するため、少し煩雑になるが、生命活動と異なる主体間の関係について、他の研究を手掛かりにしよう。

最初のヒントは、ノーバート・ウィナー（Norbert Wiener）の非線形振動の「引き込み entrainment」現象、及び蔵本由紀の数理モデルとしての「同期現象」という着想である。いずれも、異なる主体間の相互引き込みと、異なる主体間の影響し合い（相互作用）の結果「同期現象」が起きることに着目している。

これらの着想は、いま私たちがテーマとしている、足湯という場での、ボランティアと被災者という異なる主体間の「寄り添い」（co-presence）の生成について、大きなヒントを与えると思われる。

あらかじめ、問題意識の視点の移動をはっきりさせておこう。物理現象としての、「共振」や「引き込み entrainment」という現象を、可能な限り生命現象という方向へ視点を移動させたい。その上で、足湯の場で展開される、特異な人間相互のコミュニケーションまで視点を広げよう。

マイクロリズムを研究したウィリアム・コンドンは、コミュニケーションする二人の身体のリズムが互いに同調しあう生理学的事実を明らかにした。そこから、二人ないしそれ以上の人間の間のリズムがかみ合っているとき、つまり共調しているときに起こるプロセスに対して「共振」、「引き込み」(entrainment)という概念をあてた。そして、両者の間に「相互作用の同時性」が起きることを論じた。この指摘は、人間相互の共振によるコミュニケーションの生成を強く示唆している。

生命の問題にまでそれを広げたのが、精神医学者E・ミンコスフキー(1936=1983)の「生きられる時間」と生命接触の回復の主張である。「生きられる時間」のなかの現実との生命接触とは、E・ミンコスフキーによれば、「同調による振動」つまり「共振」に他ならない。ここでは、「共振」はダイナミックで、生命的カテゴリーとして捉えられている。

私たちにとって興味深いのは、この「共振」によって、当該の関係者に「反響」(影響のし合い)が現れる、という指摘である。E・ミンコスフキーは、この「反響」を重視する。「反響」とは独特の仕方である空白を充たすことであるという。充たすことは、生命体そのものの力動性の働きを生むことと理解される。またこうした力動性との出会いは、生命を反響させ、生命独特の世界を充たす、という。

このような「引き込みentrainment」現象に、生命の問題としての「共振」という考え方を依拠すれば、足湯ボランティアの活動は、特異なコミュニケーションの形成と同時に、人間の「生」の世界に根ざした相互作用と深く関わっている、といえよう。

この異なる主体間の相互影響による「引き込み」・「共振」・「同調」という現象を、私たち人文社会系では特異なコミュニケーションの形成、という視点で捉え直そう。〝特異〟と表現するのは、物理系的表現では、非線形的状態のことをさすが、文系の場合、日常的、定型な状態でのコミュニケーションとは異なる状況下で形成されることをさす。

このような現象を、主体間の関係性として方法的に高めてきたのが、感性を基にした「共感」という方法である。既にこの方法については、本書第Ⅱ部第3章「『身体の声』を聴く」で論じたので、詳細はそちらへ譲る。強調しておきたいのは次の点である。「つぶやき」分析で見つけられた「共感」という方法は、従来のような、私が対象に「共感」を感ずる、というような一方向的な方法論ではない。双方向的な、したがって右記表現を使うならば、ボランティアと被災者との間での、相互の「引き込み entrainment」、「共振」、「同調」という人間的＝根源的コミュニケーションの形成としての「共感」という相互行為なのである。こころの通う相互行為は、身体的「触れ合い」と「つぶやき」を通して、ヒトが次をめざして立ち上がる前兆としての、自律の根源を相互に呼び出す。

足湯ボランティア活動は、被災者の身体を「触る」という行為を介しての、被災者への〈癒やし〉の活動と考えられる。それは、被災者にとっては、生命の活動を呼び覚まされる引き金（trigger）である。被災者の奮う生命、生命活動の賦活を呼び起こす、それは生活意思を回復し、持続しようとする意思を復権させることに繋がる。

そこには、「引き込み」・「共振」・「同調」という現象という特異なコミュニケーションが形成されているのである。このような活動のもとで、被災者の生活意思を回復し、持続しようとする意思を復権、別言すれば、被災者の主体化・時間の再生という様相（運動）が生成する。

足湯ボランティアの聴いた被災者の「つぶやき」という発話行為は、相互の身体的「触れ合い」をきっかけとする、双方の時間的リズムの流れ力動性、主体としての自己組織化〈こころの自律〉の再生）に結びつく可能性を持っている。こうした「つぶやき」の発話行為を生み出すことによって、被災者のみならず支援者の主体回復の大きな引き金 trigger をつくっていく可能性が高い、と思われる。

［註］

1　「出会う会」は、「東大ネット」が「つぶやき」分析後、心の平安、魂の救済に宗教家の参加が不可欠と判断し、二〇一三年、仙台市の三枝千洋牧師（「東北ヘルプ」）、川上直哉牧師（「東北ヘルプ」）に相談し、宗教者、心理士、社会学者が集まり開始された。東日本大震災を持続的に支援する人を支援することを目指し、これまでに一〇回にわたるワークショップ的な研究会を開催してきた。当座の目標は以下の通り。

（1）「二〇一一年の震災による支援の到達点」の確認
（2）「職能ボランティアの出会いの場」の提供
（3）「支援者を支援するネットワーク」の展望

以上をもとに、支援者が互いに支援しあう基盤を創り出せればと期待している。

［参考文献］

草地賢一（1995）「市民とボランティア」酒井道雄編『阪神発 阪神・淡路大震災以降』岩波新書
似田貝香門編（2008a）『自立支援の実践知――阪神・淡路大震災と共同・市民社会』東信堂
似田貝香門（2008b）「隙間 terra incognita」論（高等研報告書『隙間〜自然・人間・社会の現象学〜』国際高等研究所、42-48
――（2014）「災害からの復旧・復興の「経済」economy 複合体――新たなモラル・エコノミーを求めて」『地域社会学会年報』26: 131-148、ハーベスト社
――（2015）公開講座『2013年度　愛媛銀行寄附講座　聖カタリナ大学〝風早の熟〟』
P・フレイレ（1979）『被抑圧者の教育学』亜紀書房
西田幾多郎『全集』（XXI,p.566）
中井久夫編（1995）『一九九五年一月・神戸「阪神大震災」下の精神科医たち』みすず書房
E・ミンコフスキー（1936=1983）『精神のコスモロジーへ』人文書院
北村敏泰（2013）『苦縁――東日本大震災　寄り添う宗教者たち』徳間書店

2 災害時被災者ケアとしての足湯ボランティア

村井雅清

1 阪神・淡路大震災二〇年を振り返って

今年（二〇一五年）一月一七日で阪神・淡路大震災から丸二〇年を迎えた。振り返ると、当時「ボランティア元年」という言葉が生まれたほどボランティアが注目された。このボランティアの働きが評価され、一九九五年一二月八日災害対策基本法改正で災害時におけるボランティアの重要性として『「ボランティアによる防災活動の環境の整備に関する事項」の実施に努める（第八条一三）』という条文が入った。この時がボランティアのことが法律に記された最初である。ところで、ボランティア活動が法律でコントロールされるということは、ボランティア本来の趣旨からは逸脱することになるという見方もできる。特に憲法八九条で、「公の支配に属しない慈善、教育若しくは博愛の事業に対し、これを支出し、又はこの利用に供してはならない」と公金の使途について規制しているのはそういう意味を持つ。しかし、三年後の一九九八年には、この法律が事実上の後押しとなり、一気に「特定非営利活動促進法」が施工され、続けて介護保険制度も成立した。同法成立には市民運動も大きく盛り上がったとは言え、余りにも過保護に介入しすぎではなかったかと、今になって思わざるを得ない。こうした法制度がもたらすメリット・デメリットについては、ここでは触れないが、阪神・淡路大震災におけるボランティア活動が、官にとって都合よく活用された感は否めない。阪神・淡路大震災直後、「阪神・淡路大震災まちづくり支援機構」の事務局長も担った津久井弁護士は

——ＮＰＯ活動促進法の運用状況を見ると、一定の活動実績を行政支援の要件としたり、厳格な補助金監査を行ったり、行政に都合のよい指導をするなど、ボランティアの「自由」を阻害し、「自立」を弱め、「利他」に支障を生じさせている。決して、政府や自治体の活動だけが「公共」ではない。（津久井 2012: 182-183）

と警告している。一方で、偶然なのか、同じ一九九五年に「地方分権推進法」が成立したことを決して忘れてはならない。

ただ、二〇年前に被災地に駆けつけた多くの初心者ボランティアは、こうして制度化になる前のことだったので、誰かに指示されて動くのではなく、自ら考えて動くしか方法がなく、それだけに「自主性」を発揮し、目の前に現れた一人ひとりの被災者に真摯に向き合いながら、実に多彩な支援活動を展開したこの事実は、災害史にしっかりと刻まれるだろう。

2　ボランティアが残した財産は「多様性」

今では「多様性」という表現はよく聞くが、二〇年前に故・加藤周一は「ボランティアが残した財産は多様性の意義」だと指摘したことを、私たちは肝に銘じなければならないのではないか。

そこで、あらためて筆者は二〇年を振り返り、「ボランティア元年の意義」を考えることにした。ボランティアの何をもって〝元年〟といわしめたのかを、しっかりと見極めておくことが不可欠だと思うに至った。

何故筆者がこのことにこだわっているのかを説明しておく。当時は神戸市内にボランティア・センターというものが、神戸市に一つ、兵庫県に一つと、計二つしかなかった。にもかかわらず、わずか二ヶ月で六〇万人〜七〇万人と数えられた初心者ボランティアは、誰かの指示を受けるのでもなく、二次災害の危険性や不安もある中で、自主的に被災地に入った。そして表1に示すような多彩な活動を展開したにもかかわらず、あれから二〇年を経た今、初心者ボランティアが残した財産については評価されるどころか、災害時に初心者ボランティアが押しかけると、被災地は混乱するという摩訶不思議な言説が定説になっていることが、筆者には理解できないからである。

表1　寄り添いからつながりへ

- 介護、看護、病院送迎、心のケアー
- 引っ越し手伝い、イベント開催
- 何でも相談、お茶会、話し相手（足湯ボランティア）
- 入浴サービス、家事手伝い、買い物代行、バザー
- 学習サポート、子どものサポート、託児代行
- DV 被災者支援
- 避難所やテント生活のサポート、洗濯ボランティア
- 炊き出し（鍋釜作戦）
- 個別のニーズ対応（アトピー食、糖尿病食）
- 大工ボランティア、避難所から地域再建（魚崎地区）
- 自然環境保護運動、ペット救済活動
- 災害時最優先配慮者のサポート
- 読経ボランティア

3　アルコール依存をやめさせたボランティア

災害後の精神的ダメージに対して、阪神淡路大震災でもよく見られたのが「アルコール依存」である。仮設住宅での孤独死の原因でも、死因の上位に入るのはアルコール依存によって肝硬変を患って死に至ったケースも少なくない。東日本大震災でも、「朝からお酒を飲んでしまう被災者にどう対応すればよい

か」という支援者からの相談が寄せられているようだ。

阪神淡路大震災では、普通のボランティアが徹底してその人に向き合い、おつきあいをし、とうとうアルコール依存をやめさせたという事例がある。このボランティアは、とにかく毎日々その人を訪ね、話を聞き続けたとのこと。時には、一緒に酒を飲んでつきあった。こうしてボランティアの濃淡はともかく、活動を通して被災者との関係をつくっていく。もちろん、被災者と言っても十人十色なので、十人十色のボランティアが関わることで、多様な関係ができる。このボランティアのように、アルコール依存の方と根気よくつきあえるという方は、それほどいないかもしれない。でも、また別のボランティアは、別のことで得意技を持っているかもしれない。無意識であってもボランティアの側もそうして支えあっているといえる。実にボランティアは十人十色だ。

4　ボランティア元年の意味は？

災害ボランティアは関東大震災（一九二三年）や北丹後大地震（一九二五年）、伊勢湾台風（一九五九年）などでも見られ、「セツルメント運動」で代表されるすばらしい活動をはじめ、救援物資配布や炊き出しの提供など、東日本大震災と同じ活動が展開された。駆けつけたボランティアの数も、おそらく当時としては阪神・淡路大震災と匹敵するくらいの大人数だったのではないかと推測する。関東大震災当時、鈴木淳（東京大学准教授、日本近代史）は「当時としては空前の規模の『災害ボランティア活動』が繰り広げられたと言える」と指摘していることから見ると、被災地に駆けつけたボランティアの数が多かったことが理由で、〝元年〟と言ったわけではないようだ。ならば、何をもって〝元年〟というようになったのだろうか。それは、西山志保が

「彼らは、がれきに埋もれた被災者を救い出し、命を救うための水を運び、救援物資の配給、食料の調達、心のケアなどを自ら進んで引き受けた。その動きはボランティア元年としてマスコミから多くの注目を集め、それまでのボランティア像を大きく変えた」（西山 2005: 69）

と指摘するように、一人ひとりに寄り添い、これまでのあまねく平等という価値観を変えたことであり、また先述した「多様性の意義」をもたらしたということに尽きる。十人十色のボランティアが、十人十色の被災者に寄り添い、多彩な活動を展開することによって被災者の非常時の生活を支えた。そして、何よりも大事なことは、ボランティアが繰り出す多彩な活動によって、被災者とボランティア、あるいは同じ痛みの共有をした被災者同士という豊かな関係を築いたことではないだろうか。予期せぬ災害によって、これまで築いて来たコミュニティが寸断され、ともすれば「孤独な生」へと追い込まれる事態を、初心者ボランティアの活動によって、十分ではなかったが食い止めて来たことも事実である。東京大学名誉教授似田貝香門は、多様性について次のように解説している。

——被災者の〈生の個別性〉は多様性である。人の生は多様である。生の多様性として受け取る支援者側もまた多様であることが不可欠となる。

しかしいろいろな要望が目の前に表れた時に、それを全部受け入れることは不可能である。どこかで〈限界〉がある。こうした限界は、〈個の有限性〉と呼ぶ事態である。一人では自分をいくら変え、自己多様化しても、あるいは自己複雑化しても限界がある。

つまり有限性という、個の人間としての限界である。自己の限界を受け入れることが他者の振る舞いを認

めることになり、それが「多様性」を認識することになる。（似田貝 2008: 287）

またノンフィクション作家である柳田邦男さんは、阪神・淡路大震災でのボランティア元年を次のように分析された。

——ボランティア活動が自ら発見し開拓した現代ならではの意味とは、制度化の発達によって硬直化した社会の仕組み（特に行政のしくみ）の「隙間」を行動によって埋めたり縫合したりしつつ、人々と社会に「新しい価値観」の共有を呼びかけ、社会の仕組みの解体・再構築をはかろうとするところにある。その意味での「ボランティア元年」だったのだ。新しい市民社会の構築の哲学が、そこにはある。（柳田邦男 2011: 300）

何故、ボランティアは「隙間」を埋めることができたのか。その答えは、初心者ボランティアであり、未組織個人ボランティアに備わる「多様性」ではないかと断言できるだろう。

5　まけないぞう

先述した「孤独な生」を防ぐための活動として、当時筆者たちが被災地で展開したのが生きがい・仕事づくりとしての「まけないぞう事業」である。この事業は、阪神・淡路大震災に始まり、東日本大震災でも続けており、東日本大震災での被災地では一時、約一〇〇人を超える被害者が参加していた。

まけないぞうとは、写真1のようにタオルを象の顔に加工し、お手拭タオルとして活用する手芸品づくりの活動である。

そもそも、当時筆者が所属する「仮設住宅支援連絡会」（現被災地NGO恊働センターの前身）がまけないぞう事業を始めたのは、仮設住宅での「孤独死」が発生したことが理由である（仮設住宅での孤独死は五年で二三三名を数えた）。

孤独死の原因を探っているときに、当NGOの顧問をしていたR内科医が、「孤独死は、孤独な生があることに注目しなければいけないよ！」とアドバイスをくれたことに始まる。まけないぞうは、「孤独な生」をなくすにはどうすればよいのかということを徹底して考え、議論をした結果の産物である。平行して、専門家を招き、自立をテーマに数回寺子屋勉強会も開いた。

写真１　まけないぞう

こうしてまけないぞう事業をスタートさせたが、この手芸品づくりにかかわる被災者が、何故か徐々に元気になっていく。しかも、そのうちに「私たちでも、人の役に立つことができるんだ！」と、これまでの支えられる側から、支える側への転換により、ますます元気になることを気づかせてくれた。東日本大震災でも全く同じ発言をされた被災者がいたのには驚いた。

こうして、まけないぞうは「孤独死」を防ぐ重要な活動となって、東日本の被災地に定着しつつある。精神科医、カウンセラー、臨床心理士、宗教家などの専門家が関わるのではなく、まったくの素人である初心者ボランティアがこのような役割を見つけたのである。このような素人ボランティアを評して次のような発言があるので紹介する。なかなか興味深い表現だ。

今回の震災直後、救援に向かおうとする一般ボランティアに対して、現場に混乱が起きることを恐れる一部の人から次のような声が大きく飛び交った。今は業務として働く「プロ」の出番であって、「素人」は行くな、来るな、というメッセージである。専門家集団だけで世の中が成り立っていると言わんばかりの傲慢な社会イメージが見え隠れした。(中略) 私たちは生きている。しかし、業務として生きているわけではない。何らかの仕事に就き、それぞれの道を歩んでいる。私たちに「素人」というレッテルを貼るのであれば、私たちには「プロの素人」の呼称がふさわしい。(生江明編 2012: 297)

こうしてまけないぞうは阪神・淡路大震災に始まり、災害時における被災者ケアの象徴的な活動となった。余談だがこの活動に注目し、東日本大震災後、三年を前にした被災地のヒアリングで、当時の兵庫県職員清原桂子(現神戸学院大学現代学部教授)は、岩手県釜石市でKOBE生まれのまけないぞうに出会って涙したとのこと。

また本書執筆者の似田貝香門・東京大学名誉教授が主宰する「東京大学被災地支援ネット」の人たちは、まけないぞうに伴う経済活動を「災害時ボランティア経済圏」と定義するとともに、まけないぞうをはじめとした岩手県内の被災地グッズに取り組む支援者と被災者のネットワークを築き、今では岩手県盛岡市の大手デパート「川徳」での販売イベントを定着させたことを付け加えておきたい。

6 ほんとに被災者も十人十色

東日本大震災での避難所生活時、まけないぞうの作り手さんの話で、「誰とも話したくないから、象さんをつくるのに夢中になっている」ということを聞いて、衝撃を受けたことがある。これまでの作り手さんは、仮設住宅の集会所などに集まって、誰かれともなく集まってきた人たちと、ワイワイおしゃべりをしながら象さんをつくるのが楽しいのだと思い込んでいた。しかし、中にはこうして「誰とも話したくない」という方がいても不思議ではない。ボランティアもこういう人に出会わなければ気がつかないままだった。ほんとうに被災者も十人十色だ。足湯をしていても、時々全く何も話さない方がいる。ボランティアも困ってしまうのだが、それはそれで根気よくおつきあいをするしかない。ただ、先の事例とは違って、足湯のために集会所まで足を運ぶということは、一人でいたいということではないということは確かだ。

7　東日本大震災でも孤独死があとを断たない！

阪神・淡路大震災で孤独死が大きな問題となったことはすでに触れた。残念ながら東日本大震災でも、岩手・宮城・福島の三県で災害から二年半が過ぎた段階で八一名の方が亡くなった（神戸新聞、二〇一三年九月一一日夕刊より）。被災地では、阪神・淡路大震災の教訓を受け、社会福祉協議会やＮＧＯ・ＮＰＯ・ボランティアが安否確認をはじめいろいろな工夫をして見守りを続けているなかでの結果だ。何故、孤独死を防ぐことができないのだろうか。

先述したように、孤独死の原因として考えられる要因は「孤独な生」であるということだ。ここに注目した活動でなければ未然に防ぐことはなかなか難しいという結論に至る。「まけないぞう」のところで触れたように、「今まで、人に支えられてばかりだったが、私も人の役に立っているんだ！」と気づいたとき、みるみるうちに元気になり、生きることに積極的になる。つまり、被災者としてではなく、人間としての役割を認識できたときに、「あ～、私は生きていても意味があるんだ！」と気づくことがポイントである。自殺の多い自治体の原因調査で、「何もすることがない」「生きていても意味がない」などというのが上位を占めると聞いたことがある。役割が見つかれば激減したそうである。この役割については介護の世界でも、画期的な取り組みをされている方がいる。

「気鋭の民俗学者が大学を辞め、介護職員として働き始めた。それから五年。いまは静岡県沼津市のディサービスで働く六車由美さんは、お年寄りの言葉を丁寧に「聞き書き」する独特の介護を続けている」（朝日新聞、オピニオン、「民俗学からみる介護」、二〇一四年七月二四日）

と紹介されているように、六車さんは、専門分野であった民俗学での手法を取り入れながらデイサービスに来られるお年寄りと話していると、予想だにしなかった話をしてくれることに気づく。例えば「無口で気むずかしい要介護度5の男性がいました。出身が宮崎県と知り、話の糸口にと思って、『私も宮崎の椎葉村に行ったことがあるんですよ』と話しかけたんです。そしたら『俺も行った』と話し始めた。電線を引くお仕事でした。高度経済成長期、電線の技術をもった人が集団で家族も連れて村々を渡り歩き、奥さんたちが炊事をして共同生活していたというんです。現代にも漂白の民がいたのかと驚きました。お話をまとめてご自宅のかたにも渡したら、こんな話ができるなんて、と喜んでくださった」（同紙）。

彼女は、「聞き書きを始めると表情が生き生きしてくる。いまを生きるために心のよりどころにしておられるのは、自分が一番輝いた時代の記憶なんです。」と介護対象者との対話の中で、新たな発見の連続だと感謝している。

8 足湯ボランティアは多様な人をつなぐ触媒

まけないぞうと同じく、災害時における足湯ボランティア活動は、二〇年前に阪神・淡路大震災から始まった。二〇年が経過した今では、まけないぞうと同じように、被災者ケアの象徴的な活動として注目されていることは、本書を熟読すれば理解して頂けるだろう。まけないぞうは裁縫しごとになるので、圧倒的に女性の手仕事となることもあって、裁縫の不得意なボランティアは遠慮するという傾向になるが、それに比して、足湯ボランティアは誰でもができる災害時のボランティア活動の一つであることが、きわめて象徴的である。加えて、足湯ボランティア活動は対人におけるコミュニケーション能力が磨かれるので、ある新聞社の論説委員が「これはわが社の新人記者の研修に最高だね！」と絶賛し、また阪神・淡路大震災まちづくり支援機構に所属する司法書士の方も、「被災地で私たちだけで相談業務を開いても、敷居が高いのか、あまり相談に来ないが、こうして足湯ボランティアの横で相談業務をやらせて貰ったら、続々と相談が出て来るわ！」と関心されたことがある。余談だが、いつぞやの日本弁護士連合会の全国大会で、このことを披露した災害担当の弁護士がおられ、「被災地での相談業務のやり方」に少なくとも影響を与えたとのこと。

こうして足湯は多方面にわたって有効であることが証明されている。筆者は、阪神・淡路大震災の地元紙神戸新聞の「論」に「足湯ボランティアの意義」と題して投稿させて頂いたことがある（二〇〇七年九月二四日掲載の「論」）。その時の紙面から引用する。

（前略）極めて単純な行為である。これだけなのだが、実は被災者に寄り添い、耳を傾け、結果的に不安を取り除き、さらには「今、何を求めているのか」まで聞いてしまう、幾重にも意味のある取り組みになっている。初心者は何を話していいのか緊張し、終わった後は「ボランティアって何？」「被災者支援って何？」と悩む。ボランティアを根源的に考える場としても最適である。ぜひ、これからの被災自治体には災害直後、迷わず足湯ボランティアの大量受け入れを提案したい。

自治体は、事前の備えとして高校生や大学生に足湯ボランティアの方法を取得してもらい、いざ災害が発生したら学校はほとんど休校になるケースが少なくないのだから、社会実習として、避難所に足湯ボランティアとして地元の高校生や大学生を派遣すれば、特に避難所で暮らす高齢者にとっては、大喜びになるのは間違いない。これほど簡単な被災者ケアは他に類を見ないだけに活用しない手はない。

9　足湯の効能

さて、足湯ボランティアは「足湯」と「つぶやき」がセットになって被災者ケアの効果を表していることは言うまでもない。ここではお湯に足を浸すだけでも様々な効果があることに触れておきたい。看護の世界では「足浴」といってすでに医学的な効果も証明されていると聞く。

さて、その足湯の効能だが、東洋医学的な見地からの足湯の効能については、すでに本書第Ⅰ部第1章で詳細が述べられているのでここでは省略する。まず足湯を受けた被災者が口を揃えて言うのは、「あ〜気持ちいい！」「災害後お風呂に入ってないので、今日はぐっすり眠れるわ」という感想である。さらには能登半島地震（二〇〇七年）のときに高野山真言宗の僧侶を中心に結成された「高野山足湯隊」は、被災者に足湯をする際、メンバーの看護師が実施前後に血圧を測ると、低血圧の人は上がり、高血圧の人は下がるという事実を実証されているほどだ。

こうして足湯を促すだけでもストレスのたまる避難所生活では効果がある。被災地で健康相談を開くと、その内容には以下のような項目があがるそうだ（『生活復興のための15章』公益財団法人ひょうご震災記念21世紀研究機構 2014: 10）。

①疾病をもった高齢者、特に独居高齢者の未受信、治療中断、持病の症状悪化、②高血圧、糖尿病、高脂血症など生活習慣病の増加、③不安、不眠、抑うつ状態、閉じこもり（特に男性たちのひきこもり）、意欲減退、孤独感、喪失感の継続、④ＰＴＳＤ（心的外傷後ストレス障害）、アルコール関連問題、⑤生活不活発病の増大、⑥子どもの肥満、⑦育児不安

こうして見ると足湯だけでも、右記項目の①、②、③には効果を表すだろう。また、このような相談に対して、保健師や精神科医などの専門家が対応するのだろうが、足湯ボランティアの横でお湯に足を浸しているその足を観察しながら、耳を被災者の声に傾けていれば、「被災者の〇〇さんは、〇〇の症状の可能性があるなぁ」とすぐ分かるはずである。ならば初期対応が間違いなく早くなる。右記七つの項目のうち、ほとんどの内容は、お湯に足を浸しているだけで、軽減すること間違いなしだ。被災者の孫のような年頃の高校生や大学生に足湯をしてもらうだけで効果倍増だし、高野山足湯隊のような本物の僧侶に足湯をされると、まず「もったいない！」と足を引っ込めるのだが、それでも遠慮がちに足湯をしてもらうと、後で両の手のひらを合わせて、「ナムアミダブツ」と拝顔すること間違いなしである。

10 〈近傍による〉〈つなぎ〉

本書にも寄稿している清水亮（東京大学大学院新領域創成科学研究科准教授）は、

「では地域社会学会は東日本大震災のような災害現場において、何ができるのであろうか。本稿ではこの問いに対して二つの方向性を示したい。一つは現場において被災者の〈近傍に寄る〉ということ。もう一つは

〈つなぐ〉ということである。どちらも筆者が阪神・淡路大震災の研究から学んだことであるが、東日本大震災ではこれを少しでも実践に結びつけようとする試みをしてきた」（清水亮 2014: 61-62）

と書いている。「東京大学被災地支援ネット」の似田貝、清水、三井の三名は、二〇年間にわたって阪神・淡路大震災の被災地での調査やヒアリングをしながら、〈近傍に寄る〉〈つなぐ〉の二つの役割を実践に結び付けるべく、前段階であったこうした方向性を受けとめていた。研究者が指し示す方向性を受けて、現場の中で実践するのがボランティアの役割でもある。つまり、研究者と実践者の共同作業として、この二〇年間（東日本大震災後も継続しているが）共に歩んできた。足湯ボランティアは、その最たるものだといえる。足湯で被災者の近傍に寄り、つぶやきでつなぐという模索を続けている。筆者らボランティアが担うところは、〈近傍に寄る〉そして〈つなぐ〉の間に位置し、つなぐための被災者の声をアウトプットしているといえる。ボランティアはこうして研究者や専門家に被災者の声なき声を代弁して伝えていることになる。いろいろな研究者や専門家が足湯に関われば、被災者に対する応答が、より即効性のあるものになることは容易に推測できる。足湯をどんどん活用しようと声を大にして呼びかけたいものだ。

11　地域包括ケア

今、日本社会の大きな課題として「地域包括ケア」が話題になっている。これまでのように画一的な捉え方、見方をするのではなく、ヌケ、モレのない総合的な見方をして取り組むことを提言するというものだ。例えば、障害者のケアをする時に、場合によっては当事者が傍に寄り添うだけで効果があるということにも目を向けることも大事だ。また現代社会では、認知症における徘徊が大きく社会問題となっている

表２　被災地外での足湯

・生活協働組合連合会きらり（2010 年３月）
・岸和田市・土生神社（2010 年 11 月）
・越年越冬の炊き出し in 東遊園地（2010 年 12 月）
・イザ！カエル大キャラバン in HAT 神戸（2011 年１月）
・浄土真宗本願寺派災害ボランティア研修会（2011 年２月）
・浄土真宗本願寺“鷲の森別院”ビハーラ和歌山（3 月 8 日）
・大分県臼杵市立南中学（2011 年３月 14 日）
・神戸学院大学で足湯講習会（2011 年５月 14 日）
・その他金沢市元菊町の町会で足湯が超人気！！

（2014・4　被災地 NGO 協働センター　頼政良太作製）

が、日本生活協同組合連合会では、全国の生活協同組合の職員に「認知症サポーター」としての資格を取得させるという取り組みをしている。全国に組合員を約二七〇〇万人も抱えるとなると、これもいうまでもなく地域包括ケアの重要なパートナーとなる。

このような地域包括ケアに関わる人たちの研修メニューに、もし足湯が採用されるならば、効果は倍増すること間違いない。バケツに足を浸しておくだけでいいのだ。それこそ、その部分には地域の高校生、大学生にもボランティアとして参加してもらえば、彼女・彼らも地域包括ケアの力強いパートナーになることは間違いないし、大学や高校あげての取り組みにまで発展すれば、地域の注目を浴びることになるだろう。余談だが「ＫＯＢＥ足湯隊」（事務局：被災地ＮＧＯ協働センター）は被災地のみならず、寺や神社など（表２）のようにさまざまなところで足湯を展開して来た。僧侶や神職が足湯をする側にまわればやはり効果は倍増するだろう。

12　コミュニティ・ソーシャルワーカーの存在

東日本大震災の被災地岩手県釜石市には、大阪府社会福祉協議会からコミュニティ・ソーシャルワーカーが派遣されており、仮設住宅や復興公営住宅の見守り活動をサポートしている。これまで筆者は、コミュニティ・ソーシャルワーカーという呼び名を、あまり耳にして来なかったが、大阪府は二〇〇四年から始めたとのことだ。同ワーカーは、普通の支援員のように安否確認で見回りをするだけではなく、「困窮する住民を適切な支援につなげる役割」があるとのこと。こうした人材を育てるために研修を重ねているようだが、その講師を務めた大分大学の衣笠一茂教授は、「最も深刻な問題は孤独や孤立だ。課題を抱えた人を地域社会と結びつけ、自立を支える役割が求められている」と話している（読売新聞、二〇一四年三月七日）。筆者も釜石の仮設住宅で暮らす被災者のところを訪問しているが、現状は、支援員も、社会福祉協議会のスタッフも、見守りを受託している中間支援組織のＮＰＯも、電話で安否確認をするものの、被災者宅を訪問してじっくりとお話を聞くということは十分されていないようだ。もし、コミュニティ・ソーシャルワーカーの仕事は地域とつなげることが大きな役割だとすると、被災者と直接対面してじっくり話さなければ、地域とどうつないでよいのか見当すらつかないのではないだろうか。被災者が主体となったケアは、対面による関係からしか生まれない。被災者に寄り添っているボランティアからの報告に「襟を正して向き合う」心構えがなければ、的確な仕事はできないだろう。

こうした被災地の最前線や地域で活動するボランティアを評価し、被災者に有効なケアができないかと決意された精神科医の言葉を紹介しておきたい。

それは二〇年前の阪神・淡路大震災の後、当時の貝原俊民兵庫県知事からこころのケアセンター長就任を打診されたときの精神科医中井久夫さんの決意を表した言葉である。中井先生は、こうした決意のもと、「初代兵庫県こころのケアセンター長」を引き受けたそうだ。その決意とは、

これは、日本の災害において初めて大量に投入されたボランティアの活動を引き継ぐものだという設立の由来を考えた。しかし、約四〇名の人数でボランティアの役割を肩代わりできるものではない。そこで、センター独自の役割を模索した結果、「行政とボランティアとの谷間を埋める」という定義を考えだした。（中

井久夫 1996）

つまりこの発言は、何らかのこころのケアを前提に考える場合、まず被災地の最前線で活動するボランティアからの被災者情報が重要であるということではないだろうかと理解できる。だとすれば、足湯ボランティアは、「黙って被災者の傍にいるだけでいい」という「存在」を超え、足湯とつぶやきという二重の効果で、被災者に対するこころのケア活動として、検討に値することではないかと提言しておきたい。地域包括ケアやコミュニティ・ソーシャルワーカーにも共通する心構えなので、この分野でも足湯ボランティアを積極的に採用して欲しいものだ。

13　関連死を減らす仕組みづくりが急がれる

「阪神淡路大震災では九二一人だった関連死は、東日本大震災では岩手・宮城・福島の三県で現在三〇〇〇人に上っている」（神戸新聞、二〇一四年三月一一日）

阪神淡路大震災でいち早く関連死に注目した上田耕蔵（神戸協同病院院長）は、「関連死を減らすには、発生直後にどれだけ地域で助け合えるかが鍵になる」と指摘している。

一方、関連死の原因はストレスという指摘がある。東日本大震災後の調査で、「関連死の原因は避難所生活 四七％」（朝日新聞、二〇一二年七月一一日）というデータがある。ストレスといっても考えられる要因はいろいろだ。ただその要因を突き詰めると、最も多いのは上田医師が指摘されるように人間関係の希薄さや助けあいのなさではないか。本章2節で述べたように、多くのボランティアが多彩な活動を展開した結果、ボランティアが多様な関係をつくりだすことが、関連死解消のヒントになるだろう。阪神・淡路大震災でも、東日本大震災でも、孤立した高齢者が、あるいは「孤独な生」となる可能性のある予備軍が、ボランティアとの関係を築いてきた。先述したアルコール依存をやめさせたというボランティアと被災者の関係は、その典型といえる。またある被災者は、ボランティアと手紙のやりとりが始まり、また次に会えることが楽しみになり、「私は一人ぼっちじゃない！」という実感を意識することができ、除々にボランティアとの関係が豊かになった。さらにそうした被災者が地域のなかで「役割」を持つようになればもう安心だ。もちろんそこまで到達するには相当時間がかかるだろう。しかし、孤立させない関係性づくりを断ち切らないようにボランティアが関われば、やがて元気になること間違いなしだ。当事者をどのように主役にするか、やはりポイントは、人との関係づくりであると言える。先述したように、地域においては日本生活協同組合連合会が独自に取り組む「認知症サポーター」の有資格制度には大いに期待ができる。

ただコミュニティー・ソーシャルワーカーのところでも触れたが、当事者をどのように主役に持っていくかが鍵だ。支える側と支えられる側というふうに分けるのではなく、支えられる側も支える側にまわることのできる役割や関わりを提示する力を養うことが大事だ。そのためには、被災者が気軽に「語り出す」場が必要。「語り出す」第一歩はつぶやきだ。そして被災者もそうでない人もお互いが忌憚なく意見が言えることが大事で、その時に他の人の意見を聞くこと、そして聞いて「まなぶ」ことが大事。そういう場を繰り返していくうちにお互いが「つながる」ということに気づき、そして自分たちでものごとを「決める」ことに自信ができる。最後は、そういう場の力によって、「つくる」という感動を体感することができる。阪神・淡路大震災が発生した一九九五年の一二月、「市民とＮＧＯの『防災』国際フォーラム」が発表した神戸宣言の最後には、

被災地の私たちは自ら「語り出す」「まなぶ」「つながる」「つくる」「決める」行動を重ね、新しい社会シ

ステムを創造していく力を養っていくことから、私たち復興の道を踏みだしていくことを、強く呼びかける。

と掲げてある。

14 「元気の渦」がヒントになる！

先の神戸宣言に掲げたことを、具体的に実践に落とし込んだ人たちがいる。それはコープちば（現コープみらい）の組合員・職員・出入りのメーカーなどである。田井修司理事長（現コープみらい理事長）の提案のもと、こうした関係者があつまり、あ～でもない、こ～でもないと組合に対する不満や要望にとどまらず、地域のことや各家庭での悩みまで延々と「無駄話」をしてもらった。そうすると、そこからいろいろな意見やアイデアが出され図1のような「元気の渦」ができたのだ。

災害後においてもこれと同じようなものを、被災者とボランティアとの関係の中で繰り返すことにより、被災者が主体となってつくりだすことができるような気がする。実は、足湯ボランティアがそのような働きもするのではないかと気づかされた事例がある。

宮城県石巻の仮設住宅で足湯をした時のこと。仮設住宅の談話室の鍵を管理する住人がいないため、なかなか自分たちで談話室を使用することができなかった。そんなこともあって、最初は住人どうしが顔を合わせる機会がなかった。そんななか何度か足湯で足を運んでいるうちに、様子が変わってきた。足湯の初回は顔を合わせるのも初めてで、どこか戸惑いがあったのだが、足湯を繰り返すうちにだんだんと変化が見えたそうだ。

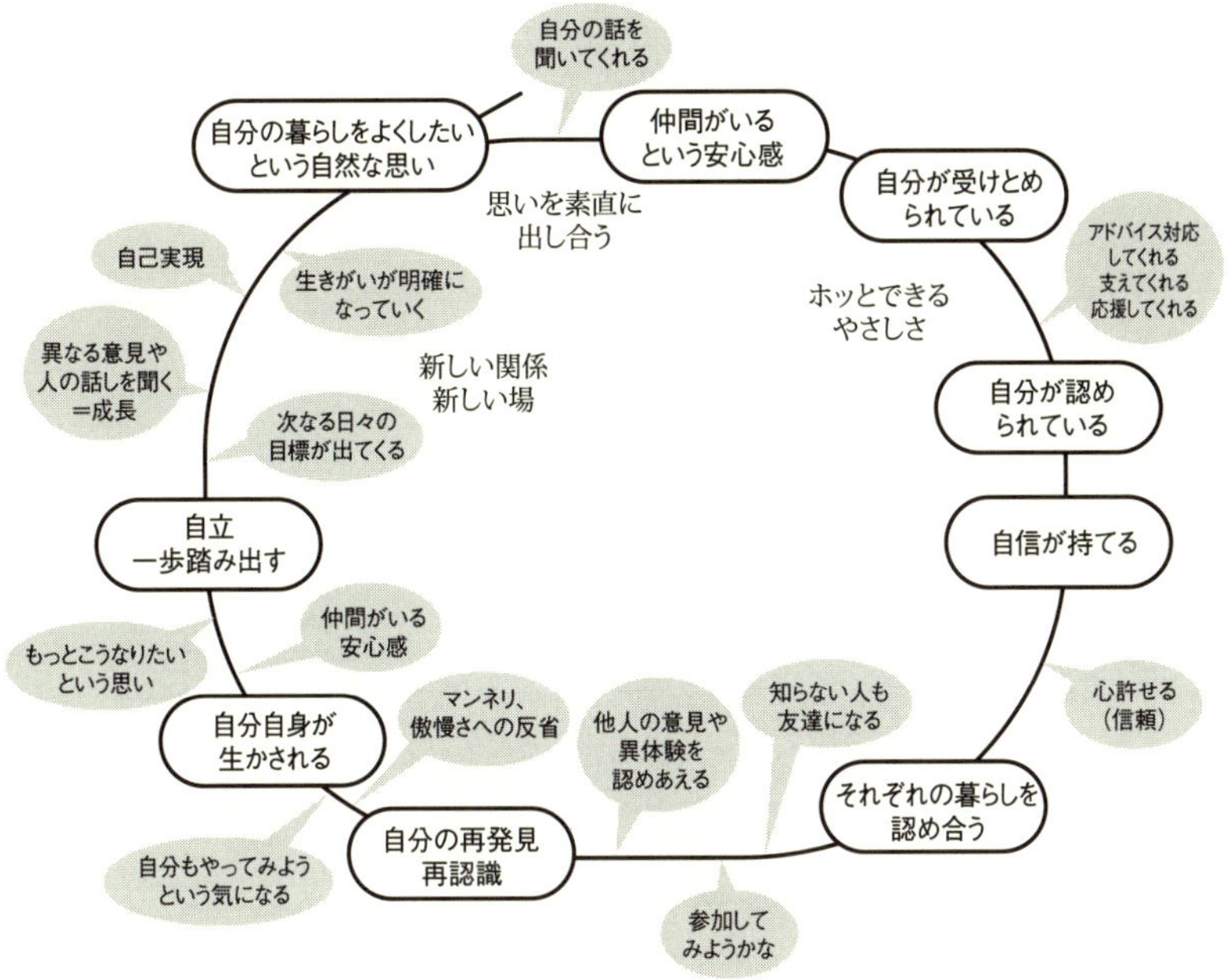

図１　元気の渦
（前ちばコープ理事長　田井修司　作成）

「はじめのころは、髪はぼさぼさでパジャマのような服を着てやって来ていたお母さんが、おしゃれをするようになった。足湯に来る前にしっかりと髪をとかして、きれいな服を着て、ネックレスをつけて、冷たい言葉ばかりを吐いていたのに、顔がやさしくなり笑顔が増えて、目に輝きが戻ってきていた。その姿は、足湯を始めた頃の彼女とはまるで別人であった」（八木七海 2012: 20）というもの。

私たちは、足湯と平行してお茶会をしているケースが多い。まさにこのお茶会で「元気の渦」ができあがるという典型的な事例だと言える。やはり「人と人との関係を結んだり、解いたりすることは、人を豊かにする」ものだ。

15　つぶやきの意義

足湯に伴う「つぶやき」については、本書で似田貝・清水・三井の三名が、アカデミックに、かつ多角的に論じているので参考にして頂きたい。ここではつぶやきが被災者の声なき声を代弁し、時にはその声が、政策提言にまで到達することなどについて述べる。

すでに本章2節で詳しく書いたように、阪神・淡路大震災では初心者ボランティアが活躍した。十人十色の被災者に、十人十色のボランティアが向き合ったので、被災者は救われたと指摘しておきたい。忘れてならないのは、このことによってボランティアと被災者が豊かな関係性を築いたということなのである。「ただ黙って傍にいるだけ」の存在でも、被災者との関係は成立しているが、被災者と向き合ったり、横に並んだり、寄り添った活動をすれば、より充実した関係が成立する。こうして考えてみれば、被災者のつぶやきは、足湯ボランティアでなくても、他の活動においても意識していれば、聞きとめることはできる。そうしたつぶやきに、ボランティアはじめ専門家や行政など支援者の側にいる関係者が、襟を正して向き合えば、被災地改善につながるヒントは、数え切れないほどあるはずである。

しかし、残念ながら現実は「見ざる、言わざる、聞かざる」という態度をとるために、解決できることも解決できないということになることが少なくない。言うまでもなく、被災者主体というならば、被災者が何を望んでいるのかをいち早くキャッチすることが不可欠なことである。ボランティアにとって被災者の代弁（アドボケート）をし、場合によっては政策提言へとつなげる役割は大きい。

16　東日本大震災でも〝つぶやき〟が注目される

東日本大震災における最大の課題は、町や村、あるいは集落の再建過程において住民の合意形成がとれないということだろう。政府としては、次なる津波対策として防潮堤を高くして津波からいのちを守るという政策を実現したいだろうし、また高台に移転して新たな生活を切り開いて欲しいと望んでいるだろう。しかし、最大の課題は住民合意が取れないという現実である。政策は予算消化のために単年度予算を始め期限付きであることがほとんどだ。先述した「元気の渦」のように「あ〜でもない、こ〜でもない」と延々と議論をする訳にもいかない。でも例えば可能な限り住民に足湯をしながら、本音を聞くということを小さなコミュニティの単位で積極的に展開すればどうだろう。少なくとも住民の本音に向き合うことができるだろう。第Ⅰ部第2章「つぶやきの足跡」で紹介したように、国土交通省は「街づくりガイドライン」を発表した。そこにはつぶやきを拾い上げることの有効性が記されている。いよいよ政府も足湯を取り入れようとしたのかと期待したいが、残念ながら、実際に政策を円滑にすすめるためにこのガイドラインに従って、足湯ボランティアを積極的に採用したという話は今のところ聞かない。丁度この原稿を書いている時に、「復興予算三五％使われず」「一三年度人手不足や住民合意難航」という見出しの記事が報じられた（神戸新聞夕刊、二〇一四年七月三一日）。内容を見ると「復興事業が進まない現状に被災地からはいら立ちの声が上がりそうだ。（中略）防潮堤の高さなどで地域住民の同意が得られない例が目立つ」とある。まさしく合意形成が大きな課題といえる。

17　つぶやきを政策提言に！

筆者が、東京大学支援ネットに「つぶやきの分析」を依頼したのは、被災者の暮らしを改善するために、つぶやきの分析によって政策提言にまで発展させなければならないと考えたからだ。しかし、同ネットは政策提言よりも被災者に返すということを最優先にされた。もちろんそれはそれで筆者に異論はないのだが、今後の被災地における被災者の自立と支えあいを念頭におくと、やはり政策提言も意識したい。例えば、能登半島地震（二〇〇七年）の仮設住宅で集めた中のつぶやきが、その後の被災者生活再建支援法改正の役にたったことがある。それは、発災三ヶ月後に聞いたつぶやきだ。「仮設住宅の暮らしは不便だ。生まれ育った場所は、地震で更地だらけ。見たら涙が出るわ。もうすぐ自宅の〝はなれ〟で住めるようになる」というつぶやきである。

このつぶやきを何度も何度も読み返していうちに、「アレ？」っと気がついたことがある。

この「はなれで住めるようになる」ということは、仮設住宅を出られることを喜んでいるのだ。「何故、はなれに住めることで喜んでいるのだろうか？　仮設住宅の方が狭いけれども綺麗だし、便利だと思えるのだが……？」と考えているうちに、なるほどと判ったことがある。能登の被災地の住宅は、ウナギの寝床のように間口が狭いが、奥行きが九〇メートルもあるという日本伝統構法による立派な木造住宅が多い。しかも使用している木材は、冬の豪雪の地域で育ったしなやかな〝あての木〟だ。本来ならば少々の地震では壊れない。つまり、そういう立派な住宅だから、「全壊判定」であっても、母屋・納屋・はなれ・蔵、駐車場などすべてが壊れるというケースは少なかっただろうと推測できる。つまり、例えば母屋が壊れても、はなれが壊れてなければ、不自由だがそこに住みながら、やがて全体が完成する過程を、しっかりと見届ける方が充実し、精神的にも良いと思えるのである。つまり、全壊認定でも全てが新築再建という選択をするのではなく、修理をして再建するという選択肢が現実的な被災者もいるだろうということから、改正被災者生活再建支援法では全壊・大規模半壊認定の被災者には、補修費として一〇〇万円が支給されることになったのである。直接このつぶやきが専門委員会で議論された訳ではないが、このときのパブリックコメントで筆者がこの内容を投稿し、影響を与えた。このように、つぶやきが政策提言になるヒントとなりうることは容易に推測できるものである。

18 足湯は心のケアの最適なツールではないか

新潟地震（二〇〇四年）のときのこと。小千谷市の避難所に避難していた高齢のおじいさんがいた。この方は、日本一になった「鯉」を育てた。ところが、新潟地震でその「鯉」が死んでしまった。その方は、毎日足湯にくるのだが、ボランティアに「日本一の鯉を死なせてしまった」ことを繰り返し繰り返し話す。一方、ボランティアも毎日同じ話なのに黙って、「そうですか、そうですか」とただ頷くだけだった。ある日、その方から鯉の話が出なくなったのだ。何故なのか推測の域は出ないのだが、きっとその方は、死んだ鯉が生き返ってくるとは思っていない。でも誰かに、このつらさを聞いて欲しかったのだろう。またそのとき対応したボランティアもそれが分かっていて、ひたすら繰り返す同じ話を聞いてあげた。

このエピソードからよく分かるように、災害後の被災者のトラウマを、ただ傍にいて聞いてあげるだけで、ストレスは軽減されるということではないか。

たかが素人ボランティアでも、こうして被災者の心のケアができるという証明だ。

［参考資料］

津久井進（2012）『大災害と法』岩波新書、182-183
西山志保（2005）『ボランティア活動の論理　阪神・淡路大震災からサブシステンス社会へ』東信堂、69
似田貝香門編著（2008）『自立支援の実践知　阪神・淡路大震災と共同・市民社会』東信堂、287
柳田邦男（2011）『「想定外」の罠　大震災と原発』文藝春秋、300
三好亜矢子・生江明編（2012）『3・11以後を生きるヒント』新評論、297
中井久夫（1996）「こころのケアセンター事始め」『こころのケアセンター活動報告書　平成七年度　手さぐりの一年』兵庫県精神保健協会こころのケアセンター
村井雅清（2007）「足湯ボランティアの意義」神戸新聞、二〇〇七年九月二四日、「論」より
清水亮（2014）『東日本大震災：復興の課題と地域社会学』地域社会学会年報第26集、62
八木七海（2014）『「寄り添いからつながりを。」住民が動き出す一歩に手を添える』震災がつなぐ全国ネットワーク編集・発行、20

コラム　足湯ボランティアへの期待

辻　雅榮

1　仏教からみた足湯傾聴ボランティア

相手の身と心になりきってその人を救済し、苦しみを乗り越えるための仏教の実践法に「四摂法《ししょうぼう》」があります。四摂法とは「布施《ふせ》」「愛語《あいご》」「利行《りぎょう》」「同事《どうじ》」の四つであり、また四摂法の摂は「つかむこと」の意。布施・愛語・利行・同時が、それぞれが衆生を受け入れ、自他の共同体に関わることを意味しています。布施とは物や法を人に施すことであり、愛語とは人にやさしい言葉をかけることであり、利行とは人に幸せをもたらすことを実践することであり、同事とは衆生と苦楽をともにすること、違わないことです。

足湯隊の活動で言えば、被災地でお湯を沸かして足湯のぬくもりを提供（布施）し、寄り添って対話（愛語）、お話しに耳を傾け（利行）、足湯で繋がったネットワークを活かして支援の輪を拡げて橋渡し（同事）することです。お湯を沸かして、足湯しながら対話と傾聴を重ね、横のつながりを拡げ、震災で失われたコミュニティを再生するお手伝いができれば幸いです。

私たち僧侶が仏様を拝むとき、自らの身体を地面に投げ出して、仏様の御足を自分の頭の上で受けるように礼拝します。一方、足湯では人様の足をそのまま仏の御足として拝みます。仏様を礼拝するということは、たんに儀礼のなかにあるのではなく、他人への奉仕のうちに存するのです。これを「仏足頂礼《ぶっそくちょうらい》」と申します。

これら足湯隊の活動をマンダラで表現して示せば次のようになります。

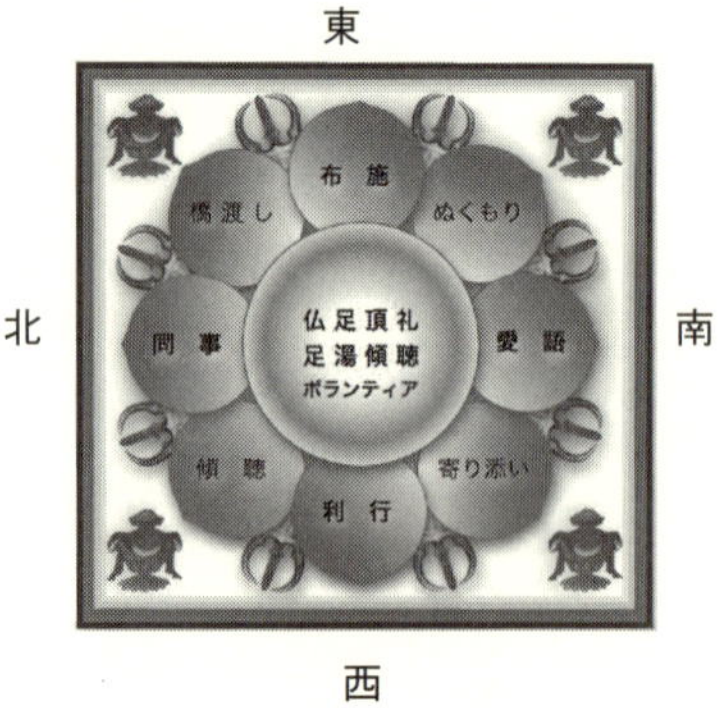

足湯マンダラ
（高野山足湯隊　辻 雅榮 2014 年）

足湯を実践するということ〈中央〉は、四方に開いた蓮華〈東＝布施・南＝愛語・西＝利行・北＝同事〉と四隅の蓮華〈東南＝ぬくもり・西南＝寄り添い・西北＝傾聴・東北＝橋渡し〉を着実に遂行することです。そのいずれもが命の尊厳に裏打ちされた行為であり、一々が行動目標となります。八葉蓮華《はちようれんげ》の間から出る金剛杵《こんごうしょう》は、自他の心を蓮華のように開かせる卓越した見地を示し、小さな自己を打ち砕く、半歩踏み出す勇気を表しています。四隅の宝瓶《ほうびょう》は、命を支える水や食料、財源、薬品など必要なものが満たされていることを象徴しています。まわりの五色の境界線は、浅きより深きに至るよう白、黄、赤、青、黒に配色し、足湯によって生み出された徳が四方に拡がり、橋渡しされていく姿を示しています。あわれみの清水が慈しみの水路を流れるように、高みに昇ることなく、低きに流れて四方に拡がる奉仕活動。それが私たちが目指す足湯傾聴ボランティアです。

仏教では、他者より一段と低い位置に進んで身を置き、不平をもらすことなく、淡々と生活すること、このように己を磨く修行を「下座行《げざぎょう》」と言います。古来より寺院では湯を沸かして人々に湯浴みする「湯施行《ゆせぎょう》」が行われてきましたが、足湯もまた、その流れを汲む下座行にほかなりません。現場では、常に自分という人間が他者に対して、いかなる変数になるかをよく吟味し、自分自身が責任を負う範囲での関与を心がけなければなりません。自分の能力や特性、限界を自覚した上で、人の痛みや悲しみを正確に把握し、被災地の迷惑にならぬようつとめることが肝要です。

ここに江戸時代の禅僧、良寛《りょうかん》さんの漢詩があります。

花無心招蝶　花は無心で蝶を招き、
蝶無心尋花　蝶は無心で花を尋ねる。
花開時蝶来　花が開く時に蝶はやって来るし、
蝶来時花開　蝶がやって来るときに花は開く。
吾亦不知人　わたしは人の心を知らないし、
人亦不知吾　人もまたわたしの心を知らない。
不知従帝則　たがいに知らないながら、しかも自然の法則に従っている。（良寛・漢詩集）

この花と蝶との間柄は、ボランティア活動の規範を示しています。私たち足湯隊の支援活動は、対象となる現場の必要性によるのみであって、実践主体である自らの行為に固執する必要はありません。無心で働き、震災の犠牲となられた方々の菩提《ぼだい》のために足湯の善行を廻向《えこう》し、一日も早い復興をお祈りするばかりです。

2　戸惑いながら向き合う

渥美公秀

災害が発生しますと、被災地で足湯ボランティアの姿を見かけることが多くなってきました。現場に到着すると、実に手際よく、足湯の準備が整えられていきます。被災地のみなさんも次々と集まってこられます。そして、いよいよ一人の足湯ボランティアと一人の被災地の方が、向き合って、足湯が始まります。実は、初めて向き合ったその瞬間が、足湯ボランティアにとっても、足湯を受ける被災者にとっても、とても大切な時間ではないかと感じています。そこには、戸惑い、当惑、わからなさ、があるからです。

もちろん、ボランティアとして足湯活動に参加されるみなさんは、現場に到着するまでに、被災された方々に想いを馳せ、様々なことを考えておられるでしょう。また、被災された方々も、今度やってくる足湯ボランティアとはどんな関わりができるのだろうかと想像を巡らせておられるかもしれません。しかし、いざ足湯ボランティアと被災者が出会ってみると、お互いに考えていた事とは異なる印象をもつことも多いでしょう。共通の話題といえば災害のことぐらいでしょうが、お互いにどのように切り出せばよいのか戸惑うばかりです。

足湯ボランティアと被災地の方々が出会う時、縁もゆかりもないお互いを目の前にして、どんな言葉が紡ぎ出せるかと一生懸命考えることになります。足湯ボランティアは、もう特定の方に出会ってしまっているのですから、もはやその場から逃げられません。被災された方も、すでに特定の足湯ボランティアの前に素足を出す場面になっているのですから、もはや逃げ出せません。そういう場に身を置いて、お互いに、どうしよう、何を話そうか、と戸惑いながら、ためらいながら、どちらからともなく、ついに、そっと言葉を口にします。あるいは、何も言わずにじっと見つめます。その瞬間が、足湯ボランティアにとって、被災者と今後、どういう関係を紡いでいくかということを決定づける大切な瞬間だと思います。

実は、災害ボランティアと被災者との出会いには、いつも同様の戸惑いがあります。しかし、ついつい戸惑いを隠して、これができます、あれをしましょうと災害ボランティア側が、被災者に一方的に話しかけていく場面も少なくありません。すると、災害ボランティアの戸惑いは拭われるのかもしれません。しかし、被災された方々が抱かれている得も言われぬ心持ちはどこに行ってしまうのでしょうか？　結局、災害ボランティアは、そういう被災者の気持ちを感じることなく現場を離れてしまうことになりかねません。

足湯は、見知らぬ被災者に接しやすい優れたツールだといわれることがあります。確かに、足湯というわかりやすい動作を通じて接するのですから、徒手空拳で被災地に向かうよりは、随分と被災者に接しやすいのは事実です。しかし、足湯が優れているのは、足湯が、ボランティアも被災者もその場から逃げられなくすることで、出会いの戸惑いをごまかさず、じっくりとお互いのことを考え、向き合う機会になるからだと思います。実は、出会いに戸惑ったまま、必死で向き合うことは、意外と簡単なことではないからです。

阪神・淡路大震災から二〇年を迎える現在、災害ボランティアに改めて求められているのは、戸惑いながらじっくりと向き合うという姿勢だと思います。災害時のボランティア活動だからといって、何も効率的に活動することばかりを目指すのではなく、あるいは、大規模に活動を展開することを目指すのではなく、被災された方々おひとりおひとりに寄り添い、向き合い、戸惑いを隠さず、丁寧に、じっくりと接していくことが求められています。足湯ボランティアは、そうした場を創出する極めて優れた活動だと思います。これまで足湯ボランティア活動を続けてこられた皆様に心から敬意を表しますとともに、今後の地道な活動に大いに期待しております。

3　災害後の人々の健康支援に向けた活動と連携／協同の必要性

山本あい子

災害は、人々の命に対する脅かしであり、精神的な苦痛と生活や社会機能の崩壊をもたらす。しかしその核は、人々の基本的な安心感や安全感が揺るがされることであり、人間の存在自体への脅かしである（南 2004）。

近年、人間と社会にとっての安全と安心の大切さが認識され、その模索が続けられている。安全と安心の二つの言葉は対になって使われ、安全とは現実の状態であり、人とその共同体への損傷、ならびに人、組織、公共の所有物に損傷がないと客観的に判断されることである一方、安心は心の状態であり、心地のよい、緊張のない落ち着いた状態とされている。しかし、両者は別の事柄であり、連動しないとも言われている（中谷内 2006）。

一九九五年に発生した阪神・淡路大震災を契機として、多くの事が学ばれ、その後の支援・復興活動に活かされてきている。その一つは、被災された方々の仮設住宅への入居に当たっては、同じ地域の人々は同じ仮設住宅群に入居できるような工夫がなされてきたことである。阪神・淡路大震災時には、被災された方々が入居する仮設住宅は、抽選によって場所が決められた。その結果、同地域に住んでいた人々が異なった地域に分かれて住むこととなり、地域が持つ力――相互の助け合いを基盤とした力の弱体化につながったと言われている。

阪神・淡路大震災後、兵庫県の行政と職能団体の兵庫県看護協会と教育機関である大学（兵庫県立看護大学や神戸市看護大学等）との連携のもとに、健康維持に向けた健康相談会や家庭訪問の実施、またイベントの開催等を通して、住民間の絆づくりを目指した活動が行われた。これらの活動は、当初はボランティア看護師によって支えられたが、その後、健康アドバイザー制度として県行政の中に位置づけられ、結果的に約一七〇名の看護師が仮設住宅や復興住宅において人々の健康支援に携わった。このような活動を通して、人々の住む地域で健康相談機能を果たすことで、人々の健康維持・増進に貢献し得ることから、現在では、「まちの保健室」として兵庫県のみでなく全国的な活動となっている。

東日本大震災後の宮城県・岩手県・福島県においても、看護職による健康支援活動は行われている。看護職が行う健康支援活動には、健康相談会・家庭訪問・イベント等との抱き合わせによる健康相談会・まちの保健室の開催等がある。健康相談会は、週に二～三回、一〇時‐一五時に開催され、集会所／談話室等で個別に健康相談、血圧・体重測定等が行われている。また集会所に来ることが難しい人には、看護職への連絡先が記載された「健康相談のお知らせ」が配布され、人々から連絡を取ることができる配慮や、戸別の家庭訪問を通して、一人一人の健康状態の確認が行われている。イベント等との同時開催による健康相談会は、住民同士の交流の機会であり、人々の絆づくりを含めた健康相談の場となっている。また最近では、市関連団体が開催するお茶会やイベントでの健康相談の依頼を受けて、活動が行われている。健康相談会等での具体的な活動として、血圧や体力測定などをしつつ、生活状況や健康状態を確認する会話をしたり、住民の方々からの相談に答えたり、あるいは一緒にお茶を飲みながら、世間話等普通の会話をしたり、あるいは健康体操をしたりと、多岐に渡っている。

本書のテーマである足湯は、看護職も行う行為である。健康相談会の折に足湯／足浴の機会を設け、爪を切り、かかとを磨き皮膚の手入れをしつつ、足の皮膚や足の状態を観察する。またお風呂には毎日入っているのか、夜は良く眠れているのか等のやり取りを通して、被災された方の生活や人となりを把握していく。看護師は、足湯／足浴という行為を通して身体ケアを行い、また被災された方自身が自分の足の観察や手入れができるように支援し、ひいては被災された方が自分自身を大切にしていくことを支援している。初めは、「人に足を洗ってもらうなんて……いいです、いいです、結構です」と断る方は多い。しかし足湯を受けた方々は、「ああ、気持ちが良い」「なるほど、洗うと足は綺麗になるのですね。今まで洗い方が足りなかったかも……」等と語り、次に開催する相談会では多くの方々が足湯の列に並び、順番を待ってくだることになる。加えて、一様に皆さんの足のかかとや爪がきれいになっていて、セルフケアレベルが上がっているのにも感心する。

足湯ボランティアの方々も足湯をされるが、その時に交わされる会話が多岐に渡っていることに驚かされる。季節の事であったり、飼っているペットのことであったり、災害時のご自分の体験であったり、心配事であったりと、話題は縦横に広がっている。まさにこの時の足湯は、「つぶやくためのツール」となっている。災害を体験すると、周囲の景色から色がなくなり、季節の移り変わりも感じないことが多い。被災された方々にとっては、足湯ボランティアの方々とかわす「普通の会話」、「いつもの会話」が今を取り戻し自分の生活に戻ることへの助けになっているように思う。「野菜が高い」とか、「スイカが美味しくなった」とか、「タレントさんが結婚する」だとか。勿論、ご自分の災害体験を語られる方がいたら、そのことに耳を傾ける。被災された方の身体の足元から暖かさを伝え、何かにとらわれることなく、自由に普通に接していただきたいと思う。被災された方々は、多くの支援者に囲まれている。それぞれが役割を果たすことで、総合力として被災された方々の回復につながっている。特に、自分を気遣ってくれる人がいて、足まで洗ってくれて温まる体験は、災害によって失われた安心・安全・信頼を取り戻すことにつながっていると思っている。

最後に、足湯ボランティアの方々の記載を拝見すると、災害という危機的な状況ゆえに、二次被災者になり得ることが伺える。支援者も災害時要援護者であり、ケアの必要な人々として認識されている。足湯ボランティアの方々も、要援護者であることを自覚することが必要である。同時に、被災地支援の折には、足湯ボランティアの方々と看護職等でチームが組めたらよいのではと考えている。ボランティアの方々が感じた「この方、大丈夫だろうか？」の疑問を共に考え、かつ支援者の健康支援についても積極的に行っていくことが必要と痛感している。

［参考文献］

Minami, H. 2004 Current situations and challenges of disaster nursing in the world - Through development of disaster nursing in Japan -, Plenary speech, Sixth Meeting of the Regional Advisory Panel on Nursing and Consultation on Disaster Nursing Preparedness, Mitigation, Response and Recovery in the Eastern Mediterranean Region, June（Manama, Bahrain）

Yamamoto, A. 2013 . Development of disaster nursing in Japan, and trends of disaster nursing in the world, Japan Journal of Nursing Science, Pp162-169. 2013

中谷内一也（2006）『リスクのモノサシ――安全・安心生活はありうるか』ＮＨＫブックス

資料　足湯ボランティア活動団体の系譜と広がり（松山文紀・頼政良太）

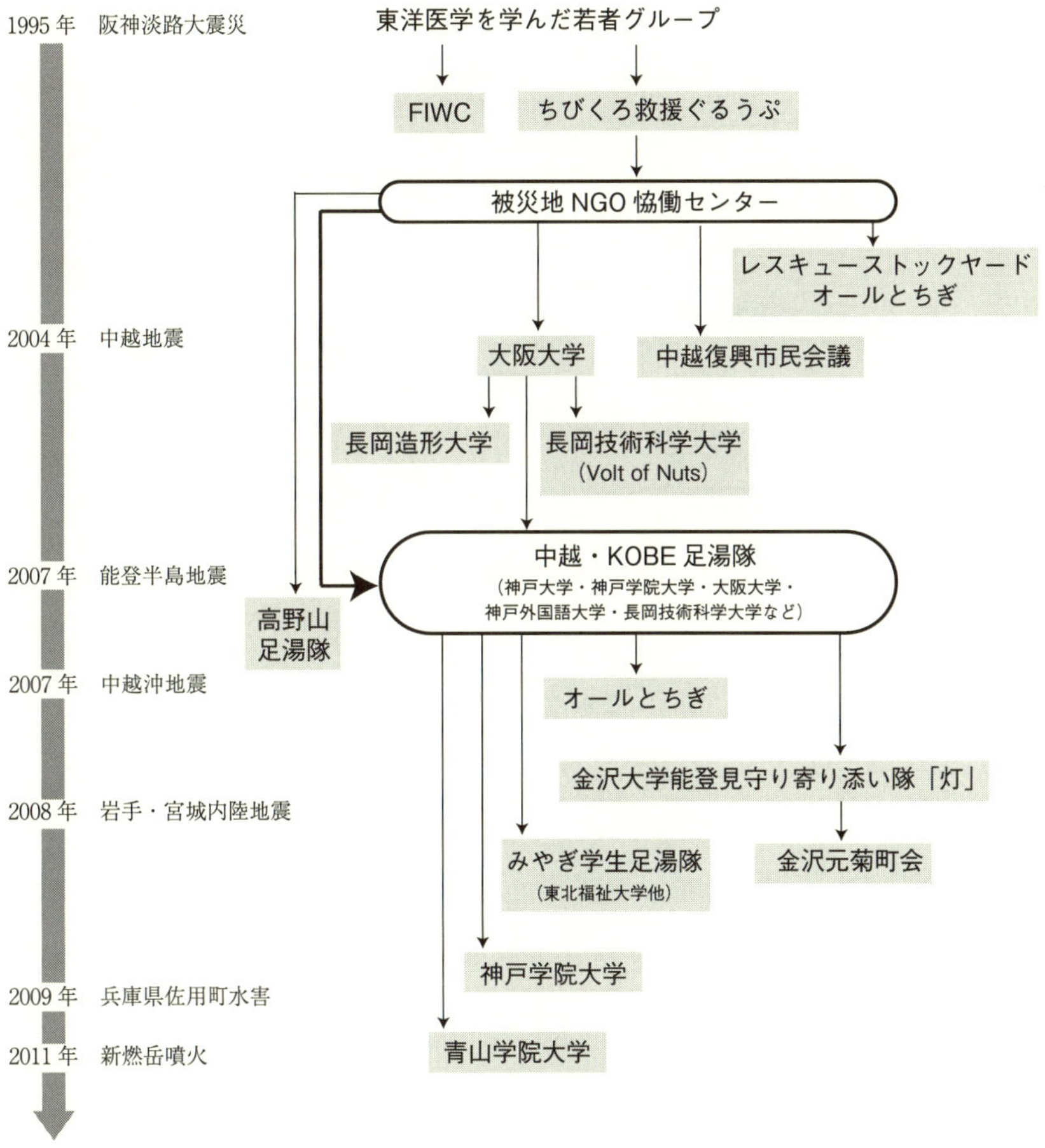
1995年　阪神淡路大震災
2004年　中越地震
2007年　能登半島地震
2007年　中越沖地震
2008年　岩手・宮城内陸地震
2009年　兵庫県佐用町水害
2011年　新燃岳噴火
東洋医学を学んだ若者グループ
FIWC
ちびくろ救援ぐるうぷ
被災地NGO協働センター
レスキューストックヤード オールとちぎ
大阪大学
中越復興市民会議
長岡造形大学
長岡技術科学大学（Volt of Nuts）
高野山足湯隊
中越・KOBE足湯隊
（神戸大学・神戸学院大学・大阪大学・神戸外国語大学・長岡技術科学大学など）
オールとちぎ
金沢大学能登見守り寄り添い隊「灯」
みやぎ学生足湯隊（東北福祉大学他）
金沢元菊町会
神戸学院大学
青山学院大学

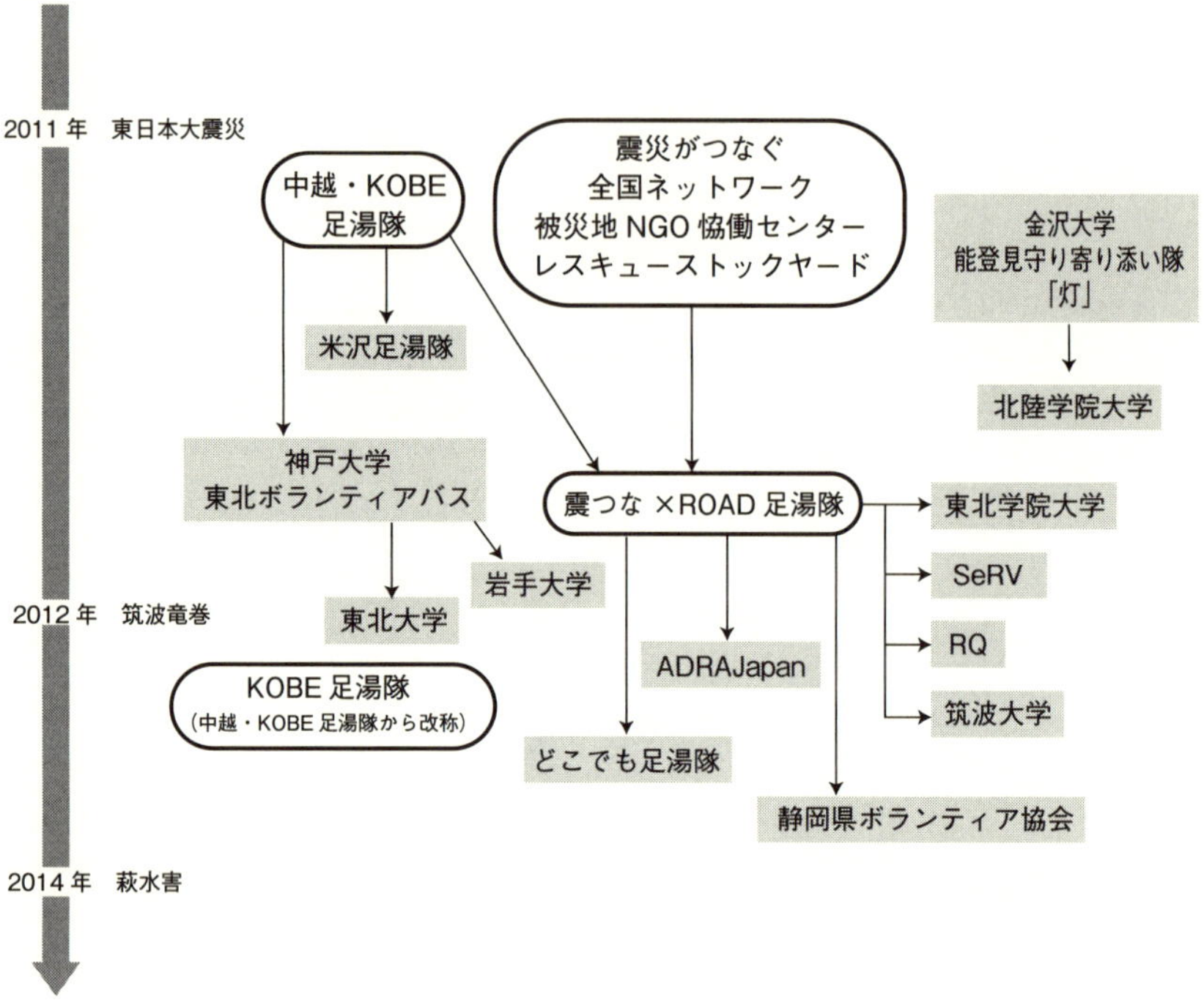

※FIWC：Friends International Work Camp
SeRV：真如苑救援ボランティアサーブ
RQ：RQ市民災害救援センター

おわりに

阪神・淡路大震災後、私が所属していた小さなボランティアグループに、当時東洋医学を勉強していた李章根（現在、鍼灸院開業）さんたちが訪ねて来られたのが二〇年前のことです。三〇人位のグループで避難所を廻り、被災者にマッサージや整体などを施すボランティアをしていました。

ある日、李さんたちが「避難所は寒いから足湯をしよう！」ということになり、私が所属する小さなボランティアグループが足湯の手ほどきを受けたことが、「足湯ボランティア」のはじまりです。

あれから二〇年が経ち、これほどまでに足湯ボランティアが災害被災地はじめ寺院や神社、生活協同組合、公民館、地域コミュニティなどにも広がり、また精神科医、臨床心理士、カウンセラー、宗教者など専門職能者や学識者・研究者のみなさまに注目されるとは思いませんでした。

そもそも阪神・淡路大震災以来、約二〇年にわたっておつきあいをさせて頂いている、本書編著者の似田貝先生はじめ執筆者の清水先生、三井先生たちに、「つぶやき」の分析をお願いした結果が、本書の刊行につながり、大きな反響を呼ぶことになりました。本書を読んで頂いたら分かりますが、この依頼は実に乱暴なことであったということが判明しました。ほんとうにご苦労をおかけしました。

筆者は二〇〇七年九月に、「足湯ボランティアの意義」というテーマで地元神戸新聞に寄稿したのですが、その時は全く反応がなかったことを思うと、「やっとここまで来たか！」と感慨深いものがあります。現場で活動するボランティアはじめ関係者のみなさまに、あらためてお礼を申し上げます。ありがとうございました。

こうして現場で活動するボランティアと専門家のみなさまとの共同作業で新たな実践知が紡ぎだされることは、意義深いものがありますが、足湯活動がこれほど奥が深い領域にも踏み込むことになろうとは、本書ができるまでは予測ができませんでした。

そういう意味で、大きな不安と少しの後悔がないまぜになっており、あらためて浮かび上がった課題を前にして、被災者から発せられるつぶやきに、襟を正して向き合わなければ、と身の引き締まる思いです。この共同作業によって浮かび上がった課題の一つが、「心の自律」であることを学ばせて頂きました。二〇年前に「自立は支えあい」からと共有しあったことを思いだします。

本書の刊行は、きっと若い人たちが足湯ボランティアに取り組む上で、多くの学びを得、またそれが自信となるための「道しるべ」となることでしょう。被災地に向かう支援ボランティアの多くは初心者ボランティアで、彼ら彼女らは「何も役に立たないかもしれないが、でも何か役にたつかもしれない」という、一見軽いのりで被災地に入ります。

しかし、ボランティアは足湯を通して、被災者の「心の隙間」にスッと入り込み、「心の襞」に寄り添うことができます。故・加藤周一さんが「阪神・淡路大震災でのボランティアに対して、一言いうなら、それは多様性の意義だろう」とおっしゃいました。足湯を通して被災者の多様な心の襞に寄り添うことができるのも、多様性のなせる業ではないかと思います。

このように被災者一人ひとりに寄り添うことが大切であるということは、阪神・淡路大震災後の六〇万人〜七〇万人の初心者ボランティアから学んだことです。阪神・淡路大震災後に設立した、兵庫県こころのケアセンターの初代所長中井久夫先生は、「ボランティアは黙って傍にいること」と、言い続けてこられましたが、足湯活動は被災者の傍に寄り添う格好の活動と言えるでしょう。

一方、筆者も事務局の一端を担った、阪神・淡路大震災後、しばらくして発足した「市民とＮＧＯの

『防災』国際フォーラム」では、災害からの再建について連日侃々諤々の議論をしてきました。その議論の中心に据えたテーマは、いつも「暮らし再建」でした。当然、被災者の一人ひとりに寄り添い、被災者から発信されることに向き合い、被災者と共に再建の道を歩むことがＮＧＯやボランティアのミッションだと気づかせて頂きました。被災者支援の原点は、一人ひとりに寄り添うことだからです。

ある時、同フォーラム実行委員長芹田健太郎（神戸大学名誉教授）は、国際法学者の立場から「最後の一人まで救う」ということはＮＧＯの根幹にあたるミッションであるということを説きました。詳しくはこうです。

「私たちの民主主義では、私たちが意識しているかどうかは別として、最後の一人は必ず切り捨てられる。ＮＧＯは、その最後の一人を代表することを任務としています。私たちの経験では、多数者は強く、議会でも多数派を占め、行政をも牛耳る。ということは、支援は社会から来る、つまり、具体的には、行政からの支援であるので、最後の一人には届かない可能性が高くなります。そこで、ＮＧＯは、踏んづけられても声も上げられない、行政から抜け落ちる支援に力を注ぎます。多数決原理から考えても多数者の幸福は実現できるので、ＮＧＯは社会的な弱者を代表し、その幸福を図るのです」（ＣＯＤＥ海外災害援助市民センター発足一〇周年記念シンポジウムにおける基調講演から抜粋）。

芹田のこの発言にズシンと胸に突き刺さるような衝撃を受けたことを昨日のことのように思い出します。多数決原理の社会では、最後の一人は知らないうちに切り捨てられます。以後、筆者は共に活動するスタッフと共に、この二〇年間「最後の一人まで」を大事にしながら、被災現場に足を運び、「最後の一人まで救う」を具現化するために、被災者一人ひとりの声に耳を傾けてきました。個の尊重と多様性の意義を両立させることは大変難しいことです。

　でもこの難問を突破できる可能性を秘めているのも、十人十色のボランティアではないかと期待します。

さて、東日本大震災から四年と三ヶ月が過ぎましたが、約四年間仮設住宅に住む被災者の中には、この先の暮らしが明確に見えないために、「こんなに辛い毎日が続くなら、あの時いっそ死んでしまっていた方が……」と、支援者にとっては最も辛いことばをつぶやかれる方もいます。住まいの目処も立たない仮設住宅に住む被災者の多くは、絶望の中で精神的にもギリギリの状態で暮らしておられます。この先、阪神・淡路大震災と同じように、孤独死や自殺という悲惨な状況におちいらないようにと祈らざるを得ません。せっかく生き残ったにもかかわらず、すでに震災関連死として東北の被災地三県で三三〇〇名を超える方の尊いいのちを喪いました（福島県の関連死は、直接死を超えています）。

　こうした厳しい状況の中での本書の刊行は、支援者にとって大変緊張感の走るものでありますが、同時に心強い「羅針盤」のようなものでもあります。是非、本書の読者のみなさまが被災地に行かれたときには、ご自分が被災者に足湯を差し上げているつもりで、被災者に寄り添い、被災者の声に耳を傾けて頂くことを切に願います。阪神・淡路大震災の経験から考えますと、東日本大震災後の仮設住宅での生活が四年を過ぎ、終の棲家となる恒久住宅に移行しようというこの時期が、最も不安が押し寄せ、ストレスが溜まる苦しい時期です。

　この時期に最も必要とされるのは、「忘れていませんよ！」というメッセージとともに、黙って傍に居続けることです。本書を手にして頂くことで、そうした支援・ボランティア活動を志すみなさまのお役に立てる、そう確信しています。

　最後に、本書の刊行のためにお忙しい中で執筆してくださったみなさまに心から感謝を申し上げます。

また生活書院の髙橋社長には、初期の原稿提出の遅れ、また校正段階に入っての提出期限の遅れと、ほんとうにご迷惑をおかけしました。それでも最後まで我慢強くおつき合いくださいましたことに、こころからお礼を申し上げます。ほんとうにありがとうございました。

東日本大震災の被災者のみなさまに、安心してぐっすり眠れる日が一日でも早くおとずれることを祈り、「おわりに」の言葉とさせて頂きます。

村井雅清

二〇一五年七月二日

◉本書のテキストデータを提供いたします

本書をご購入いただいた方のうち、視覚障害、肢体不自由などの理由で書字へのアクセスが困難な方に本書のテキストデータを提供いたします。希望される方は、以下の方法にしたがってお申し込みください。

◎データの提供形式：CD-R、フロッピーディスク、メールによるファイル添付(メールアドレスをお知らせください)
◎データの提供形式・お名前・ご住所を明記した用紙、返信用封筒、下の引換券（コピー不可）および200円切手（メールによるファイル添付をご希望の場合不要）を同封のうえ弊社までお送りください。

◉本書内容の複製は点訳・音訳データなど視覚障害の方のための利用に限り認めます。内容の改変や流用、転載、その他営利を目的とした利用はお断りします。

◎あて先：
〒160-0008
東京都新宿区三栄町17-2 木原ビル303
生活書院編集部　テキストデータ係

キリトリ線

【引換券】
震災被災者と
足湯ボランティア

関　礼子（せき・れいこ）
1966年生まれ。立教大学社会学部教授
主な著書に、『新潟水俣病をめぐる制度・表象・地域』（東信堂）、『“生きる”時間のパラダイム』（編著、日本評論社）など

川上直哉（かわかみ・なおや）
1973年生まれ。NPO法人「東北ヘルプ」事務局長、日本基督教団仙台北三番丁教会担任教師
主な著書に、『被ばく地フクシマに立って』（YOBEL新書）など

伏見英俊（ふしみ・ひでとし）
智山伝法院仏教学研究室非常勤教授、真言宗僧侶
主な論文に、「東日本大震災と仏教者」（『現代密教』24号）など

川上憲人（かわかみ・のりと）
1957年生まれ。東京大学大学院医学系研究科教授
主な著書に、『社会格差と健康』（編著、東京大学出版会）など

加藤　寛（かとう・ひろし）
1958年生まれ。兵庫県こころのケアセンターセンター長、精神科専門医
主な著書に、『災害とトラウマ』（共著、みすず書房）、『心のケア』（共著、講談社現代新書）など

浅野壽夫（あさの・としお）
1947年生まれ。神戸学院大学経済学部教授、国際協力機構国際緊急援助隊事務局長
主な著書に、『国際協力の現場から』（共著、晃洋書房）など

辻　雅榮（つじ・がえい）
1960年生まれ。高野山足湯隊代表、真言宗僧侶
主な論文に、「高野山足湯隊」（『高野山時報』3218号）、「仏足頂礼」（『密教学研究』45号）など

渥美公秀（あつみ・ともひで）
1961年生まれ。大阪大学大学院人間科学研究科教授、NPO法人日本災害救援ボランティアネットワーク理事長
主な著書に、『災害ボランティア』（弘文堂）など

山本あい子（やまもと・あいこ）
兵庫県立大学大学院看護学研究科教授、同大学地域ケア開発研究所所長
主な著書に、『災害看護学習テキスト概論編』『災害看護学習テキスト実践編』（共に編著、日本看護協会出版会）など

武澤　潤（たけざわ・じゅん）

1985年生まれ。大鉄工業株式会社勤務、長岡技術科学大学在籍中にボランティアとして活動

主な論文に、「震災教育システムの開発と普及」（『現代的教育ニーズ取組支援プログラム報告書）など

北村育美（きたむら・いくみ）

中越防災安全推進機構で活動後、富岡町社会福祉協議会おだがいさまセンター職員、現在、福島大学ふくしま未来学推進室地域コーディネーター

主な論文に、「おだがいさまセンターの果たした役割と今後の展望」（『復興』10号）など

藤室玲治（ふじむろ・れいじ）

1974年生まれ。東北大学高度教養教育・学生支援機構特任准教授

課外・ボランティア活動支援センター所属

楡井将真（にれい・しょうま）

1987年生まれ。長岡技術科学大学大学院、前・岩手大学三陸復興推進機構プロジェクトマネージャー

吉田正俊（よしだ・まさとし）

1944年生まれ。金沢市町会連合会コミュニティアドバイザー

藤原龍司（ふじわら・りゅうじ）

1964年生まれ。社会福祉法人国東市社会福祉協議会職員

久保田正雪（くぼた・まさゆき）

1962年生まれ。どこでも足湯隊世話役、NECネクサソリュージョンズ勤務

金子和巨（かねこ・かずなお）

1974年生まれ。東京足湯プロジェクト代表

清水　亮（しみず・りょう）

1967年生まれ。東京大学大学院新領域創成科学研究科准教授

主な論文に、「大規模災害時における地域社会学の可能性」（『地域社会学会年報』26集）など

三井さよ（みつい・さよ）

1973年生まれ。法政大学社会学部教授

主な著書に、『看護とケア』（角川学芸出版）、『ケアの社会学』（勁草書房）など

黒田裕子（くろだ・ひろこ）

前・NPO法人阪神高齢者・障害者支援ネットワーク理事長、看護師、元・宝塚市立病院副総婦長

主な著書に、『ボランティアが社会を変える』（共著、関西看護出版）など

2014年9月、73歳にて死去

【執筆者紹介】

（執筆順）

吉椿雅道（よしつばき・まさみち）

1968年生まれ。CODE海外災害援助市民センター事務局長

主な著書に、『いのちをまもる智恵』（NPO法人レスキューストックヤード）など

松山文紀（まつやま・ふみのり）

1972年生まれ。NPO法人レスキューストックヤードスタッフ、震災がつなぐ全国ネットワーク事務局長

頼政良太（よりまさ・りょうた）

1988年生まれ。被災地NGO恊働センター代表

田中純一（たなか・じゅんいち）

1966年生まれ。北陸学院大学人間総合学部准教授

主な論文に、「災害復興と減災社会」（『北陸学院紀要第5号』）など

林　大造（はやし・たいぞう）

1967年生まれ。神戸大学キャリアセンターボランティア支援部門学術研究員

主な著書に、『文化の社会学』（共著、文理閣）など

宮本　匠（みやもと・たくみ）

1984年生まれ。兵庫県立大学防災教育研究センター専任講師

主な論文に、「災害復興における“めざす”かかわりと“すごす”かかわり」（『質的心理学研究』14号）など

長島心一（ながしま・しんいち）

1993年生まれ。東北学院大学災害ボランティアステーション前学生代表

若生有吾（わこう・ゆうご）

1995年生まれ。東北学院大学災害ボランティアステーション七ヶ浜グループ前リーダー

泉　正樹（いずみ・まさき）

1975年生まれ。東北学院大学経済学部准教授

主な著書に、『貨幣と金融』（共著、社会評論社）など

【編著者紹介】

似田貝香門（にたがい・かもん）

1943年生まれ。東京大学名誉教授、東京大学被災地支援ネットワーク代表幹事

主な著書に、『社会と疎外』（世界書院）、『ボランティアが社会を変える』（編著、関西看護出版）、『自立支援の実践知』（編著、東信堂）など

村井雅清（むらい・まさきよ）

1950年生まれ。被災地NGO恊働センター顧問、神戸松蔭女子学院大学非常勤講師

主な著書に、『災害ボランティアの心構え』（ソフトバンク新書）、『ボランティアが社会を変える』（共著、関西看護出版）など

震災被災者と足湯ボランティア
――「つぶやき」から自立へと向かうケアの試み

発　行――二〇一五年七月二〇日　初版第一刷発行
編著者――似田貝香門・村井雅清
発行者――髙橋　淳
発行所――株式会社　生活書院
〒一六〇―〇〇〇八
東京都新宿区三栄町一七―二　木原ビル三〇三
TEL　〇三―三二二六―一二〇三
FAX　〇三―三二二六―一二〇四
振替　〇〇一七〇―〇―六四九七六六
http://www.seikatsushoin.com

印刷・製本――株式会社シナノ

Printed in Japan

ISBN 978-4-86500-041-2

定価はカバーに表示してあります。
乱丁・落丁本はお取り替えいたします。